U0942999

《21世纪交通文化建设研究与实践》系列丛书

海事文化

徐鹏展　主　编
宋永强　副主编

人民交通出版社
China Communications Press

图书在版编目（CIP）数据

海事文化 / 徐鹏展主编. -- 北京 : 人民交通出版社, 2010.6
ISBN 978-7-114-08611-3

Ⅰ. ①海… Ⅱ. ①徐… Ⅲ. ①海上运输一文化一研究一中国 Ⅳ. ①U6

中国版本图书馆CIP数据核字(2010)第170894号

书　　名:《21世纪交通文化建设研究与实践》系列丛书
　　　　　海事文化
著 作 者:徐鹏展
责任编辑:张征宇 乔文平
出版发行:人民交通出版社
地　　址:(100011)北京市朝阳区安定门外外馆斜街3号
网　　址:http://www.ccpress.com.cn
销售电话:(010)59757969、59757973
总 经 销:人民交通出版社发行部
经　　销:各地新华书店
印　　刷:北京盛通印刷股份有限公司
开　　本:787×980 1/16
印　　张:15.75
字　　数:278千
版　　次:2010年9月 第1版
印　　次:2010年9月 第1次印刷
书　　号:ISBN 978-7-114-08611-3
定　　价:55.00元

交通文化建设研究工作指导委员会

交通文化建设研究工作联络组

《海事文化》编委会组成及成员名单

总序

国民之魂，文以化之；国家之神，文以铸之。“加强文化建设，明显提高全民族文明素质”，是党的十七大提出的实现全面建设小康社会奋斗目标的新要求。胡锦涛总书记在党的十七大报告中明确指出：“当今时代，文化越来越成为民族凝聚力和创造力的重要源泉、越来越成为综合国力竞争的重要因素，丰富精神文化生活越来越成为我国人民的热切愿望。要坚持社会主义先进文化前进方向，兴起社会主义文化建设新高潮，激发全民族文化创造活力，提高国家文化软实力，使人民基本文化权益得到更好保障，使社会文化生活更加丰富多彩，使人民精神风貌更加昂扬向上。”这不仅深刻阐明了兴起社会主义文化建设新高潮的重大现实意义和深远历史意义，更为新时期加强文化建设指明了方向和路径。

交通文化是社会主义先进文化的重要组成部分，是交通行业的灵魂，是实现交通又好又快发展的重要精神支柱。交通运输是支撑经济良性发展、促进社会全面进步的基础性、先导性产业和服务性行业，服务是其本质属性。基于这一认识，我们提出了“交通发展要服务国民经济和社会发展全局、服务社会主义新农村建设、服务人民群众安全便捷出行”，提出了“发展现代交通业，建设一个更安全、更通畅、更便捷、更经济、更可靠、更和谐的现代公路水路交通系统”。从文化的角度看，这也正是我们基于交通运输的本质属性和交通行业的神圣使命所作出的价值选择，是交通文化的核心内涵，是引导交通事业科学发展的价值导向，也是贯彻落实党的十七大关于加强社会主义文化建设的具体体现。

交通部党组高度重视文化建设工作。2006年全国交通工作会议明确提出：“努力建设具有鲜明行业特点和时代特征的交通文化，用文化和精神的力量凝聚全行业，使交通行业更加充满活力，不断开创交通事业发展的新局面。”2006年6月26日召开的全国交通行业精神文明建设工作会议更加明确地提出：“加强交通文化建设，努力增强行业软实力”，力争文化建设在今后五年内取得明显进展。随后，部印发了《交通文化建设实施纲要》，对交通文化建设的指导思想、目标任务、工作原则和工作措施作出了具体安排和部署。这是交通部颁布的第一个有关交通文化建设的重要文件，它强调新时期交通文化建设要深入贯彻科学发展观和构建社会主义和谐社会的要求，建设具有鲜明时代特点和交通行业特色的精神文化、制度文化和物质文化；要以实践社会主义荣辱观为主线，以弘扬爱国主义为核心的民族精神和以改革创新为核心的时代精神为重点，大力加强精神文化建设；要在实践中加强探索和研究，系统总结交通文化建设的丰硕成果，确立符合先进文化前进方向和交通事业发展要求的交通行业的核心价值体系；要实施“五个一工程”，即形成一批交通文化研究成果，提炼一种交通精神，征集确定一个交通行业徽标，创作一批交通文艺作品，完善一批交通博物馆，将全行业文化建设提高到一个新水平，全面增强交通文化的吸引力和感召力，不断增强交通行业的凝聚力，提升交通行业的影响力，提高交通发展的软实力，为交通事业又好又快发展营造良好的文化环境。

为全面深入推进交通文化建设工作，2006年11月部务会议研究决定成立了交通文化建设研究工作指导委员会，按照行业文化、系统文化、专业文化、组织文化四个层次，分别成立了交通行业文化建设研究总课题组和公路文化、道路运输文化、交通规费征稽文化、港口文化、海事文化、救捞文化、船检文化、航海文化、廉政文化、公路执法文化、长江航运文化、交通公安文化、路文化、桥文化、车文化、站文化、船文化、航标文化、航道文化、交通行政机关文化、交通企业文化和交通事业单位文化等22个子课题组，由行业内有一定研究基础、有积极性、有较好的支撑条件、具有代表性的部门或单位牵头，并邀请文化学、管理学、社会学等方面的专家学者共同参与，按照力求出精品的要求，系统地开展了交通文化研究工作。经过广大研究人员一年多的辛勤劳动和艰苦努力，研究工作进展顺利，取得了一批可喜的研究成果。出版这套多卷本的《21世纪交通文化建设研究与实践》系列丛书，是交通文化建设研究成果的重要组成部分。丛书从多个层面、多个领域系统地总结了交通文化源远流长的发展历史、积淀丰厚的特色文化、形式多样的实践活动、绚丽多彩的建设成果。“系统文化”侧重于交通行业不同系统的特色文化研究，重点提炼和阐述了各系统具有系统特色的价值理念；“专业文化”侧重于不同专业领域的特色文化研究，重点收集、挖掘和整理了交通行业物质文化成果；“组织文化”侧重于交通行业不同组织的特色文化研究，重点梳理、凝炼和展示了各类交通组织的特色价值理念、行为规范和形象标识。整个研究工作坚持以社会主义核心价值体系为指导，将“铺路石”、“航标灯”等交通行业传统精神与包起帆、许振超、陈刚毅等先进典型所展现的时代精神有机结合，在建设交通行业核心价值理念体系方面做了积极探索。

交通文化建设是一项长期性、系统性、复杂性的工作，既要整体部署，又要稳步推进。近年来，尤其是实施《交通文化建设实施纲要》以来，全行业日益重视交通文化建设，注重丰富交通发展的文化内涵，取得了一些有行业特点和时代特征的文化成果，涌现了青岛港、天津港等一批优秀企业文化建设单位和青岛交运集团“情满旅途”、南京长途汽车站“爱心始发站”等一批知名服务品牌，形成了南京交通局“交通文化通论”等一批理论研究成果。《21世纪交通文化建设研究与实践》系列丛书的出版发行，对于全国交通行业深入贯彻落实党的十七大精神，兴起交通文化建设新高潮，进一步提高交通行业凝聚力和战斗力，推动交通事业又好又快发展，切实做好“三个服务”，必将起到重要的推动作用。

交通部部长 

二〇〇七年十二月十三日

导 论

交通为人员流动和物资流通提供基础条件，为人和物的空间位移提供运输服务，是支撑经济良性发展、促进社会全面进步的基础性产业和服务性行业。交通是一个古老而年轻的行业，自农业社会到工业社会以至信息社会，交通就一直伴随着人类文明的发展而演进，并构成人类文明的重要组成部分。中国是一个具有悠久历史的文明古国，在延绵数千年的文明进程中，曾造就了其他文明古国概莫能及的相对发达的交通体系；新中国成立后，中国交通事业进入一个崭新的发展阶段，经过近60年的建设尤其改革开放近30年的建设，交通发展在数量规模、质量水平和结构层次等方面都发生了翻天覆地的变化，取得了举世瞩目的成就，已跻身世界交通大国之列，正朝着世界交通强国迈进。中国交通发展的历史伟绩和现代成就为中华文明和世界文明做出了重大贡献，与此同时，在这个历经风雨的漫长岁月中，勤劳智慧的中华民族创造了与历史俱进、与时代同步的丰富多样、绚丽多彩的交通文化，为中华文化和世界文化的不断发展增添了更加丰富的内涵和更为亮丽的色彩。

一、交通文化的概念

理解交通文化的概念需先考查文化的概念。关于“文化”一词，长期以来，国内外一直没有形成统一的定义。但是，人们对文化内涵的解释还是存在共识，一般认为：文化是人类在社会历史发展过程中不断创造的各种精神财富、制度体系和物质财富的总和，其核心内容是人类创造各种精神财富、制度体系和物质财富所秉持的或反映出的价值理念。这是人们对社会主文化内涵所作的解释。基于这一认识，人们于是对隶属于社会主文化的各种亚文化的概念也做出了界定，如组织文化、系统文化和行业文化等。

交通文化也是隶属于社会主文化的一种亚文化，交通文化建设的理论渊源是文化人类学。对于交通文化的概念，可以根据社会主文化概念的核心内容和基本要素作出界定：交通文化是交通行业在长期的交通建设、运输和管理实践中逐步形成并不断发展的为广大交通员工所普遍认同并付诸实践的具有鲜明行业特点和时代特征的价值理念，是交通行业各种精神文化、制度文化和物质文化的总和，是交通发展的重要成果，是交通文明的重要结晶。其中，精神文化是交通行业的核心文化，是交通行业纲领性的核心思想，是指导交通发展的核心价值；制度文化是交通行业的浅层文化，是交通行业制定并执行办事规程、道德规范和行为准则所秉承的价值理念；物质文化是交通行业的表层文化，是交通行业生产物质实体、展现外在形象所秉承的价值理念。对于这一概念，可从以下角度进一步理解其内涵：

交通文化的核心内容是价值理念。价值理念属于意识形态或思想认识范畴，体现为交通行业对交通发展所秉持的态度、所采取的方式和所表现的行为，为交通发展所倡导的精神、所制定的规范和所树立的形象，这些态度、方式和行为都自觉或不自觉地反映了交通行业所秉承的价值理念，从而形成了交通文化。

交通文化的本质要求是强调实践。交通文化是交通行业普遍认同并付诸实践的价值理念，其突出强调价值理念的实践性，强调所倡导的价值理念要得到普遍认同和真正落实，要使之内化于心、固化于制、外化于形，从而在交通建设、运输和管理实践中发挥出实际的作用，为交通发展提供精神动力、制度保障和物质基础。

交通文化的层次定位是行业文化。从价值理念的从属主体来看，有国家的、民族的、组织的和个人的价值理念等，交通文化则属于整个交通行业的价值理念。因此，交通文化是对整个交通行业各部门、各单位价值理念的提炼与整合，代表了交通行业从业人员的主流思想，代表了整个行业广泛认同和普遍接受的价值理念。

交通文化的鲜明个性是交通特色。交通文化是交通行业的特色文化。各个行业的特色文化在其形成和发展过程中，虽然受到整个国家、民族的价值理念的影响，但各个行业生产特征、服务要求和管理模式存在很大差异，其价值取向也必然存在较大差异。交通作为经济社会发展的基础性产业和服务性行业，其所秉承的价值理念自然也有别于其他行业，从而有其自身鲜明的个性特色。

二、交通文化的特点

不同行业有其各自的结构形态和嬗变沿革，以及不同的静态表征和动态特征，因而体现出与之相对应的文化体系特点。从这方面考察，交通文化具有多样性、层次性、传承性、时代性等突出特点。

交通文化的多样性。交通行业由多个系统、多种专业、多种组织构成。从职能范围看，交通行业主要有公路建设与管理、道路运输、规费征稽、港口、航运、海事、救捞、船检、公安等系统；从专业性质看，交通行业主要有公路、桥梁、车辆、站场、船舶、航标、航道等专业领域；从组织性质看，交通行业主要有行政机关、执法单位、交通企业和事业单位等组织。不同的系统、专业、组织都有其自身的生产特征、服务要求和管理模式，因而具有不尽相同的价值理念，从而形成了文化的多样性。交通文化的多样性，要求交通文化建设要充分考虑不同文化价值理念的个性与共性，整个行业的文化建设在价值理念的提炼和价值体系的整合上要兼收并蓄、博采众长，从而形成能为整个行业广泛认同并普遍接受的价值理念。

交通文化的层次性。按照交通行业的职能、专业和组织等分类，可将交通文化细分为交通系统文化、交通专业文化和交通组织文化，各组成部分按照某种秩序有机结合，呈现出一定的层次性。其中，行业文化是一个面，系统文化是一条线，组织文化是一个点，专业文化则可看作对系统文化的细分，因为公路、桥梁、车辆、站场、船舶、航标和航道等是隶属于各交通系统的物质实体。整个交通文化体系因此呈现出一种“点-线-面”式的层次特征。各层次文化所秉承的价值理念具有内在的联系，一般来说，上层文化价值理念是对下层文化价值理念的归纳，上层文化更为抽象，下层文化更为具体。交通文化的层次性，要求提炼、整合交通行业的价值理念要自下而上、由点到面，逐层归纳，从而形成具有深厚基础的价值理念。

交通文化的传承性。交通文化形成于交通发展的实践，并随着交通的发展而发展。交通发展过程就是交通文化形成的过程，交通发展的历史沿革就是交通文化的传承沿革。交通发展在不同时期面临着不同的发展任务和发展条件，因而有着不同的价值理念和文化内涵。传承是发展的基础。交通文化的传承性，要求用历史唯物主义和辩证唯物主义的观点和方法去认识交通文化，从源远流长、积淀丰厚的发展历史中发掘、提炼交通文化的价值理念元素，充分吸收传统文化的合理成分，进而将交通行业优良的传统文化发扬光大。

交通文化的时代性。中国乃至世界交通发展都已进入新的阶段，快速推进中的中国交通现代化要求坚持科学的价值理念，发展先进的交通文化，以此促进交通事业又好又快发展。因此，建设交通文化，必须坚持先进文化前进方向，在传承交通传统文化的基础上，充分融入现代意识，不断丰富和发展其科学内涵，确立具有时代特征的价值理念，发展具有现代意识的物质文化、制度文化和精神文化体系。

三、交通文化的功能

交通文化的作用集中体现在“内聚人心、外塑形象”两个方面，具有凝聚、导向、激励、约束、外塑和辐射等基本功能。认识这些基本功能，是认识交通文化的建设目的与建设意义的基础。

交通文化的凝聚功能。交通文化所倡导的价值理念一旦为整体行业认同并接受，就成了千百万从业人员共同的理想与追求，进而以其强大的粘合力，从各个方面将整个行业及其成员聚合起来，形成巨大的向心力和凝聚力，形成强烈的集体意识与团队精神，为实现共同的理想与追求而齐心协力、共同奋斗。

交通文化的导向功能。交通文化所倡导的价值理念是整个行业的共同理想和共同追求的集中反映，代表了千百万交通人的主流思想和主流意识。这种共同的理想和追求，通过教育和灌输，会引导行业的个体与群体在思想、观念上做出调整，使其与整个行业所确立的价值取向保持一致，从而起到一种导向作用。

交通文化的激励功能。交通文化建设的核心要旨是以人为本、以文化人，强调确立共同的理想、营造和谐的氛围。这些都有利于增强各部门、各单位干部职工的使命感和责任感，激发干部职工的积极性和创造性，使广大干部职工乐于参与交通建设，乐于发挥聪明才智，为实现共同理想、实现自身价值而做出努力。

交通文化的约束功能。交通文化一旦形成，就建立了自身系统的价值理念，就为行业整体及其成员明确了价值取向，同时也确立了道德规范和行为准则，从而对行业整体及其成员起到一种约束作用。但是，这种约束具有自觉性，是一种软约束，这种软约束产生于整个行业的文化氛围，使各个成员产生共鸣，继而达到自我控制。

交通文化的外塑功能。交通行业特色文化所倡导并实践的价值理念是交通行业的旗帜，旗帜就是形象，这种形象包括理念形象、行为形象和视觉形象。这些形象是社会公众了解和评价交通行业的标志和表征。因此，交通文化具有外塑形象的重要功能。

交通文化的辐射功能。交通文化的辐射功能主要体现在所倡导并实践的价值理念通过外化而为广大社会公众所了解、所感受，会影响整个社会价值理念的形成与发展，从而使交通文化成为社会主文化的生长点和贡献源，为社会主义文化大发展、大繁荣做出贡献。

四、交通文化的载体

凡文化均有其价值理念的承载体或附着体。人类通过劳动创造文化。人类的劳动作用于自然形成物质文化，作用于社会形成制度文化，作用于人类自身形成精神文化。交通文化的载体主要包括主体载体、组织载体、制度载体和物质载体等。从根本上说，建设交通文化就是建设和优化这些载体。

主体载体。交通行业从业人员是交通行业的主体，自然也是交通文化的主体。交通行业从业人员既是交通行业价值理念的倡导者和实践者，也是交通行业价值理念的承载者和传播者。交通文化说到底是交通人的文化，是交通人的思想意识和价值取向。建设交通文化，要注重人的决定性因素，突出人的主体性地位，一是注重发掘广大从业人员的价值理念元素，确立具有深厚群众基础的价值理念体系；二是注重依靠广大从业人员建设交通文化，践行价值理念；三是注重通过文化建设来提升广大从业人员的综合素养，运用文化的力量来增强从业人员的凝聚力和向心力，激发交通从业人员的积极性和创造性。

组织载体。交通行业的行政机关、事业单位和交通企业等各种组织，既是交通行业的基本单元，也是交通文化建设的基本单元。这些组织作为交通文化的载体，与文化的内在联系主要体现在以下几个方面：一是组织内涵反映组织文化的性质。组织内部共同的目标追求、一致的价值取向、和谐的分工合作都是文化使然，其既是文化作用的结果，也是文化自身的表征。二是组织结构体现组织文化的个性。组织结构决定了组织内部的职责关系，其选择和形成受到组织文化的影响，并反作用于组织文化，从而使得不同的组织结构体现出不同的文化个性。三是组织功能体现组织文化的要求。组织的功能主要体现在整合人力资源、规范人的行为、满足人的需要，从而履行组织使命，实现组织目标，这些功能和作用与组织文化的功能和作用是一致的，正好体现了组织文化建设的目的和要求。建设交通文化，要求将组织建设作为重点内容，着力提升组织管理理念，改进组织管理方式，按照科学管理、规范管理的要求，优化组织的内部结构与协作关系。

制度载体。制度是要求组织成员共同遵守的办事规程、道德规范和行为准则。组织制度和组织文化之间关系十分密切。一方面，组织文化是组织制度制定与执行的重要决定因素，影响着组织制度的形成及其功效的发挥。组织制度是组织文化的产物，组织制度所具有的规范约束和激励作用等本身就体现了组织文化建设的直接目的和内在要求。这样，组织制度就成为了组织文化的重要载体，组织制定并执行各种办事规程、道德规范和行为准则都反映了组织文化所倡导的价值理念。另一方面，组织制度对组织文化的形成和发展也具有重要影响，有什么样的组织制度也必然会使组织成员表现出相应的处事态度和行为方式，从而营造相应的组织氛围、孕育相应的组织文化。建设交通文化，要求将制度建设作为重点内容，按照以人为本、科学管理的要求，以实现员工价值、规范员工行为为价值取向，着力健全组织内部的管理制度，推进制度创新与制度变革。

物质载体。物质载体是反映交通文化特色内容的重要载体和交通文化先进程度的重要标志。交通文化的物质载体主要包括以下几类：一是交通行业的生产资料，包括基础设施、运输装备及其支持保障系统，如公路、桥梁、车站、港口、航道、航标、车辆和船舶，办公场所、生产车间和服务场所等，这是交通生产力的物质基础，其外形特征、结构特点、技术价值、美学价值、历史价值、民族特色、地域特征、人文内涵及其社会经济意义等，是交通文明的重要标志，也是交通文化的重要特色所在。二是交通行业的形象标识，如各系统、部门和组织的徽标、着装和歌曲等，这也是交通文化的可感知性象征物，充分体现了交通文化的个性和风格。三是交通行业各种组织保障员工基本权益、提升员工综合素养的各种实体手段，如保健、卫生和安全等设施，技术培训、职业教育和文化教育等文化设施，这些也都充分体现了交通文化的个性和风格。建设交通文化，要求将物质载体建设作为重点内容，既要着力保证物质实体的经济社会意义，也要着意丰富物质实体的技术价值、美学价值、历史价值、民族特色、地域特征和人文内涵，着力提升交通行业的外在形象。

五、交通行业的价值体系

交通文化建设坚持社会主义先进文化前进方向，用马克思主义中国化最新成果武装和教育广大干部职工，用中国特色社会主义共同理想凝聚力量，用以爱国主义为核心的民族精神和以改革创新为核心的时代精神鼓舞斗志，用社会主义荣辱观引领风尚。经过长期的探索与实践，交通行业逐步形成了具有鲜明行业特色和时代特征的交通精神文化、制度文化和物质文化，形成了实践证明对于引导交通事业快速发展、科学发展、和谐发展具有重要指导作用的价值体系。

（一）行业使命：发展现代交通，做好“三个服务”

发展现代交通，促进民富国强，是国家和人民赋予交通行业的神圣使命。交通是支撑经济良性发展、促进社会全面进步的基础性产业和服务性行业，是促进经济增长、优化产业布局、改善人民生活、保障国家安全、维护社会稳定的基础条件和重要依托。交通发展的主要任务是发展现代交通业、实现交通现代化，根本目的是促进人民富裕、实现国家强盛。在目前及今后相当长时期内，交通行业围绕履行这一使命，必须把握世界交通发展的总体趋势和我国交通发展的阶段特征，着力调整交通结构、转变发展方式、推进自主创新、完善行业管理，加快推进交通由传统产业向现代服务业转型，努力提高做好“三个服务”（服务国民经济和社会发展全局，服务社会主义新农村建设，服务人民群众安全便捷出行）的能力和水平。

（二）共同愿景：建设一个更安全、更通畅、更便捷、更经济、更可靠、更和谐的现代化公路水路交通运输系统，实现人便于行、货畅其流，让人们享受高品质

的运输服务，让经济社会发展更加充满活力，让交通与自然、交通与社会更加和谐。

交通行业致力于建设一个更安全、更通畅、更便捷、更经济、更可靠、更和谐的现代化公路水路交通运输系统，体现了交通行业基于自身使命而对未来交通发展愿望与发展前景的美好憧憬，对未来交通发展目标与发展效果的理想追求，是交通行业重要的价值取向。为实现这一愿景，一代代交通人前赴后继，作出了艰苦卓绝的不懈努力，取得了举世瞩目的巨大成就，交通事业各个方面不断地实现了历史性突破和跨越式发展。目前，公路主骨架、水运主通道、港站主枢纽和支持保障系统建设全面推进，高速公路、特大桥梁、长大隧道和专业码头建设快速发展，万车竞发、百舸争流的繁荣景象已经初步形成，货畅其流、人便于行的良好效果已经日益显现，现代化公路水路交通运输系统已经初具规模，更加宏伟的发展目标正在又好又快地大力推进之中，交通发展的美好愿景必将成为现实。

（三）交通精神：艰苦奋斗、勇于创新，不畏风险、默默奉献

交通精神是民族精神和时代精神在交通实践中的生动体现，是对交通行业先进典型精神内核的高度概括，是交通行业广大从业人员共同创造的精神财富，是交通行业履行自身使命、实现共同愿景的强大动力，代表了交通行业广大从业人员的思想意志和精神风貌。交通精神的核心要素是“艰苦奋斗、勇于创新，不畏风险、默默奉献”。

艰苦奋斗是交通行业的优良传统。立足我国建设任务繁重、经济基础薄弱的基本国情，交通行业各条战线广大员工，本着高度的使命感和责任感，始终保持勤俭节约、艰苦朴素、拼搏进取、努力奋斗的优良传统，大力推进我国的现代化交通建设，确保交通发展的质量、效益和效率，创造了无数可圈可点的光辉业绩，涌现了以“一代人要有一代人的作为、一代人要有一代人的贡献、一代人要有一代人的牺牲”的“青岛港精神”，“胸怀祖国、热爱边疆的爱国精神，刻苦钻研、勤奋好学的进取精神，不懈探索、敢于突破的创新精神，恪尽职守、忘我工作的敬业精神，淡泊名利、清正廉洁的自律精神，生命不息、奋斗不止的拼搏精神”这一“刚毅精神”，以及“勇闯新路、改革进取的精神，干字当头、艰苦奋斗的精神，遵纪守法、诚实劳动的精神，领导干部以身作则、吃苦在前、享受在后的精神”这一“华铜海精神”等为代表的彰显艰苦奋斗精神的先进典型。

勇于创新是交通行业的时代追求。锐意进取、勇于创新，是交通行业在长期的改革与发展实践中不断适应新的形势变化和发展要求，有效解决突出矛盾和问题，不断取得重大进展与突破的成功经验。长期以来，交通行业抓住机遇、与时俱进，

注重理念创新、科技创新、体制机制创新和政策创新，为实现交通事业又好又快发展提供不竭动力，涌现了以“报效祖国，服务人民的主人翁精神，立足本职、追求卓越的敬业精神，求真务实、勇攀高峰的科学精神，锲而不舍、勇于拼搏的进取精神，团结协作、淡泊名利的团队精神”这一“起帆精神”，“爱岗敬业、无私奉献的主人翁精神，艰苦奋斗、努力开拓的拼搏精神，与时俱进、争创一流的创新精神，团结协作、互相关爱的团队精神”这一“振超精神”，“恪尽职守、忘我工作的敬业精神，立足岗位、刻苦自励的拼搏精神，敢为人先、勇攀高峰的创新精神，凝心聚力、团结协作的团队精神”这一“孔祥瑞精神”，以及“凝心聚力的和谐意识，拼搏奉献的创业精神，敢为人先的创新精神，追求卓越的创优精神”这一“润阳大桥精神”等为代表的凸显勇于创新精神的先进典型。

不畏风险是交通行业的突出意志。交通建设逢山开路、遇水架桥，车辆行驶于陡峭险峻的群山之间，船舶航行于风急浪高的水面之上，无不存在一定风险，正所谓“行船走马三分险”。长期以来，中国航海者面对风浪惊涛的海洋环境和突如其来的各种困难，总是勇往直前、镇静应对、精诚协作，圆满完成国家和人民交付的各项运输任务，彰显了“乘风破浪、不畏艰险、同舟共济”的“航海精神”。尤其，在发生海上安全事故的情形下，我国海上搜救队伍更是凭藉精湛的技能和过人的胆略，不顾个人安危，及时赶赴现场，全力施行搜救，确保人民生命与财产安全，凸显了“把生的希望送给别人、把死的危险留给自己”的“救捞精神”，是交通行业坚强意志力和大无畏精神的突出体现。

默默奉献是交通行业的真情付出。我国公路水路交通建设、运输和管理大多是在气候恶劣、地形复杂、人烟稀少的特殊条件下展开的，广大交通建设、运输和管理人员，无数的铺路工、养路工和航标工，寒来暑往、经年累月，不顾风吹雨打、不计名利得失，在平凡的岗位上、在艰苦的条件下，恪尽职守、真诚奉献，用宝贵的青春和人生，铺就了无数大道、送去了万家温暖、确保了万家平安，留下了无数可歌可泣的感人事迹，涌现了以“为人民服务到白头”的“小扁担精神”，“爱岗敬业、默默奉献”的“铺路石精神”，“燃烧自己、照亮别人、奉献社会”的“航标灯精神”，“尚法弘德，为民负责，执法为民，服务社会”的“海事精神”，以及“尽职在岗、奉献在船”的“孙彪精神”等为代表的凸显默默奉献精神的先进典型。

(四) 职业道德：爱岗敬业、诚实守信、服务群众、奉献社会

交通行业开展职业道德建设，坚持用社会主义荣辱观引领风尚，按照《公民道德建设实施纲要》的要求，大力倡导并努力践行以“爱岗敬业、诚实守信、服务群

众、奉献社会”为主要内容的职业道德，为交通事业又好又快发展提供有力的制度保障。

爱岗敬业是职业道德的基础。爱岗敬业要求从业人员干一行、爱一行、精一行。交通行业为全社会提供交通基础设施和客货运输服务，交通工程建设关乎百年发展大计，客货运输服务涉及广大公众利益，从业人员首先要热爱本职工作、履行岗位职责，要结合岗位需要、立足岗位工作，加强业务学习、注重实践锻炼，不断提高个人综合素质，在工作中恪尽职守、精益求精，为保证工程建设和运输服务质量作出自己应有的贡献。

诚实守信是职业道德的精髓。诚实守信要求从业人员做到诚实、诚恳，讲信义、守信用。交通行业倡导并实践诚实守信的职业道德，要着眼于切实解决交通、运输和管理中群众反映强烈、社会危害严重的突出问题，健全诚信机制，开展诚信教育，强化诚信意识，进一步推进“共铸诚信交通”实践活动，做负责任的行业、负责任的部门、负责任的岗位，努力提高整个行业的公信力和信誉度。

服务群众是职业道德的更高要求。交通行业本身是服务性行业，服务是交通的本质属性，做好服务是交通发展的突出主题。交通行业各部门、各单位广大员工要着力增强服务意识，努力提高做好服务的能力和水平。要继续开展文明行业、文明单位、示范窗口建设活动，大力推行热情服务、周到服务、规范服务，为人民群众提供更加安全、便捷、高效的优质服务。

奉献社会是职业道德的最高境界。交通作为经济社会发展的基础性产业和服务性行业，与社会生产和社会生活的各个方面息息相关，广大从业人员要将奉献社会作为职业道德建设的出发点和归宿，立足各自的本职工作，以宽广的胸襟和坦荡的胸怀，以自己的才华和汗水真情地反哺于人民、回馈于社会，在奉献中实现自我、发展自我。

六、交通文化建设的现实意义

大力推进交通文化建设，是交通行业深入贯彻落实科学发展观，促进交通事业全面发展的重要方面。党的十七大报告指出：深入贯彻落实科学发展观，要按照中国特色社会主义事业总体布局，全面推进经济建设、政治建设、文化建设、社会建设，促进现代化建设各个环节、各个方面相协调；推动社会主义文化大发展大繁荣，要坚持社会主义先进文化前进方向，兴起社会主义文化建设新高潮，提高国家文化软实力。大力推进交通文化建设，就是要确立符合先进文化前进方向和交通事业发展要求，具有鲜明行业特点和时代特征的价值体系，并付诸交通发展实践，提升交通文化软实力，为实现交通又好又快发展提供精神动力、制度保障和物质基础。

建设交通文化有利于确立共同理想，树立共同目标，进一步增强发展现代交通的使命感和责任感。理想就是信念，理想就是旗帜。交通文化建设大力倡导并努力践行建设一个更安全、更通畅、更便捷、更经济、更可靠、更和谐的现代化公路水路交通运输系统，致力促进人民富裕、实现国家强盛，这些核心价值一旦为交通行业各部门、各单位干部职工所接受，就成了广大交通员工共同的理想和信念，成了统一干部职工思想认识的旗帜和标杆，进而增强广大交通员工的使命感和责任感，引领广大交通员工为发展现代交通、促进民富国强而自强不息、奋斗不止。

建设交通文化有利于继承优良传统，弘扬时代精神，进一步提高做好“三个服务”的能力和水平。交通精神是交通行业的灵魂。交通文化建设大力倡导并努力践行以“艰苦奋斗、默默奉献、不畏风险、勇于创新”为核心要素的交通精神，是交通行业继承优良传统、体现时代要求，努力做好“三个服务”的精神追求和强大动力。建设交通文化，弘扬交通精神，就是要宣传先进典型，弘扬浩然正气，以此激发广大交通员工的积极性和创造性，使之成为不断提高做好“三个服务”的能力和水平的强大动力。

建设交通文化有利于凝聚行业力量，提升行业形象，进一步增强构建和谐交通的凝聚力和影响力。交通文化建设按照以人为本的核心要旨，在精神文化、制度文化和物质文化等各个层面，大力倡导并努力践行交通发展的事业追求和社会责任，努力实现好、维护好、发展好用户利益、公众利益、员工利益。这些价值取向，既是一种宣示，更是一种承诺，其所体现的人本主义和人文关怀，有利于改善交通行业的内在氛围、提升交通行业的外在形象，改善行业内外的关系，提高交通行业的凝聚力和影响力，从而提升交通发展的软实力，促进交通事业又好又快发展。

（执笔人：王先进　刘为民　顾枫　李春　樊东方　毕仁忠　邱曼丽　刘利　张榕榕）

前　言

在历史的长河中，时代变迁，万物更替，唯有文化生生不息，经久不衰。文化承载着历史的积淀，传承着时代的文明。在科技高速发展的今天，在物质越来越丰富的今天，精神因素并没有弱化，文化成为国家和组织“软实力”的载体和象征，越来越成为民族凝聚力和创造力的重要源泉，越来越成为综合国力竞争的重要因素，而丰富精神文化生活也日益成为人们的热切希望。

迎着扑面而来的文化热潮，感受着文化的巨大影响力，党的十七大提出，必须适应国内外形势的新变化，坚持中国特色社会主义经济建设、政治建设、文化建设、社会建设的基本目标和基本政策构成的基本纲领。要坚持社会主义先进文化前进方向，兴起社会主义文化建设新高潮，激发全民族文化创造活力，提高国家文化软实力。

国家以文化为内涵而实现持久发展，民族以文化为纽带而达成紧密连结，普通的组织，也需要塑造自身的文化，以文化为载体，将组织成员凝聚在一起，为着组织共同的使命和愿景，一起奋力拼搏，实现组织的发展壮大。

海事系统作为一个组织，为了更好更快地发展，为了更好地为国民经济服务，也需要对自身的文化进行深入研究。由交通部组织的“交通文化建设研究”，为海事文化的研究提供了一个契机。

海事文化研究是“交通文化建设研究”的子课题，海事文化是交通文化的重要组成部分。

海事文化是海事系统广大干部职工在海事实践活动中自然形成的，并经过海事人不断提炼、升华和发展的，具有鲜明的时代特征和浓郁的海事特色。海事文化被海事人广泛认同并自觉实践，体现在海事人的精神追求、价值理念以及外在的气质特征上。海事文化是文化百花园中一株绚丽灿烂的花，并深深根植于交通事业的沃土之中。海事文化以其特有的感召力、渗透力和影响力，感染人、凝聚人、塑造人，激励着海事人奋发向上，推动着海事事业健康发展。

文化有其自身的凝聚力和辐射力。通过文化建设，进行文化管理，坚持以人为本，促进人的全面发展，把教育人和关心人结合起来，切实把人的工作做实、做细、做出成效。加强海事文化研究，推进海事文化建设，是提升海事系统广大干部职工综合素质的迫切需要。也是海事事业又好又快发展的必然要求，具有十分重要的现实意义。

通过研究海事文化，发现海事文化的规律和价值，坚定海事文化建设的决心和信心，加大海事文化建设的投入力度和强度，切实维护好海事改革发展稳定的大局，积极为海事新发展营造上下和谐、内外顺畅的良好氛围，不断丰富精神文明建设的内涵，不断提升海事系统的外在形象和内在品质，增强凝聚力，提高影响力、激发创造力，从而增强海事事业发展的软实力。

通过研究海事文化，形成具有浓郁海事特色的文化体系。做到“以文化人”，提升海事系统全体干部职工的内在品质，使文明行为成为每个人的自觉行为，真正树立“公正执法、文明服务、敬业奉献、廉洁高效、开拓创新、团结和谐”的海事文明形象，以期得到社会的广泛认知和满意。

通过研究海事文化，树立一批具有时代特征和海事特色的先进单位和个人，通过宣传他们的先进事迹和精神内涵，感召海事全体人员。充分发挥先进典型的示范引导作用，以点带面，推动从个体典型向更多群体典型的转换。统一的精神内涵和价值观可以使海事职工形成共同的追求目标及价值取向，并以此为评价事物与行为的共同标准；夯实广大干部职工为海事新发展自觉奋斗的共同思想基础。

本书紧紧围绕“交通文化建设研究”中关于组织文化“要求能对交通行业的文化建设起到有效的指导作用。要反映不同组织的特色价值理念、行为规范和形象标识，以生动的案例穿插其中作为佐证，以增加图书的易读性”的精神，从海事文化理论基础篇、海事文化建设实践篇和海事文化发展指导篇三方面，以详实的资料和大量的图片，对海事文化的历史脉络进行了全面梳理，对海事文化建设成果进行了总结提炼，系统阐述了海事文化的历史、现状，并对今后海事文化建设进行了科学规划。

在本书编写过程中，交通部更名为交通运输部。我们本着尊重历史的原则，在改革之前依旧用交通部，在改革之后则用“交通运输部”。

在本书编写过程中，得到交通运输部、交通运输部海事局领导的悉心指导，得到了海事系统广大干部职工的积极参与，在此表示衷心的感谢！书中的图片，全部由交通运输部海事局提供。

目　录

第二篇　海事文化建设实践篇

第三篇　海事文化发展指导篇

第一篇　海事文化理论基础篇

大海总是以宽广博大的胸怀和海纳百川的气魄让人赞赏，令人陶醉！中国海事这个特殊的群体与大海为伍，以江河为伴，诠释着“维护水上安全，保障国家主权，实现卓越服务”的海事使命和“更安全、更清洁、更便捷”的海事宗旨。

第一章　走进中国海事

中国是具有辽阔海洋面积和漫长海岸线的国家，以周口店山顶洞人为代表的旧石器晚期的先民就已经与海接触，在成串的项饰中就有穿了孔的海蚶壳。我国考古学家根据对各地考古发掘的器物的考察和研究得出结论，山东半岛的原始文化，对辽东半岛和朝鲜半岛乃至东亚的原始文化有着重大的影响和密切的关系，而这种原始文化的交流，首先是从海上，而不是从陆地开始进行的。我国的水路运输的历史可追溯至公元前11世纪，在上海博物馆收存的商代饰有饕餮纹的铜鼎，有一金文象形会意字，表现为一个人挑着贝币或货物，立在船上，船后有一个人在荡桨。这是商代水运活动的记录之一，它记录下当时船舶已参与水上货物运输。①在公路、铁路、航空运输快速发展的时代，在世界贸易日益频繁、世界经济日益融合的今天，水上交通和运输凭借成本低、污染小、运量大的优势，依然发挥着重要的作用。对于进出口量日益加大的中国经济来说，水上交通和运输是经济的动脉，而维持这个大动脉高效、通畅运转的正是中国海事。

“水上交警”，这是人们对中国海事最直观的比喻。由于海事行业的特殊性和工作的局限性，海事工作者不像大家熟知的交警那样在老百姓心目中拥有较高的知名度，但中国海事却有着不同于一般执法队伍的特点，例如中国海事是中国最早与国际接轨的机构，是代表国家履行国际公约和参与国际事务的机构之一，是交通运输部最大的行政执法队伍。中国海事在服务于经济社会发展中发挥着重要的支持保障功能。

一、了解中国海事

海事，从字面意思来看，“海”是指海洋、大海，“事”是指事务、事宜。在“海事”这个词语里，海的涵义还可引申到江河、湖泊。专业术语“海事”是指水上交通以及由水上交通所衍生出的相关事务与活动，如船舶和船员、水上安全、海图、航标、航道维护、海上保安、水上安全通信等。

中国海事，是指交通部海事局、直属海事局以及地方海事机构根据国家所赋予各项职能管理的水上交通安全及其相关事务的集合。针对海事活动所进行的管理，我们称之为海事管理。海事管理的产生源于航运的发展，可以追溯到人类船舶运输活动之初。而现代海事管理是在第二次世界大战结束之后才逐步发展并形成的，是水上安全管理的重要组成部分。

英姿飒爽海事人

目前，世界上大部分国家都设有海事管理的相关机构，但由于政治、经济、历史、文化等背景的差异，除基本核心职责以外，各国海事管理机构的具体职责也不尽相同，即使是同一个国家的海事管理机构，其职能和职责也处在一个动态变化的过程之中。

新中国的海事管理机构也是根据时代发展的要求进行了多次变革。1998年，在原中华人民共和国港务监督局(交通部安全监督局)和原中华人民共和国船舶检验局(交通部船舶检验局)的基础上，合并组建而成中华人民共和国海事局（交通部海事局）。

1998年，我国水监体制改革全面实施，交通部根据国务院关于水监体制改革实施方案，按照界定中央与地方对水域的管理分工，实行“一水一监、一港一监”的要求。交通部直属海事系统先后完成中央管理水域包括辽宁等20个海事局的划转、调整、合并和分支机构、派出机构的设置，以及管理职责分工、管理区域划分等工作，1999年第一个直属海事局天津海事局挂牌成立，至2005年西藏地方海事局的成立，标志着水监体改任务全面完成。

目前中国水上安全监督管理水域分为中央管理水域和地方管理水域。中央管理水域指：沿海（包括岛屿）海域和港口、对外开放水域及主要跨省、自治区、直辖市内河（长江、珠江、黑龙江）干线及港口。地方政府管理水域指：在中央管理水域以外的内河、湖泊和水库等。

中央与地方对水域的管理分工，实行“一水一监、一港一监”的要求，从2001年开始，在直属海事系统内部实行“一省一局”管理模式的调整，成立了14个海事局。在中央管理水域，成立了上海、天津、辽宁、河北、山东、

表1-1 14个直属海事局

序号	机构名称
1	中华人民共和国上海海事局
2	中华人民共和国天津海事局
3	中华人民共和国辽宁海事局
4	中华人民共和国河北海事局
5	中华人民共和国山东海事局
6	中华人民共和国江苏海事局
7	中华人民共和国浙江海事局
8	中华人民共和国福建海事局
9	中华人民共和国广东海事局
10	中华人民共和国广西海事局
11	中华人民共和国海南海事局
12	中华人民共和国深圳海事局
13	中华人民共和国长江海事局
14	中华人民共和国黑龙江海事局

江苏、浙江、福建、广东、广西和海南11个海事局，在长江和黑龙江成立了长江、黑龙江海事局，在深圳特区成立了深圳海事局。在中央管理水域以外的内河、湖泊和水库，除了黑龙江、广东、广西、海南外，其余的省、自治区、直辖市人民政府设立的28个地方海事机构。如下表所示：

表1-2 28个省级地方海事管理机构

序 号	机构名称
1	北京市地方海事局
2	上海市地方海事局
3	天津市地方海事局
4	重庆市地方海事局
5	内蒙古自治区地方海事处
6	山西省地方海事局
7	河北省地方海事局
8	辽宁省地方海事局
9	吉林省地方海事局
10	江苏省地方海事局
11	安徽省地方海事局
12	山东省地方海事局
13	浙江省地方海事局
14	江西省地方海事局
15	福建省地方海事局
16	湖南省地方海事局
17	湖北省地方海事局
18	河南省地方海事局
19	云南省地方海事局
20	贵州省地方海事局
21	四川省地方海事局
22	陕西省地方海事局
23	甘肃省地方海事局
24	宁夏回族自治区地方海事局
25	青海省地方海事局
26	新疆维吾尔自治区地方海事局
27	西藏自治区地方海事局
28	新疆建设兵团地方海事局

直属交通部海事局以宏观管理为主，负责系统工作的组织协调，海事政策研究，调研起草海事法律、法规草案，代表国家履行国际公约，负责

海事系统与有关单位的工作协调，全面负责对全国水上安全监督工作实行业务领导。设在中央管理水域的直属海事机构和设在其他水域的地方海事机构，分别在所辖水域内实施海事管理工作。其中，在直属海事机构实施四级管理，直属海事局以综合管理为主，负责辖区内重要业务工作的开展，对所属机构执法工作和其他工作进行监督检查，协助地方政府、人大制定与海事业务有关的地方性法规；分支海事局以业务管理为主，负责有关海事管理的法律、法规、规章、标准和操作规程的贯彻执行；基层海事处以实施现场管理为主，负责对辖区内水上安全实施现场监督和管理。[②]我国水上安全监督管理的机构格局，有利于统一水上监管力量，形成合力，管理力度明显增强，对稳定水上安全形势提供了保证。

海事系统的航海保障单位包括航标、测绘、水上安全通信和船舶交通管理中心（VTS中心）。

我国海事航标实行统一管理、分级负责的管理原则，构成了由交通部海事局，天津、上海、广东、海南海事局，18个航标处组成的三级海事航标管理体制。下设航标站是航标处的派出值班单位，按规定的范围，负责航标的维护保养工作。

VTS中心是指为保障船舶交通安全，提高交通效率，保护水域环境，由主管机关设置的对船舶实施交通管制并提供咨询服务的部门，截至2007年，全国共有VTS中心26个，其中沿海18个，长江8个，基本覆盖了重点港口、通航密集区、事故多发区等重点水域。

中国海事承担着沿海港口航道测量，编绘出版航海图书的任务。天津、上海和广东海事局下设海测大队，分别承担着我国北方海区、东海海区和南海海区沿海港口航道测绘和民用航海图书编制发行工作。

水上安全通信为不同类型、不同航区的船舶和水上从业人员提供全面、丰富、及时的安全信息。包括船舶安全通信值守，对国际和国内海上航行船舶安全信息播发、遇险搜救通信和船岸电台常规公众通信等业务，以及海上气象、台风警报的广播，海上航行警告的播发等。1992年，我国开始筹建全球海上

交通运输部部长李盛霖与黑龙江海事局同江海事处的海事职工在一起

遇险紧急安全通信系统（GMDSS）、数字选择性呼叫（DSC）、航行安全信息接收系统（NAVTEX）等，现代化的通信手段为航行船舶提供了更高效、更可靠的通信保障。

中国的海事管理机构代表政府履行水上交通安全监督管理、防止船舶污染水域环境、船舶及海上设施检验、航海保障和行政执法职能，履行国际公约赋予缔约国主管机关的责任和义务。

（一）船舶管理

船舶管理工作主要包括船舶检验、船舶登记、船舶签证、国际航行船舶进出口查验、船舶安全检查、口岸开放等职能。中国海事重点加强了船舶检验过程管理和营运中船舶的安全检查，严把船舶入口关，确保船舶适航。

截至2007年，我国已有正式登记船舶23.6万艘，约7 120万总吨；海船19 288艘，37 032 153总吨；内河船146 481艘，33 516 209总吨。2007年办理船舶登记115 508艘次，办理国际航行船舶进出口岸查验435 090艘次，国内航行船舶进出港签证11 473 705艘次，签证及查验共11 908 795艘次。船舶“一卡通”工程建设已步入成熟应用阶段，中国海事局卡管中心制卡47 500张。沿海营运船舶IC卡集中制发工作顺利完成，签证刷卡率达到100%。为内河船舶签证刷卡率为79.4%，在长江、珠江、黑龙江干流航道内河船舶已基本普及刷卡签证。2007年5月1日至2007年12月31日，在全国范围内组织开展船舶安全配员专项检查活动，对11 307艘次海船（包含国际航行和国内航线）实施了专项安全检查，发现并纠正缺陷达7 498项，对118艘船舶采取了滞留或限期整改措施。

船舶管理

（二）船员管理

船员管理主要包括船员的考试、评估和发证管理、对船员培训机构的管理、船员适任能力的跟踪管理等职能。

船员是船舶安全营运的最直接因素，肩负着保障船舶安全和防止污染的重要使命。在事故致因论中，人为因素导致的事故占事故总数的90%以上。因此，无论是船旗国、港口国，还是在沿岸国的管理中，均对船员技术素质和行为给予高度重视。中国海事的船员管理主要有四个环节：船员培训、船员考试、船员证书管理和船员适任能力的跟

船员无纸化考试

踪管理。

2006年，交通部海事局出台了《非航海工科毕业生海员培训管理规定》，允许航运企业招聘非航海类专业的工科毕业生，在满足航运业快速发展需要的同时，扩大了学生的就业率。同年，在海事部门的支持下，河南新乡成立海员学校，吸纳中西部青年进行系统培训，较好地解决了当地农村剩余劳动力的就业问题。2007年，交通部海事局共举行11期全国海船船员适任统考，有45 941人参加，与往年同比增长75%；举行3期航行长江干线内河船舶船员适任统考，共有31 424人参加。签发海船船员适任证书10.8万本，内河船员证书18.9万本，发放海员证101万本。加强海船船员示范培训工作，开展航海院校GMDSS师资示范培训。加强船员质量体系管理，对45所船员教育和培训机构开展了质量体系审核。

（三）通航管理

通航管理主要包括通航秩序维护、通航环境管理、水上水下施工作业监督管理、水上巡航、应急反应、事故调查和处理等职能。

船舶营运离不开良好的外部环境，航道、锚地的交通流、交通秩序及航路、航法直接影响着船舶的航行、停泊和作业安全。在通航管理方面，坚持净化通航环境，规范通航秩序，提高救助成功率，提高海事调处质量，确保安全通畅。一是有效规划全国通航水域，合理划定一批航道（路）、禁航区、交通管制区、港外锚地和安全作业区等交通水域。在成山头等沿海水域、长江下游和三峡库区、珠江口等重点水域实施船舶定线制和船舶报告制，尤其是长江下游、三峡库区以及珠江口水域引入的分道通航制，提高了通航效率，促进了地方经济的发展。二是尝试建立水、陆、空立体监管模式，不断提高通航监管效能，增强海事监督威慑力。中国海事已形成了以巡逻船艇、飞机、

水上立体监控

VTS、CCTV、AIS等装备为主要手段的水上立体监管模式，并且有效组织了跨海区的远程巡航，2007年巡航里程达七百万海里。三是规范水域施工管理，整治违章锚泊、养殖、捕捞、挖砂碍航等行为。

（四）防止船舶污染水域和船载危险品管理

防污染是海事管理的公共服务职责。我国面临着越来越严峻的溢油污染的挑战。1993年我国由石油出口国转变为进口国后，为适应越来越多的油轮进出水域和港口，沿海新建了很多超大型油轮泊位。据统计，我国目前拥有油船5 688艘，1 657万总吨；危险化学品船舶2 915艘，107万总吨；2007年航行于中国沿海的各类油轮18.6万艘次，平均每天有400多艘次油轮、300多万吨油品行经于我国沿海水域，做好危险品水上运输管理和防污染工作意义重大。随着国内经济的迅速发展，沿海南北方向石油运输量也迅速增长，而运量的增长必然导致污染事故发生率的加大。

在防止船舶污染水域和船载危险品管理方面，中国海事始终坚持“预防为主、防治结合”方针，加强危险品管理和防止船舶污染工作。一是在中国海上船舶及沿海重要水域，实施了船舶溢油应急计划，大力推进以地方政府为主的国家溢油应急体制的建设，着手推动建立国家油污损害民事赔偿责任基金制度和强制保险制度。二是对三峡库区、太湖、渤海等重点水域，连续开展船舶污染专项整治行动。三是完善了事故调查管理程序，初步建立了船舶污染事故调查官制度。2007年，共实施船舶防污染检查24 672艘次，查出IOPP证书（国际防止油污证书）不符合要求的船舶125艘次。在过去近20年间，我国沿海已发生50吨以上的重大溢油事件39起，溢油量达22 922吨。如2004年12月7日在珠江口水域，两艘外轮相撞造成1 200吨燃油污染事故，海事部门组织了飞机6架次，各类清污船、渔船百余艘次，清污专业人员数百人，投入了收油机、消油剂、吸油毡、吸油拖栏等大批器材物资进行清污，还对两艘外轮实施了扣留，保证了我国环境损害得到赔偿。其中一艘巴拿马籍船舶，出现不正常移动，企图逃离，被直升机和海事巡逻艇追回珠海高栏港。2005年在大连海域发生的20万吨油轮“阿提哥”搁浅事故，也被成功救助。

（五）航运公司管理

航运公司管理主要包括航运公司安全管理体系审核、发证和日常监督等职能。在公司、船舶、船员、环境等影响水上交通安全形势的四大主要因素中，公司的安全管理责任意识和安全管理水平对安全生产工作起到了决定性的作用，强化企业的安全生产责任主体是做好安全生产工作的基本原则，加强对公司的安全监督管理是抓好安全生产工作的有效措施。

在航运公司管理方面，以“严格管理”为目标，积极实施安全管理规则，加大安全管理体系建设，重点提高船公司安全管理责任意识和管理水平。从1995年起，我国建立了航运公司安全和防污染管理状况审核机制，177家公司的1 275艘国际航行船舶全部纳入这个安全管理体系。组织开展了安全管理体系国内化工作，陆续完成部分国内船公司建立并运行安全体系的工作。推行重点船舶跟踪制度和船舶安全信誉管理制度。我国国际航行船舶连续多年排在世界范围内各主要港口国监督组织的白名单前列，并连续多年保持较低滞留率。

船舶安全检查

（六）依法行政和国际履约

法制建设主要包括海事法规体系建设和执法监督等职能。海事局担负着维护水上交通安全和防治船舶污染环境的重要使命，代表政府履行水上交通公共安全和环境保护的社会管理职能。依法行政是海事行政执法工作的基础和保障，贯穿于所有的行政管理和执法活动。

在法制建设方面，一是着力构建和完善水上交通安全监督管理法规体系框架，逐步加大立法力度，海事法规框架体系已初步形成，基本上满足了我国海事管理的需要。主要有《海上交通安全法》、《海洋环境保护法》、《港口法》、《内河交通安全管理条例》、《船舶登记条例》、《船检条例》、《防止船舶污染海域管理条例》等法律、法规以及交通部制订的一系列有关水上交通安全管理的规章和规范性文件。目前，海事行政执法的法律、法规、规章、规范性文件已达800 多件。各省、市、自治区也分别制定了一批具有地方海事工作特色的法规和规范性文件。二是规范行政许可事项，大力加强行政执法监督。按照《行政许可法》的要求，在全国海事系统推行了统一政务公开制度，加强海事行政执法监督，实施执法责任和过错责任追究，实施海事执法人员执法证管理制度，亮证执法。

自1973年加入国际海事组织以来，中国先后接受了《1974年国际海上人命安全公约》、《1972年国际海上避碰规则公约》、《1973年国际防止船舶造成污染公约》、《1978年海员培训、发证和值班标准国际公约》、《1978年国际海上搜寻救助公约》等四十余个有关海上安全和防污染的国际公约和议定书。这些国际公约覆盖了全球90%以上的船舶吨位，促进了国家之间海事管理的相互协调性。

船舶碰撞污染案件行政处罚听证会

（七）航海保障

1980年交通部提出“使沿海航标亮起来”，这项任务完成后，航海保障的理念发展为“为航海者提供优质服务”，整体提高助航效能，增加航海保障能力。近些年，广泛利用卫星定位、无线电遥测遥控、低能耗光源、太阳能电池和多波束等现代科技手段，开发应用了电子海图，编绘了全国沿海开放港口和重要水道海图，重点加强了VTS、AIS、CCTV等先进技术装备的建设。目前，我国主要港口和重要通航水域已建成VTS中心站26个，VHF系统基本实现沿海25海里全程覆盖，91个AIS岸基站全部覆盖我国水域，对重点水域船舶实施跟踪、监控，对遇险船舶搜救指挥、重要航段的导航设施的监控等方面发挥着重要作用。

成功救助落水者

（八）应急反应和事故调查处理

航运是高风险的行业。每年，我国沿海水域和长江等内河水域发生上千起水上交通事故和险情。海事局成立以来，多次组织重大险情的搜寻救助，1999年的“盛鲁”轮失火沉没、2001年“通惠”轮事故、2002年合江“8.2”特大翻船事故、2003年的“辽旅渡7”沉没、2004年的“辽海”火灾事故，海事局认真履行职责，在应急反应中发挥了关键的作用。

近年来，积极推动沿海11个省份以及长江、黑龙江干线水域以海事为依托的搜救中心和搜救网络建设，编制完成国家级海上搜救专项应急预案1个、部门和专用预案7个、省级预案20个。建设了一批科技含量较高的监管基础设施，如沿海的GMDSS、AIS、VTS、CCTV等，完成了国家搜救力量指定，建立了搜救专家库，基本建立全国医疗联动机制。建立了“中国船舶报告系统”和海事卫星系统，在中国沿海各主要城市开通了12395公众海上险情报警电话，形成了我国海上遇险与安全信息接收与播发网络。每年都举办较大规模的搜救演习。2007年，共协调组织救助遇险船舶3 226艘，救助人员24 277人，平均每天救助66.5人，救助成功率达96%以上，

在事故调查处理方面，颁布实施了海事调查、统计、事故报告等规则和规范性文件，明确了各级海事机构事故调查权限，建立了事故调查结果公开制度，建设了一支由高、中、助理级海事调查官组成的海事调查官队伍，组织或参与“11.24”等多起重特大水上交通事故调查处理工作。

“9·11”事件发生后，在国际海事组织（IMO）范围内，加快了加强海上保安措施的立法步伐。作为履约机关，

护航

中国海事局认真履行船旗国管理、沿岸国和港口国的监督管理职能，规定了中国籍国际航线船舶和船公司组织规定船舶的保安等级，开展保安评估，测试船舶保安计划的有效性，实施保安演习，对领海范围内航行、停泊和作业的或意欲进入中国领海的外国籍船舶的保安监督等。自2004年7月1日《国际船舶和港口设施保安规则》生效后，中国海事局对所有航行于国际航线的1 000多艘中国籍船舶签发了国际船舶保安证书，完成了船舶保安员和公司保安员专业培训考试发证工作，公布了船舶和港口设施保安联络点。并与有关航运公司合作，开展了2次海上保安演习，组织了ISPS规则的港口国专项检查。

①席龙飞　宋颖：《船文化》．北京人民交通出版社．2008年．第12页

②中华人民共和国长江海事局：《长江海事职工知识读本》（上篇）．武汉：华中科技大学出版社．2006.4

二、追溯海事历史演变

沧海桑田中人世经历了几多风雨，星辰交替间故土改变了何种模样，不改容颜的依旧是那一往情深的蔚蓝色的大海。海洋孕育了人类的生命，无私地将资源供给人类成长，还催生着水上交通的形成和发展。海事管理是伴随着水上交通的出现而形成的，并与水上交通同步发展。在漫长的岁月中，中国海事经历着从无到有、从小到大、从弱到强的演变轨迹。

（一）古代航运催生海事管理的形成

作为历史悠久的文明古国，中国的航海历史可以追溯到8000年前。早在旧石器时期，中国沿海地区就已有了人类活动的足迹。新石器时代，先民已懂得了“木浮于水上”的道理。随着火与石斧技术的改进，出现了最早的船舶——独木舟，为海上航行创造了更好的条件。夏商周时期，由于社会生产力的发展和青铜技术的出现与成熟，木板船与风帆产生，从此，较大规模的航海活动开始了。西周时期曾专设主管舟船的官员，叫作舟牧。《礼记》曰：“季春之月……命舟牧覆舟，五覆五反，乃告舟备具于天子焉。天子始乘舟[①]。”从这段记述看，舟牧主要是为了保证天子乘船的安全，还要翻来覆去检验五遍，然后报告是否合于天子乘坐的安全条件。这或许是有文字记载的我国最早的海事管理官员了。

春秋战国时代，随着冶铁技术的发展与铁制工具的出现，造船技术得到很大的提高。航海不但被应用于大规模的运输，而且也应用到海上作战中。公元前323年（楚怀王六年），楚怀王为了支持鄂君启的经商活动，令工尹铸造舟节。舟节铭文，记载了行船航线、货物装载限制、免税办法及沿途停靠管理规定，以及舟船安全管理等。“鄂君启节”是我国迄今见到的记载最早的水上交通安全管理办法。

秦汉时期，多民族的中央集权统一国家的诞生促进了生产力的发展，也使造船和航海技术得到了极大的提高。随着人们对海上季风规律的认识和掉戗驶风技术的掌握，航海船只不断朝大型化发展，同时先进的航向技术——尾舵的出现，将中国航海事业带入了蓬勃发展的时期。始于秦时的漕运，是利用水道调运粮食（主要是公粮）的一种专业运输方式。我国历代统治者对此均十分重视，指示官吏监造舟船，改进造船工艺，维护航行安全。秦始皇统一中国之后，设置都水长、丞、都水使者等官吏，专司其职。西汉时，远洋船队已驶出马六甲海峡，到达印度半岛的南端，开辟了我国历史上第一条驶往印度远洋航线——“海上丝绸之路”。

徐福师船

三国两晋南北朝时代，由于政局动荡，社会经济的发展受到一定影响，因此该时期的航海事业处于一个相对徘徊阶段，具有代表性的有孙权组织的大规模的船队到达夷洲（今台湾）、东晋时著名的法显和尚从印度洋航海归国等。

三国时，曹魏专设监运谏议大夫，管理航政、河道、灌溉事务；晋代，还专门设立了官署都水台、都水监和大舟卿等水上交通职官，在水上交通发达的建康石头津和秦淮河等处设津主，经管港口、码头和船舶检查，兼征舟船税金事务。

隋朝建立后，政治中心在北方。当时，北方经济虽然发展较快，但两京和边防军所需的粮食仍然要靠江淮地区供应。由于陆路运输的局限性无法满足北方需要，因此，开通运河、利用水利运输，成为当时社会经济发展的客观要求。加上当时隋朝社会经济有了较大的发展，政府掌握了大量的粮食、布帛和财富，为开通运河提供了足够的物质条件。隋朝大运河连接了海河、黄河、淮河、长江和钱塘江五大水系，流经今河北、山东、河南、安徽、江苏、浙江六个省的广大地区，成为我国古代南北交通的大动脉。它不仅是世界上最古老、最长的运河，而且河道的深度和宽度及通航能力也是最大的。运河的开通，不仅促进了南北经济的交流，还促进了运河两岸城市的发展，对维护国家统一和中央集权也起了促进作用。

到了唐朝，经济繁荣，漕运达到了顶峰。自隋朝大运河开通，长江干流贯通，南方经济逐渐兴盛。为了服务于漕粮运输，唐代各朝廷将漕运和海事管理提到一定的高度，专设职官统理漕运和海事管理事务。设置的漕运和海事管理机构主要分布在沿海和长江下游一带重要港口，设立了尚书省工部所属的“水部”和独立的“都水监”，朝廷也派出了“水陆转运使司”或“诸转运使司”。水部下设职官有336人，漕运的最高负责人为江淮转运使，主管海事管理的是“都水监”。唐朝建立的专业海事机构是此后各封建王朝所不可比拟的。从唐代中后期起，航海的经济价值得到了重视，出现了专门管理海外航运贸易的机构。与此同时，交州、广州、泉州、扬州、登州等地也成为名震中外的滨海贸易港口。

京杭大运河图

唐代统治者为了维护运输漕粮的舟船安全，在逐步建立专业的漕运和海事管理机构、设置各级职官的同时，突出

唐朝轮桨船

对漕运和海事管理进行立法。最具法律权威性的要数《唐律》，这是我国历史上第一部完整的海事管理法典，唐朝也是我国历史上将海事管理以法律形式颁布施行的第一个封建王朝。

宋元时代，中国的航海业进入了全盛时期。这一时期，积极推行航海贸易政策，大大促进了航海业的发展。

据元代大航海家汪大渊所撰《岛夷志略》记载，元朝时中国与120多个国家或地区建立了海上贸易往来关系。在国内外航海贸易大发展的基础上，国内各主要海港也得到了较大的发展，特别是著名的刺桐港——福建的泉州港，已成为当时世界上最大的国际贸易港之一。

明朝初期郑和下西洋，是中国航海的顶峰时期。从永乐三年（1405年）到明宣德八年（1433年）的28年里，明代统治者出于维护自身统治、扩大国际影响、满足物质享受等方面的需要，

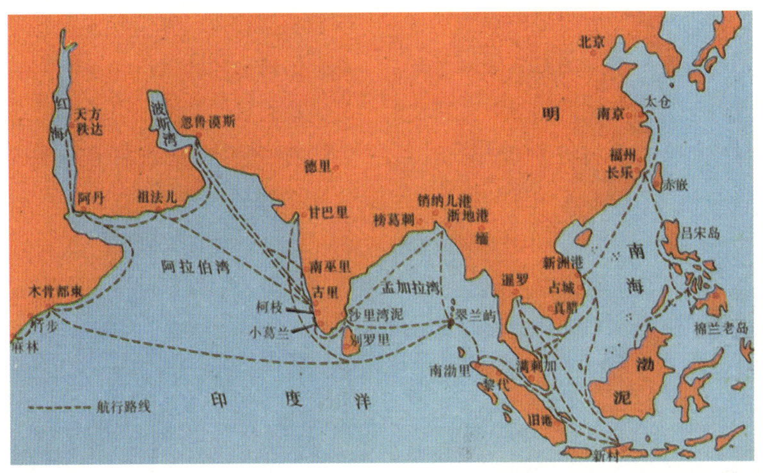

郑和航海路线图

在国力强盛、经济发达的物质基础上，在宋元丰富的航海遗产和历史惯性的推动下，先后派遣郑和率领当时世界上最庞大的远洋船队七下西洋。郑和率领船队远航到东南亚地区、印度洋、红海、东非等30多个国家。规模最大的一次有7000余人、200多艘船舶组成的庞大船队，其航程之长，吨位之大，航海技术之精，在当时举世无双。

郑和宝船

郑和七下西洋，可谓是中国古代航海的顶峰，也堪称世界航海史上具有里程碑意义的宏勋伟绩。可惜的是，由于倭寇的侵扰和维护封建国家专制统治的需要，明政府并没有沿着郑和所开辟的航道向海上强国发展，而是实行了严格的海禁政策和户口制度，并派生出一种特殊的航海贸易制度——“朝贡贸易”。“朝贡贸易”制度的出现，是与明初海防政策紧密联系在一起的，但究

郑和航海展海事展厅

其实质，则是封建社会末期农本主义趋于没落前的一种反映。海禁政策也导致中国古代富有悠久历史的航海事业的发展势头戛然而止，迅速由盛转衰，悄然退出了世界航海界的领先地位。

明朝中叶至1840年“鸦片战争”，是我国航海的衰退期。明清两代除了官方漕行海运等有限的近海航运以外，对外基本上采取了闭关锁国的海禁政策，即使有间或的“开放”也都伴以各种严厉的限制措施。乾隆帝在位时严格限制对外贸易。乾隆二十二年，只许广州一处通商，设立十三行，约束外商活动，限制商民出海。

从上述发展轨迹可以看出，中国古代航运事业走过了相当辉煌的历程，同时，海事管理孕育而生，从点到面，从规定到立法，从内河到沿海，不断发展，为保障水上安全和航运发展发挥了积极的作用。

（二）近代屈辱史为海事管理打上了西方殖民烙印

1840年以后，西方殖民者用坚船利炮打开了中国的大门，中国从此沦入半封建半殖民地的境地。由于帝国主义和国内封建官僚买办势力对航海事业的控制和压迫，使近代中国航海事业一直步履蹒跚。

1842年8月，清政府被迫签订《南京条约》，中国的沿海、内河、内港的航权相继丧失。伴随着航权丧失而来的是外国航运业的入侵和垄断，中国主要的航政管理包括海事管理都由外国人控制的各海关代行，这种非正常状况持续了长达数十年之久。此时的中国航政无论从制度的建立、规章的制定、职权的确定、范围的划定还是到具体实施的整个过程，都凸现出浓重的西方殖民色彩。然而，相对于几千年封建社会形成的管理木帆船的古代航政，仍然是一个进步，因为它毕竟是一个逐步建立、成熟、完善的新型管理体制。

随着港口向现代化发展，出现了专门的航政工作机构。1862年总税务司在各海关设立理船厅，统理整个航政事务。理船厅的职责为：管理港务，建筑码头驳岸，指定泊位，检查出入船舶，考验船员，对所辖船舶进行注册登记，勘量船舶吨位，选用领港（引航员），管理火药爆炸物储藏所、防疫所、守望台、水巡等事项。理船厅实际上已成为各埠海事、航务及港务的水上交通综合管理部门。

在建立航政机构的同时，一批管理方面的章程和规章制度先后制定（或翻译）颁行，如1851年发布的《上海港口管理章程》、1913年发布的《上海理船厅章程》、1898年的《内港行轮章程》、1868年的《中国引水总章》等，这些规章都打有半殖民地的烙印，但同时对海事管理的规范化起到了促进

轮船招商局

作用。1873年创建的轮船招商局是中国第一家大型新式航运企业，但在外轮的竞争排挤和国内封建势力的盘剥束缚下一直发展缓慢。至于民营航运业的兴起更是步履艰难。

“辛亥革命”推翻了封建专制制度，轮船航运的自由发展所遭受的束缚和禁锢，有了一定程度的缓解，这才使民族资本建立江海大中型轮船航运企业成为可能。接着，第一次世界大战爆发，有相当数量的船舶从中国沿海港口和航线撤走。货运的增长，船只的短缺，给了民族资本发展中国轮船航运企业的机会。经过战争期间的经营，到战后的1921年，中国适合江海及远洋航运的轮船已有219艘，总吨位达36万余吨，约相当1911年的2至4倍。

由于民主革命浪潮的推动，民族航运业的兴起，废除不平等条约、收回航权、航政权的呼声日益高涨。1931年9月26日，国民政府交通部修正公布交通部航政局组织法，明确规定，航政局隶属于交通部，其设置及管辖区域，由行政院定之。航政局的主要职责为：关于船舶出入查验、证书核发事项；关于船舶登记及发给牌照事项；关于船舶检验、丈量事项；关于船员及引水人考核监督事项；关于造船事项；关于载重线标识事项；关于航路疏浚事项；关于航路标识之监督事项。根据航政局组织法规定职责，凡非海商法所管之船舶，则由各省地方航政部门管理。这样就形成了航政由交通部航政局主管，海关兼管，地方航政部门分管的局面。

1932年7月1日，国民党政府在上海、汉口、天津、哈尔滨分设航政局，1937年又增设广州航政局，同时执行颁布的各种航政管理法规，宣告了海关代管航政历史的结束。除航标标识及相应的业务外，航政事务一律由航政局管理。各局在交通繁忙的港口设有办事处。

抗日战争中，中国经数十年艰难创立的商船队和军舰，被日本帝国主义毁劫一空，或被劫掠，或遭炸毁，或因封锁航道而自沉，所余寥寥无几。抗日战争胜利后，国民党政府在全国分设五个航政局：上海、长江区、广州、天津、东北（未实际设置），接收了一批敌伪船只，同时购买美国的剩余船只，重建中国海军，并增加了商船吨位，建立了江海船队。但是，在国民党发动反革命内战后，这些船队也成为他们进行内战和经济掠夺的工具。因此，抗战后中国航运事业的繁荣只是短暂的，随着国民党政权的崩溃走向衰落。

（三）新中国成立，中国海事得到了长足发展

新中国成立后，中国海事的发展大体经历了三个阶段：

1949年～1985年

1949年解放以后，中央人民政府在交通部海运总局设立航政室，负责海上交通安全监督管理。随着航运的发展，海事管理得到不断发展。1953年经政务院批准，在交通部下设中华人民共和国港务监督局，同时在沿海港口设立港务监督机构，以“中华人民共和国港务监督”的名称对外统一行使海上交通安全监督管理职能。

1956年，交通部设立船舶登记局，作为国家对运输船舶实施技术监督和办理船舶入级的机构。1958年更名为船舶检验局，并在沿海和长江主要港口、香港分别设立船舶检验分局、船舶检验处和远东船舶检验社，主要负责国际航行船舶、外籍船舶、海上设施、船用产品以及国内沿海和内河主要干线船舶的检验。

1966年和1981年，分别在长江干线和广东省成立航政管理局。

1980年，经国务院、中央军委批准，对海区航标管理体制进行改革，将海军管理的海上干线公共航标移交交通部管理（沿海短程航线的航标已于1958年移交交通部管理）。

20世纪80年代初，在交通部内设水上安全监督局，沿海各主要港口设港务监督，在长江、黑龙江分别设长江航政管理局、黑龙江港航监督局。各省、自治区、直辖市在交通厅或交通厅航运局设置港航监督处（室）或车船监理处，在主要港口设置港航监督或车船监理，县市交通局一般也设有统一管理运输业务和航政管理的航管站。

对这一时期而言，由于当时实行计划经济体制，“港务监督”只是作为港口管理当局的组成部分，在沿海主要港口的港务局设有处（科）室或专门岗位，实施管理。当时的海事管理机构既是政府的监管部门，又是航运生产的组成环节。

1985年～1998年

为适应水上安全监督工作的需要，1985年，国务院做出了改革水上交通安全监督管理体制的决定。按照政企分开的原则，建立了中央和地方分工负责的水上安全监督管理体制。

20世纪80年代港务监督人员签发船舶国籍证书

港务监督人员指挥搜救行动

天津海事局揭牌成立

1986年，为适应我国对外开放和远洋运输迅速发展的需要，经国务院批准，成立中国船级社，与中国船舶检验局实行两块牌子，一套机构。1988年，成立中国交通通信中心，统一管理交通系统通信和导航工作。1989年，经国务院、中央军委批准，交通部成立中国海上搜救中心，负责全国海上搜救工作的统一组织和协调。

在这一时期，推动了以政企分开为核心的海监管理体制改革，管理体制和模式有了较大的突破。在交通部成立了安监局、船检局，沿海港口负责海事管理的港务监督部门从企业中划出，成立海上安全监督局，独立行使职能，地方交通主管部门也独立出来设立了港航监督、船检机构。

1998年至今

按照党的十五大提出的深化行政体制改革、加强执法监督的要求，经国务院批准，1998年全国实施水监体制改革。原交通部的安监局与船检局合并，成立中华人民共和国海事局（交通部海事局），在中央管理水域成立直属海事局，在地方管理水域成立地方海事局。明确了各级机构按专业设置内设部门的基本原则，顺应了建立和完善社会主义市场经济体制对水上交通安全监督管理的要求，为交通行政执法工作提供了一个崭新的模式，有效促进了水上交通安全监督管理。

在这一阶段，中国海事随着交通部海事局的组建，以及全国水上安全监督管理体制改革的完成，实现了国务院要求的进一步理顺关系，明确职责，统一

海事人

政令、统一布局、统一监督管理，逐步建立起与社会主义市场经济体制相适应的、分工负责、运转协调、行为规范、办事高效、执法统一的水上安全监督管理新体制，确保了水上交通安全的有效监管，保障和促进了国民经济的发展。

① 《礼记·月令第六》。

三、国际海事界交流与合作

海洋将世界的远与近、亲密与陌生紧密地联系在一起，五大洲将海洋点缀得生机盎然，海上跨国贸易进行得如火如荼，海洋成为各国物流和交往的纽带。

进入21世纪，全球经济一体化直接性地促进了航运业的蓬勃发展。1973年，中国加入国际海事组织（IMO）。从这一刻起，中国海事大跨步地走上了国际舞台，并以一个负责任大国的形象，履行国际公约，参与国际事务。随着中国在世界影响力的提升，中国海事在国际事务中发挥着越来越突出的作用。

交通运输部副部长、交通运输部海事局局长徐祖远在国际海事组织大会上发言

（一）国际海事组织有了中国海事的声音

国际海事组织(International Maritime Organization ——IMO)是负责处理海运问题、协调各国海上安全和防止船舶污染工作的政府间国际机构，总部设在伦敦。国际海事组织的宗旨和任务是促进各国间的航运技术合作，鼓励各国在促进海上安全、提高船舶航行效率、防止和控制船舶污染方面采取统一的标准，处理与航运有关的法律问题。其主要活动是制定和修改有关海上安全、防止船舶污染、便利海上运输和提高航行效率以及与之有关的海事责任方面的公约、规则、议定书和建议案，交流这方面的实际经验和海事报告。①

IMO的前身为政府间海事协商组织（Intergovernmental Maritime Consultative Organization, IMCO）。IMCO是根据1948年3月6日在日内瓦举行的联合国海运会议上

通过的“政府间海事协商组织公约”（1958年3月17日生效），于1959年1月6日在伦敦召开的第一届公约国全体会议上正式成立的，是联合国在海事方面的一个专门机构，负责海事技术咨询和立法。1975年11月，第九届公约国全体会议通过了修改后的组织公约，并于1982年5月22日起更名为IMO，以加强该组织在国际海事方面的法律地位，使其在海事和海运技术领域起到更大的作用。

IMO标志

理事会是IMO的重要决策机构，每两年举行一次大会，改选理事会成员和主席。我国在联合国恢复合法席位后，于1973年3月1日正式参加IMO，1975年当选为理事国。国际海事组织理事会共有40名成员，分为A、B、C三类。其中10个A类理事为航运大国，10个B类理事为海上贸易量最大国家，20个C类理事为地区代表。在国际海事组织第16至25届大会上，中国连续十届当选为IMO的A类理事国。

作为国际海事组织成员国，中国目前已与51个国家签订了双边海运协定，积极开展海洋交通运输的国际合作与交流，与英国、挪威、希腊等20个国家和地区签订了相互承认海船船员适任证书的协定。中国先后签署了国际海事组织制定的30多项公约，其中包括《1965年便利国际海上运输公约》、《1990年国际油污防备、反应和合作公约》、《1995年海员培训、发证和值班标准国际公约》、《1974年国际海上人命安全公约》、《1973/78年国际防止船舶造成污染公约》及其有关修正案、《1974年海上旅客及其行李运输雅典公约》、《统一船舶碰撞若干法律规定的国际公约》等国际公约。

在履行国际公约方面，中国积极参与了国际海事组织重大规则和议题的修改和制定工作，如淘汰单壳油轮、成功实施全球压载水管理项目等活动，提高了中国在国际海事界的影响力。

过去的几十年，全球海运市场屡屡

对外交流

发生油轮失事事件，油轮失事产生的原油泄漏造成了严重的环境污染，而且多年无法清除，带来严重的生态灾难。而单层船体油轮失事的概率是双层油轮的5倍。针对这一情况，2005年4月5日，IMO2003年海环会(MEFC)第50次会议通过的《1973年国际防止船舶造成污染公约的1978年议定书》修正案生效。该规则禁止单壳油轮载运重油，单壳结构油轮必须淘汰或改装为双壳油轮。淘汰C1(MARPOL规定之前的)油轮最后日期从2007年提前为2005年，淘汰C2和C3(MARPOL规定的和较小的)油轮从2015年提前为2010年。为维护我国主权，保护我国海洋环境，我国政府立即响应，在2010年起将拒绝单层底单层边结构的油轮进入中国水域，但接受双层底或双层边结构的单壳油轮至2015年。

为帮助发展中国家克服在有效实施IMO决议方面存在的困难，IMO与UNDP(联合国发展计划署)、GEF（全球环保基金）于2000年开始,实施了全球压载水管理项目(GloBallast)。经过交通部海事局在项目前期论证和评估阶段的积极争取，我国被选为六个项目实施国之一， 其他五个国家分别为巴西、印度、南非、乌克兰和伊朗。

交通部海事局作为实施该项目的牵头机构，总体负责项目的计划制定和实施。全球压载水管理项目在中国成功实施了四年，并于2004年12月31日结束。2004年12月全球压载水管理项目在IMO伦敦总部召开了最后一次全球项目协调会议。会议对该项目在我国的成功实施和中国政府、交通部以及中国海事局对该项目的支持给予了高度评价，认为我国是项目实施的样板，是唯一全部完成各个项目活动的国家。特别是对中国在项目结束后对未来履行IMO新公约的准备和制定国家压载水管理战略计划等方面所做的工作给予了高度赞赏。该项目在我国的成功实施体现了我国参与国际海事活动的能力，在国际海事界产生了良好的影响。

（二）国外海事执法机构各有不同

在国外涉海管理部门中，可分为涉海公益服务机构和涉海管理机构。其中，涉海公益服务机构，通常不具有执法职能，如海洋水文气象机构、水道测量机构、搜救协调中心等；涉海管理机构，具有执法职能，通常是在本国相关领域法律、法规下，负责相关领域海洋管理具体政策和规定的制定与执行，负责海洋活动的具体管理工作。从执法模式上看，世界各国海上执法有专业执法和综合执法两种模式。一些国家采取专业执法模式，按执法门类分别设置执法力量，分别负责不同领域、不同行业的管理和执法，分工明确，各司其职，和陆地上相关执法机构的分工总体一致。从执法力量的性质上看，专业执法队伍一般属行政性质。如法国交通部、渔业部、内务部、生态和可持续发展部分别使用不同的海上执法力量，此外还有德国、新加坡等国家采取了专业执法模式，我国也是采用专业执法模式的国家。

另一种是综合执法模式，建立综合执法模式的主要目的是为了有效地利用执法资源。世界上许多国家建立了海上综合执法队伍，同时负责海上安全、保安、防止污染、打击走私、打击偷渡、渔业与其他自然资源管理、海上搜救组织协调等工作中的两项或两项以上海上执法工作。设立这种执法力量的典型国家有英国、美国、韩国、日本等。这些国家的海上综合执法力量在名称上绝大多数被称为海岸警备队。采用综合执法模式的国家大多数为部分集中（综合）执法，即在设立综合执法队伍的同时，保留了许多执法领域设立的专业执法力量，形成了综合执法力量与专业执法力量并存的模式。如美国除海岸警备队外，还存在移民与海关执行局、海关与边界巡逻队两支海上执法力量，日本除海上保安厅还存在农林水产省渔业厅的专业海上执法力量。

以美国、英国、日本、韩国、新加坡五个海洋国家为例，这五个国家的海事执法机构在名称、隶属部门及主要职责上有很大的不同，如下表所示。

各国海事执法机构的职责都涵盖了

表1-3 国外海事执法机构简介

国家	执法机构	隶属部门	主要职责
美国	美国海岸警备队（USCG）	国土安全部	海上安全、海上交通管理、海上保安、国家防御、自然资源的保护
英国	海上安全与海岸警备机构（MCA）	环境、运输与区域部	海上安全管理、防止船舶污染管理、船舶检验与发证、船员培训等
日本	日本海上保安厅	运输省	海上治安，海洋污染监视、污染事故预防和海上污染物的清除等
韩国	海岸警备队	海事事务与渔业部	海上交通安全、海难救助、防止海洋污染、海洋科学考察等
新加坡	海事及港务港口局（MPA）	交通部	保障船舶航行安全、制定港口业经济运作规则、制定航运、港口服务及设施的有关规定等

美国海岸警备队徽标

海事管理基本的核心职责，即船舶航行安全与海洋环境保护。具体而言，包括在涉及船舶建造、检验发证、适航性、船员（引航员）培训及发证、适任、海上交通（通航秩序）、航海保障（助航设施、海道测量）、搜寻与救助、船舶防污染等方面实施船旗国、港口国和沿海国监督管理。履行上述职责的主要目的在于满足代表国家履行相关国际法、国际公约所规定的缔约国的职责和义务的需要，以及满足贯彻执行国家有关法律、法规的需要。

由于政治、经济、历史、文化背景的差别，在基本核心职责以外，为满足海事管理的需要，各国海事执法机构往往涵盖了与海事相关的一些其他职责，对于这些职责，各国的选择是不同的。如：法国、澳大利亚等国将海员的职业健康、社会保障等纳入管理职责；美国海岸警备队和日本海上保安厅则将海上保安、国家防御作为重要职责。这种职能的配置有利有弊，有利之处在于能够实施集中统一管理，方便行政管理相对人，其弊端是削弱了其他部门的管理影响[②]。

日本海上保安厅标志

另外，在文化理念方面，各国的海事执法机构都有一定的特色。比如说美国文化以“法”为中心，要求在“法”的范畴内采取行动，所有的行为都符合“法”的规范，强调“执法、安全、责任”等，在“法”的限度内，海事人员可以有一定的自由度。而日本文化则以“理”为中心，强调“诚信、协作”等，在“理”和“法”之间，理是考虑问题的前提，但是，日本的以“理”为中心，并不表明可以不要“法”，也不能因“理”忘“法”。在大的文化环境下， 海事机构也形成了与之相应的海事文化。以新加坡为例，新加坡海事港口局以致力于发展和促进新加坡成为全球最主要的港口中心和国际航运中心，维护新加坡海上战略利益作为自己的使命；其愿景旨在成为一个积极主动、充满活力的组织，能对港口和航运业的需

新加坡海事及港务管理局标志

求做出迅速反应，同时，不断提高职工的素质和福利，为他们提供事业发展的机遇。

在价值观方面，新加坡海事及港务管理局以超前意识、诚实、负责、优质服务、协作的精神作为自己的价值观。

超前意识：具备超前意识和开创精神，用最先进的技术和行动使新加坡海事港口局始终保持高效率和富有竞争力。

诚实：履行职责，诚实、勇敢；处理业务和关系公平、公正。

负责：对工作，充满激情，乐于奉献。

优质服务：为客户服务，称职、谦恭、高效；通过不断学习和积极工作，努力在所有的工作领域都做到最好。

协作：在工作关系中，崇尚协作、和睦团结；坚定不移地为客户服务，宽以待人地和同事工作。

在具体做法上，新加坡海事港口局以发展为理念，以和谐促发展；以发展为己任，积极作为，利用优惠政策促进管理、推动航运，通过加大技术和教育投入提升整个航运业的素质；海事执法机构与航运业密切合作，对船公司和船长，提供尽善尽美的服务和帮助，加强监督，确保船舶符合公约和港章的要求；设有海事博物馆；建立各种促进海事发展的基金，并设立教授职位。

（三）中国海事国际地位日益提升

近年来，中国海事进入了发展的黄金期，并开展了广泛的国际交流与国际合作。目前，中国海事局已同国际海事组织、周边地区和国家进行了日益频繁的业务往来，而且大都建立了定期或不定期的会晤机制；参加国际海事组织（IMO）、国际海道测量组织（IHO）、国际航标协会（IALA）和其他国际组织的各种会议和活动，并成功举办相关的国际会议及国际交流活动；在诚信履约和打击海盗等方面，与有关国际组织和政府进行了有效合作；利用3年时间实现港口国监督“脱黑降滞”目标，并率先进入国际海事组织船员“白名单”国家；先后与30多个国家和20多个国际组织建立海事双边或多边合作，我国的海事工作得到广泛的肯定，包括IMO秘书长在内的国际海事专家对我国积极履约给予赞扬；同时，我国还加强国际安全管理规则等国际公约国内化工作，积极借鉴先进经验，提高国内水上安全管理水平……积极进行国际交流与合作，进一步提高中国海事的国际地位，扩大国际影响。

我国积极参与IALA国际标准的制定以及新技术的研究和试验工作。如针对IALA浮标系统在紧急危险沉船标识效果不足的难题，我国率先提出了应急危险沉船标识的制式标准；在交通繁忙水域，我国率先应用蓝色灯光航标，使大、小船分道通航，大大提高了航运效率。

2003年，我国在国际航标协会（IALA）中首先提出“数字航标”的概念，被采纳为第十六届国际航标大会的主题，并推动IALA成立技术组对“数字航标”进行研究。“数字航标”是以信息为基础，分析、模拟与航行安全有关的各类相关数据，并以数字化的方式提供给船舶，以满足船舶安全、高效航行的需要。“数字航标”这一概念，是中国立足现状，充分考虑了数字技术发展对世界全面而深刻的影响，率先在国际上提出的，符合当今航标的发展趋势。

国际航标协会第十六届大会在上海召开

2004年5月25日，中国当时最大的海事巡视船——“海巡21”轮在日本参加了日本海上保安厅举行的“检阅式及综合训练”联合演习。这是中国海事巡视船对日本的首次访问，这次访问增进了中国海事与邻国海事管理机构的相互了解和合作。促进了两国在海上联合抢险救灾、共同打击海上犯罪活动等方面的合作。同年，中国海事局接待了美国海岸警备队司令柯林斯上将、日本海上保安厅官员、韩国海洋水产部官员到访。

上海国际海事论坛

2005年7月5日，中国海事局在上海成功举办了“2005上海国际海事论坛”。来自美国、英国、俄罗斯、新加坡、东盟等十几个国家及香港地区的代表参加了这次论坛，参加论坛的国内外专家就有关油污基金的管理、运作、索赔规则、污染事故应急处置和损害赔偿过程中涉及的法律问题，污染事故应急处置和损害评估技术等内容进行了深入的探讨。中国海事局每两年一届举行上海国际海事论坛，对进一步加强国际海事交流与合作，提高危险品运输和船舶污染方面的管理水平，提升上海国际航运中心的国际影响，推动社会各界共同关注中国航运的发展，产生了深远影响③。

2006年4月19日，中国海事局在深圳成功举办了以“高素质海员”为主题的“2006年深圳国际海事论坛”，这是中国海事局建局以来规模最大、层次最高、参与人数最多的一次国际海事学术盛会。这次论坛加强了中国海事同各国海事机构间的交流与合作，增进了国际航运界对我国海员政策的理解，对扩大我国海员劳务输出，扩大就业大有裨益。同年，中国海事局组织召开了中国—东盟海事磋商机制第一次会议，承办了亚洲地区海事调查官论坛、远东无线电导航服务网理事会议，与IMO联合在大连举办了IMDG规则培训班。

中国—东盟海事磋商机制第一次会议

2006年5月22日至27日，由国际航标协会和中国海事局主办、上海海事局承办的以“数字世界的航标”为主题的国际航标协会第十六届大会在上海成功召开，来自44个国家和地区的500多名代表出席了会议，各国代表在会上广泛地交流了关于航标技术发展和航运管理方面的经验，并形成了55篇成果论文。这届大会的技术总结报告进一步推进了国际间航标技术的交流和合作，有助于协调制定国际统一的航标制度和技术政策，有助于指导各国航标主管机关的管理技术和培训工作，有力地保障了全球船舶的航行安全④。

在这次大会上，中国海事局刘功臣常务副局长当选为国际航标协会理事会主席，这是IALA自成立以来，也是百年国际航标合作史中的首位中国主席，这表明了我国现代飞速发展的海事事业得到了世界的认可。刘功臣主席致力于提升中国在IALA和国际航标界的影响力，并通过广泛的国际合作和交流，推

国际海事组织秘书长在深圳海事局题词

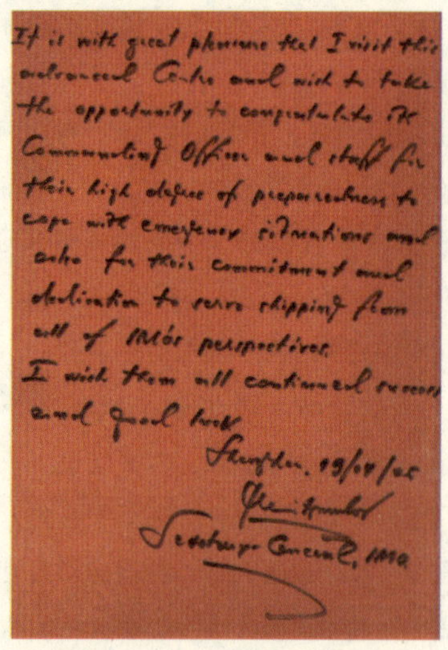
It is with great pleasure that I visit this advanced Centre and wish to take the opportunity to congratulate the Commanding Officer and staff for their high degree of preparedness to cope with emergency situations and also for their commitment and dedication to serve shipping from all of IMO's perspectives.
I wish them all continued success and good luck.

Shenzhen, 19/04/06

Secretary-General, IMO

IMO秘书长在深圳海事指挥中心题词

我很荣幸能参观这一先进的指挥中心，我希望借此机会向指挥中心的各位同仁表示祝贺，因为你们拥有处理紧急情况的高度“备战”状态，并严格按照IMO的精神服务于航运，对航运做出了贡献。我希望你们能不断取得成功，并祝你们好运。

国际海事组织秘书长
米乔普勒斯
2006年4月19日

动了中国航标进一步发展，推进着具有国际先进水平的中国沿海综合航海保障系统的构筑。

2007年，中国海事局继续加强同IMO、IHO、ILO、IALA等国际组织和美国、澳大利亚、英国、日本、韩国、马来西亚等多个国家海事当局的交流和合作，并继续开展同中国香港、中国澳门和东盟十国的定期会谈，解决共同面临的海上安全与防污染问题。成功承办了第16届国际海事调查官论坛，还组织召开了中国—东盟海事磋商机制第三次会议，承办了IMO拆船研讨会等会议。同年，中国海事局先后接待了来自反海盗区域合作信息共享中心（ReCAAP ISC）、日本海上保安厅、马来西亚海事执法局、澳大利亚海事局、挪威《贸易风》杂志社、英国海岸警卫队、英国海道测量局、韩国海洋警察厅的代表到访。此外，还先后组织两批人员分别赴世界海事大学和美国进行港口国监督检查官培训和海事调查官培训。通过积极开展对外交往与合作，中国海事局的国际地位明显上升。

交通部海事局常务副局长刘功臣在国际航标协会第十六届大会当选为理事会主席

从我国海事肩负的职能来看，海事

“海巡21”轮出访日本

工作具有强制性、专业性、服务性、涉外性的特点。强制性是指海事管理是政府的行政管理行为，具有行政管理的基本特征，作为国家的行政执法部门，具有国家的强制性和权威性；专业性是指政府的行政行为，海事工作为国家水上交通安全服务，它以水上安全监督管理为中心任务，在国家安全行业管理中承担着部门监管的职能；服务性是指海事管理以公共管理和社会服务为其基本内容，公共管理是为了满足公众对水上安全管理的需要，提高良好的水上安全秩序，社会服务是指海事公共管理的同时，提供水上交通安全所需的公共产品，促进水运交通的发展，让公众来评价海事管理的成效；涉外性指的是中国海事代表国家履行国际公约赋予缔约国主管机关的责任和义务。交通部李盛霖部长曾用非常精辟的语言概括了海事两大职能——“保障水上安全，维护国家主权”。

美国海岸警备队航标船访问上海

①中华人民共和国港务监督局组编：《水上安全监督手册》，大连：大连海事大学出版社，1994年，第37页

②李培志（编译）.美国海岸警卫队. 北京：社会科学文献出版社. 2005

③中华人民共和国海事局2005年年报

④中华人民共和国海事局2006年年报

第二章　海事文化解读

对于中国海事所体现出的海事文化，文化的延续性决定它将穿越历史的时空不断向前发展，文化的独特性使它深深地烙印着海事独有的鲜明特色和气质，文化的扩散性影响着海事职工的思想和行为。

让我们走进海事文化，一起感受这朵带着大海湿润气息的文化奇葩的芬芳。

一、诠释海事文化

《当代百科知识大词典》把文化解释为在社会发展过程中人类创造物的总称，它包括物质技术文化、社会制度文化和观念精神文化[①]。《交通文化导论》对“文化”的概念下了明确的定义:文化是人类在社会历史发展过程中不断创造的各种精神财富、制度体系和物质财富的总和，其实质内容是人类创造各种精神财富、制度体系和物质财富所秉持的或反映出的价值理念。

文化与组织联系在一起的时候，就形成了组织文化，指的是组织中的成员所共有的价值观念、行为方式、信仰及道德规范。它往往是该组织所特有的，在较长的一段时间里处于比较稳定的状态，确定了该组织的风气和人们的行为准则，也影响到计划、组织、用人、领导和控制等各个管理职能的实施方式。

组织文化就像一只看不见的手，彰显着一个组织的意识形态，左右着一个组织的发展方向。组织文化是组织理念形态文化、物质形态文化和制度形态文化的复合体。第一层次是物质形态文化,指组织中的设施、装备、产品、服务等外显的、物质形态的东西；中间层次为制度形态文化,是指组织的规章制度、公约、纪律等制度形态的东西；最深层次为组织理念形态文化，是指组织的价值观念、信念、理想等精神形态的东西。

图书阅览室

（一）海事文化的概念

根据《交通文化导论》对交通文化的定义，结合海事管理机构的特点，海事文化可定义为，海事文化是海事管理机构各种精神文化、制度文化和物质文化的总和，其实质内容是海事管理机构在长期的执法、服务和管理实践中逐步形成并不断发展的，是广大海事干部职工所普遍认同并积极付诸实践的，具有鲜明行业特点和时代特征的价值理念。其中，精神文化是海事管理机构的核心文化，是海事管理机构纲领性的核心思想，是指导海事发展的核心价值；制度文化是海事管理机构的浅层文化，是海事管理机构制定办事规程、道德规范和行为准则所秉承的价值理念；物质文化是海事管理机构的表层文化，是海事管理机构物质文明建设和外在形象展示所秉承的价值理念。

我们可以从四个方面对海事文化进行解读：

1.海事文化的实质是海事人（海事管理机构从业人员）的思想和理念

这些思想、理念包括价值观、哲学思考、海事精神和海事行政理念等，属于意识形态和思想认识范畴。海事人的态度、行为方式并不是孤立存在的，而是受其价值观念和思想意识所决定的。海事价值观和海事精神决定了海事人用什么样的工作态度和工作方法参与海事执法和管理工作。

2.海事文化的本质是海事人的思想和理念在实践活动中的具体体现

这些实践活动包括行政执法实践、海事管理实践、职工的行为方式、精神风貌、综合素质等。海事价值观、海事精神理念之所以重要，是因为它对海事人的实践活动具有潜移默化的影响，海事人的实践行为就是其思想、理念的具体体现。海事人所倡导的精神、价值观也只有落实到具体的海事执法和服务工作中，才能够在海事建设和发展中发挥实际作用，才能够体现海事文化建设的重大意义。

3.物质载体是海事文化的依托

海事文化所提倡的价值理念需要通过一定的物质实体在海事管理实践中表现出来，这些物质实体是海事文化对内对外产生影响的重要载体。海事文化的物质载体是海事文化的表层现象，其种类繁多，包括海事制服、海事徽标、刊物、博物馆、海事装备、船舶等。

4.海事文化具有鲜明的行业特点

海事管理机构是近代航运发展的产物，是维护水上安全，保障国家主权的一支专门力量，具有强烈的政治和经济色彩，海事管理自身就是人类社会发展史上的一种文化现象。我国海事管理机构代表国家履行水上安全管理职能，由于其职业的特殊性和群体的特定性，必

北朝阳灯塔

然会产生出特定的海事文化。海事文化是在中国特定历史条件、特定海事管理制度下所形成的组织文化，属于交通文化的分支，但与交通行业其他文化有着明显的不同，具有鲜明的海事特色。

（二）海事文化的特征

从原始的瞭望台到现代先进的海巡船，从建国初期的港务监督到现代的海事监管，海事文化随着时代的变迁不断增添新的时代元素。现在的海事文化既保持了建国初期海事人的创业激情和吃苦耐劳、勇于奉献的精神，又增添了新海事人敢为人先、包容开放的时代精神，聚积了历代海事人在工作和生活中一点一滴的积累。目前形成的海事文化并不是孤立存在的，而是在海事发展的历史实践中循序渐进、日趋成熟、臻于完善的，是与时俱进的。可以说海事文化的形成是一个不断传承、不断积淀和不断发展的过程，并且具有明显的时代特征。

海事文化是社会主流文化下的亚文化，同时又是海事系统的主流文化，因此它除了具备传承性和时代性等一般文化特征外，还体现出执法性、国际性、服务性、包容性和层次性等专属特征。

1.执法性

海事管理机构作为国家授权的行政执法监督部门，必须做到依法行政、秉公执法，这就要求海事职工在执法过程中，正确使用程序法和实体法，明确管理程序和管理职能，在授权范围内做到执法不越界，行政不渎职，增强执法人员自我约束能力。执法公正、文明执法、为政廉洁是对海事执法工作的基本要求，也是海事文化在海事系统内倡导的执法文化的重要内容，它不仅是执法理念的升华，也是海事文化价值体系在执法工作中的具体体现。

海事文化的执法性内涵不仅是海事文化与其他组织文化的重大区别，更重要的是它有着广泛的现实意义，执法文化的建设有利于执法人员法制意识的提高、执法行为的规范，从而获得社会、民众、行政相对人的肯定，树立良好的海事执法形象。

2.国际性

近代中国海事管理的发展虽然带有极为浓厚的西方殖民色彩，但也为中国现代海事管理植入了国际化的基因。改革开放以来，随着我国海事管理国际化程度的不断提升，使得海事管理与国际接轨已经成为发展的必然选择，海事文

与外籍船员沟通

化的国际化特征也日趋明显。

世界各国虽然在海事管理上形式各异、组织机构各有不同，但一般都是依照相关的国际公约和法规结合本国实际来进行管理的。随着航运业的全球化趋势和区域经济的一体化，各国及不同地区的海事管理模式也正趋于一体化。作为国际海事组织的A类理事国，中国海事做出了卓有成效的工作，在国际海事界的地位和影响日趋提升和扩大，维护了我国航运大国的权益，树立起负责任海事大国的良好形象。这更加快了海事文化的国际化进程。

3.服务性

海事文化强调服务，明确了海事工作人员应当具有的海事服务价值取向，向海事职工灌输执法为民、服务社会的观念。海事系统的服务，是向社会和港航单位提供卓有成效的安全监督管理和航海保障。这一过程中，海事职工以全心全意为人民服务为宗旨；在价值取向上，强化他们作为海事执法者的目的是为了保障国家、社会和大多数人的利益而服务，为所有出行人安全而服务等；在服务方式上，不再仅限于政务大厅提供给行政相对人的服务，打破了“窗口”的束缚，主动走向社会和民众，扩大服务对象的参与度，主动积极地提供直接或间接服务。

在“安全畅通文明”航区创建活动中，各地海事机构积极行动，出现了许多行之有效的做法。例如2005年的鲁辽两地联手创建的烟台—大连“安全、畅通、文明航线”活动取得了明显的成效。在辽宁海事局和山东海事局的联合倡导下，活动得到了两地28个政府部门和航运企业的积极响应。鲁辽两地建立了联席会议制度；大连海事局和烟台

服务港航 便利航运

大妈，我帮你拎

海事局之间建立恶劣天气客滚船开航信息联系和通报制度、客滚船航行动态监管制度及恶劣天气预警制度，随时掌握渤海湾航线上客滚船的航行动态，提高对于恶劣天气造成灾害的防控能力。两地的联合极大地提高了服务能力，得到

学生渡口

了社会的好评。三峡大坝蓄水成库后，渡船成为数千名沿江学生上学必乘的交通工具，长江海事部门采取专船专人维护，对学生渡船实行“三免一补”（免征规费、免费培训、免费配送安全设备、补贴安全通信费）等措施，确保了“学生渡”安全运行。

这些做法都是海事系统服务行为的体现，它既表明了海事系统对服务工作的重视，也表明了海事文化中服务理念对海事职工的影响，从而凸显了海事文化中服务性特征的重要意义。

4.包容性

海事文化的包容性特点首先体现为文化的开放性，它去粗取精地吸收精华，博采众长，兼容并济；其次体现在与社会主流文化、交通文化之间的相容性上；最后还体现在海事文化对融合地域文化、背景文化的接受力和认可度上。海事系统许多直属局或地方局在本单位的文化建设中，或多或少地融入了当地的地域文化、背景文化等元素。例如，长江上游万州海事局提出的“人和、忧乐、坚韧”精神就融合了武汉海事局以人为本、和谐共建的背景文化，中游岳阳楼“先天下之忧而忧，后天下之乐而乐”的地域文化和下游安徽黄山坚韧挺拔的地方人文景观特色。这些地方特色、地域文化、背景文化等元素的融入，使得该地海事局的文化建设活动

安全、畅通、文明航线启动仪式

在海事系统中备受瞩目，同时，它们的融入也进一步丰富了海事文化的内涵与外延，这是海事文化异于其他文化的优势所在。可以说，正是这种兼容并济的包容性让海事文化与各海事局开展的文化建设和谐、健康地共同发展，也正是这种特性让海事文化更为各地海事职工认可和领悟。

善于包容，是先进文化的特质，也是先进文化发挥主导作用和蓬勃发展的必由之路。文化的包容性让海事人视野更加开阔，胸怀更加博大，境界更加高远。

5.层级性

层级管理结构对海事文化的形成产生了很大影响，每一个管理层级由于其职能和工作范围的区别，呈现出不同的文化特征。在“全国海事一家人，水上监管一盘棋，行政执法一面旗”思想的指导下，海事文化各个层级的文化建设相互进行调整和完善，和谐共生，不断成长。

（三）海事文化的功能

海事文化作为组织文化，首先具有一般文化的组织功能，同时也具有强烈的行业特征。海事文化的功能是指海事文化发生作用的能力，也即海事文化对海事管理机构在实践过程中的影响力，海事文化可以影响到海事系统的每一个成员，加强海事职工行为的一致性，引导中国海事不断创新和发展。具体来说，海事文化具有六大功能，即导向功能、凝聚功能、约束功能、育人功能、激励功能以及辐射功能。

1.导向功能

海事文化通过对目标和价值的引导，使广大海事工作人员能自觉地站在较高的层次上理解海事工作并达到完美地完成各项工作的目标。海事文化的导向作用是指通过贯彻海事工作共同的目标和信念，以更有效的方式把海事干部职工的思想观念统一到海事工作所确立的总体目标上来，使人们自觉地为实现这一目标而努力工作，能够从被动地被管理转变为主动地参与管理。

海事文化的导向作用主要表现在两个方面。一是直接引导海事职工的心理和行为；二是通过整体的价值认同来引导海事职工作为海事文化的主体主动践行海事文化。通过海事文化的建设，使得海事工作人员在思想道德、价值观念、生活观念以及行为方式上，受到潜移默化的熏陶，必然使大家逐步养成一种符合海事使命和目标并有利于海事事业发展的价值观，形成一种共同的评判标准，在思想上、行动上达到一致。

海事文化的导向功能体现在海事管理工作的方方面面，最重要的是执法导向、服务导向和廉政导向。

1）执法导向

海事管理机构通过行政执法来保障航运安全和水域清洁，其执法活动是海事管理机构的主要社会功能，也是海事管理机构在国家和社会中赖以存在的价值所在。但由于水上交通安全治理的法律法规尚不健全以及执法环境的复杂性，海事存在很多执法难点，海事文化的导向功能在此时就显得尤为重要。海事文化建设可以提高海事执法人员的业

异向

务素质，帮助海事职工树立正确的执法理念，坚持管理职能和服务职能的高度统一性。海事文化还可以帮助海事人树立严谨的学习态度和先进的学习理念，有利于促进海事执法人员的业务素质和专业知识水平的提高，从而最大限度地保证执法工作的质量。

2）服务导向

海事文化倡导海事职工要树立强烈的服务意识，自觉落实交通部“三个服务”的要求。在2007年全国交通工作会议上，李盛霖部长深刻阐述了交通运输的服务属性，要求做好“三个服务”：服务国民经济和社会发展全局；服务社会主义新农村建设；服务人民群众安全便捷出行。“三个服务”是新时期新阶段交通新的发展理念。海事作为交通工作的重要组成部分、对外服务的窗口，必须把思想认识统一到“三个服务”上来，从政府角度要审视海事对经济社会发展和公共安全的作用程度，看水上形势是不是持续稳定，能不能维护国家主权和促进经济社会的可持续发展；从社会角度审视海事对安全生产和市场秩序的监管程度，看人民群众安全便捷出行是不是有所保障，能不能妥善处置各类突发事件；从行政相对人角度审视海事对以人为本和依法行政的践行程度，看海事服务是不是更加便捷和周到，能不能更加公平和廉洁；从交通行业角度审视海事对交通和地方经济社会可持续发展的保障程度，看职能作用发挥、海事形象塑造是不是取得新成果，能不能发挥好平安交通建设主力军作用。不断提高做好“三个服务”的能力和水平。

3）廉政导向

海事文化强调用先进的思想统领海

事工作和海事队伍建设，贯彻立党为公、执政为民的本质要求，对于一些违法违纪行为除了在法律的范畴内坚决打击以外，利用海事文化的影响，减少这类现象的发生将是非常有效的，加强海事文化建设有利于建设一支政治坚定、作风优良、执法公正的海事执法队伍。

2.凝聚功能

海事文化是广大海事干部职工群体人文力量的凝聚与迸发。海事文化以一种心理力量来沟通人们的思想感情，融合人们的理想、信念、作风、情操，培养和激励人们的群体意识，这种群体人文力量，包含着广大海事干部职工的信念因素的力量、道德因素的力量、作风因素的力量、智能因素的力量，归根结底是全体海事干部职工整体的人生观、价值观的力量。正是这种巨大的群体文化力量，创造出一种和谐的氛围，使得海事干部职工把自身和海事大家庭联系起来，在全系统上下形成共同的目标，培养激发出海事干部职工的群体意识，从而最大限度地调动广大海事干部职工的聪明才智，形成巨大的凝聚力和向心力。

防抗台风

具体而言，海事文化的凝聚功能主要体现在塑造海事职工的团队精神和海事认同感。

1）强烈的团队精神

点多面广、流动分散是海事管理和服务工作的基本特征。团队精神，是在海事文化导向下为了实现共同的目标而体现出来的协作精神、服务精神等。它的核心是共同奉献，最高境界是全体成员的向心力、凝聚力。在加强团队建设和团队精神的同时，深入贯彻海事文化倡导“全国海事一家人”的理念，强调海事各部门要相互配合、相互支持，“心往一处想，劲往一处使”，充分发挥全国海事的整体作用，形成保障安全的动力，促进发展的合力，从而促进海事部门内部区域之间协调，中央和地方海事协调，以更好地服从和服务于经济社会发展。

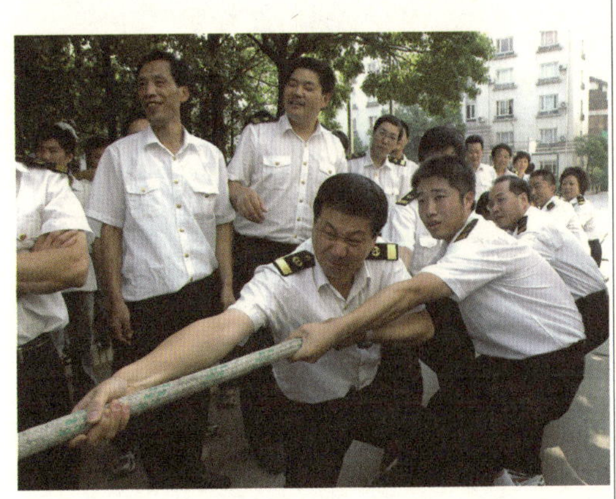

2）强烈的海事认同感

海事文化以共同的价值观念、行为准则、道德规范，海事系统广大干部职工产生“认同感”和“使命感”，产生巨大的向心力和凝聚力。另一方面，海事文化作为一种群体意识，把干部职工的言行与单位联系起来，增强荣誉感、自豪感和归属感，从而自觉维护海事系统的声誉，形成对全系统的向心力。

3.约束功能

海事文化中的共同理念一旦发育成长为约定俗成的习惯，就会像其他文化形式一样产生强制性的规范作用来约束其行为，海事文化建设就是通过培养一种良好的习惯，先进的理念，进而用习惯来管人，用理念来约束人，使海事干部职工的行为、举止、情绪和心理变化均体现为规范的自觉行为，使文化管理成为一种无声无形的管理。海事文化的约束功能主要体现在自我约束和相互约束上，这种自觉管理在很大程度上也弥补了单纯的硬性制度约束所带来的不足和偏颇，从而发挥海事文化特有的约束功能。

1）海事文化的自我约束功能

海事的制度文化是管理制度的升华，所有的海事干部职工在这种文化氛围中，从制度的他律转化为文化的自律，时时刻刻自愿地按照价值观的指导进行自我管理和自我控制，所以在制度管理不到的地方，海事干部职工也能按照海事文化的导向去做事。

2）海事文化的相互约束功能

海事已经形成了自身特有的文化氛围，海事干部职工对这个文化已经深深认同，并且作用于日常工作的各个方面，这就形成了一种内部相互监督的约束机制。海事文化倡导的思想和行为就会得到广泛的赞扬和推崇，而违反海事文化倡导的思想、行为能及时得到有效的抵制。因为这种高效的约束机制，海事的工作作风和行风建设，取得了令人欣喜的骄人成绩，公正的执法形象和良好的服务形象也得到了很大提升。

4.育人功能

文化在哺育人方面具有全面覆盖性、浓缩集中性和外在内化性的特点，海事文化也是如此。海事文化种子要素(价值观、精神境界、理想追求)的成长发育过程，实际上也是海事干部职工的精神境界、文明道德素养得以提高的过程。海事文化要通过一定的方法和手段去创建，而不是仅仅靠简单的说教。海事文化的创建需要进行充分、系统的说理，或是对事物内在本质做深刻揭示，或是采用打动人心的形象引导等，使有利于文明取向的价值观念、精神境界、理想追求让全体职工熟悉和了解，并且让全体干部职工信服、感动、认同，进而变成职工自己的人生理想和精神追求。因此，海事文化的建设过程，也就是造就人的过程。具体来说，海事文化的育人功能主要体现在以下三个方面：

1）海事文化帮助海事职工树立正确的世界观、人生观、价值观

得到广大海事职工认同的海事文化帮助海事职工找到了精神追求的方向和人生理想的着陆点，使他们了解身为国家政府部门的一员、身为为社会大众服务的一员，应当秉承何种世界观、人生观、价值观。共同的世界观、人生观和价值追求让海事职工更为团结，中国海事的形象则更为光辉。

2）海事文化帮助海事职工培养良好的职业道德情操

在海事文化先进思想和优秀理念的熏染下，海事职工更加了解作为海事一员的价值所在。做人民的公仆，为人民服务，为海事职工的工作赋予了更为高尚的意义，这对于海事职工良好工作态度的树立和培养、职业道德情操的提升都发挥了潜在的作用。也正是在这种作用下，海事管理机构在公众心目中的评

海事职工参加交通部主题演讲比赛

价愈来愈高，海事职工在行政相对人中树立了“严格执法，优质服务”的良好

形象，这些正是对海事文化潜在作用的最好回馈。

3）海事文化帮助海事职工树立良好的学习态度和对进步的追求

海事管理是一项专业性非常强的工作，而且国内国外航运事业的发展日新月异，这都要求海事职工必须不断加强学习，补充专业知识，海事文化在促进职工加强学习，追求进步方面有颇多的贡献。多年来，海事系统涌现出众多具有时代特征和示范作用的先进人物和集体，海事职工以这些先进典型为榜样，通过演讲、座谈等方式，学习先进典型的精神，向先进人物看齐，积极主动地要求自我进步，在海事局内部形成了追求上进的良好风气。

5.激励功能

对海事职工而言，激励可以分为物质激励和精神激励两种。物质激励是通过满足海事职工的物质需求来实施的，而精神激励则是通过满足海事职工的精神需求来实施的，与物质激励相比具有明显的优势。这是因为物质激励达到一定的程度就会出现边际效益递减现象，而来自精神的激励则更持久、更有效。海事文化的激励作用是指海事文化本身所具有的通过其各要素来激发海事职工动机与潜能的作用，它属于精神激励的范畴。具体来说，海事文化能够满足职工的精神需要，调动职工的精神力量，使他们产生归属感和成就感，从而充分发挥他们的工作潜力。

海事文化能够对海事职工产生激励作用的原因是多方面的，主要有两大因素，即良好的组织环境和有效的精神激励。

首先，海事文化能够为职工提供一个良好的组织环境。海事职工身处其中受到感染，具有执著的事业追求和高尚的道德情操，能把对海事的发展与自己的成就密切连在一起，从而能够以良好的心态和高度的责任心履行好工作职责。同时，在良好的海事文化氛围内，海事职工的贡献能够得到及时的肯定、赞赏和奖励，从而使他们产生极大的满足感、荣誉感和责任心，以极大的热情投入到工作中，激励效果显著。

其次，海事文化能够满足海事职工的精神需求，起到精神激励的作用。美

2005年10月，交通部部长张春贤与副部长徐祖远亲切接见“全国海事系统行政执法十大标兵”

国心理学家赫茨伯格认为，改善外部条件的激励方法（如工作条件、金钱地位、安全等），虽可以提高员工的工作满意度，但未必能导致人的积极行为。只有从人的内部进行激励才能真正调动人的积极性。对海事职工来说，海事文化实质上是一种内在激励，它能够发挥其他激励手段所起不到的激励作用。海事文化能够综合发挥目标激励、领导行为激励、竞争激励、奖惩激励等多种激励手段的作用，从而激发出海事管理机构内部各部门和所有职工的积极性，而这种积极性同时也成为海事发展的无穷力量。

6.辐射功能

海事文化在海事形象功能上的作用可以从三方面体现：第一是外观形象。它是通过海事文化物质层面的内容加以体现，多以海事部门有形的实体展示出来，它是社会公众对海事的第一感认知，是社会对海事做整体评价的基础。如整洁的办公场所、统一的VI设计等。第二是内部形象。主要是海事部门的制度和管理方面的形象，它可以是有形的，也可以是无形的，但留给人的印象要比外观形象深。第三是深层次形象，它是海事文化倡导的核心价值观、精神境界、理想追求的潜移默化，是更高程度、更深层次的形象体现。它是一种无形的形象，是通过干部职工的举止言行等方面体现出来的综合素质，是最难达到、也是最能给人带来深刻印象的一种形象。

就具体的海事管理工作而言，海事文化有利于执法和服务形象的树立，最终在行政相对人中树立政府的形象，在涉外事务中树立国家的形象。

执法形象的树立，即海事文化有利于提高执法人员素质、统一执法标准与模式，在社会及大众心目中树立严格执法、公正执法的执法形象；服务形象的树立，即海事文化倡导寓服务于管理之中，在“三个服务”精神的指导下，在实际工作中服务水运经济现代化、服务行政相对人、服务人民群众安全便捷出行。树立全心全意为人民服务的形象，海事管理机构是履行国家赋予其职责的政府部门，每一个海事职工在工作中的所言所行都代表着政府的形象。海事文化通过对海事职工的教化和熏陶，旨在让海事执法人员树立公仆意识，做到“风纪严整，文明执法”，从而树立政府的良好形象；国家形象的树立，即海事文化使得海事职工在涉外执法或服务过程中，增长对国家的忠诚感、深化中国海事职工的自豪感，并在此过程中，将一个代表国家面貌的中国海事形象呈现给世界，为中国海事在国际舞台上赢得更多的荣誉与赞扬。

①张仁德，霍洪喜．企业文化概论．天津：南开大学出版社．2001

二、海事文化的积淀与发展

文化是在综合复杂的土壤中孕育的，海事文化的产生和发展受到诸多历史因素和现实因素的影响。海事文化的内容也不是一成不变的，它在时间的长河中积淀，在历史的积累中升华。

（一）一个古老的传说

海事文化的产生，是与人们的水上活动分不开的，自从有船舶和水上交通以来，海事文化就与其相伴而生。在科技并不发达，沟通并不及时的古代，船舶管理者和航海者在无意识地探索积累着海事文化，早期的海事文化实践是无意识的，处于一种自发状态。

在古代，面对浩瀚的大海这片未知的领域，我们的先民有恐慌，有畏惧，还有面对挑战所迸发出的兴奋。因为恐慌，所以顺应；因为畏惧，所以膜拜；因为兴奋，所以探索。在这样的思维状态指导下，他们的行为具有了典型性，体现在具有冒险精神，尊重自然规律，注重出行安全等。这其中，最典型的是妈祖文化。

一千多年来，妈祖一直是在海上平安作业的保护神。传说宋太祖建隆元年（960年），妈祖这位神奇女子降生在福建莆田湄洲岛。妈祖生来不会说话，人称默娘，自幼聪颖灵悟，16岁“窥井得符，遂灵通变化”。此后，她虽身在室中，却能驾云飞渡大海，拯救海难，被当地人称为“神姑”、“龙女”。宋雍熙四年（987年），年仅28岁的妈祖在一次抢救海难中不幸遇难，相传羽化升天。此后，妈祖多次显灵，在惊涛骇浪中拯救渔舟商船。人们为了纪念她，就在湄洲岛建庙祭祀。公元1123年，宋徽宗封妈祖为“南海女神”。此后，历代皇帝对妈祖进行了30多次的褒封，其爵位从“夫人”、“妃”、直至“天妃”，并被人们尊称为“天上圣母”。

湄州岛妈祖雕像

千百年来，沿海人民把妈祖奉为“海洋保护神”，商贾、渔民、海员为祈求航海平安，到妈祖庙进香朝拜，更因历代统治者的倡导，相沿成习，已成为一种文化和信仰。妈祖文化与信仰的产生和远播是北宋以来中国海上活动频繁及朝廷加以利用宣传的必然结果。就宗教信仰的功能与作用而言，妈祖信仰为航海者提供了战胜惊涛骇浪的精神力量，增强了他们的信心和勇气，激励他们与海洋危难斗争，不断去开辟新的航线。因此，从某种意义上讲，妈祖信仰促进了航海事业的发展。

在中外关系史上，妈祖信仰与我国古代许多和平外交活动有密切关联。诸如宋代的出使高丽，明代的郑和七下西洋历访亚非40多国，明、清两朝持续近500年的对古琉球中山国的册封等等，都是借助妈祖为精神支柱而战胜海上的千灾万劫，圆满地完成了和平外交的任务。

在反侵略战争史上，有关古籍曾记载中国水师将领依恃妈祖庇护，多次把殖民主义者驱逐出澎湖海域的史实。澎湖妈祖庙迄今犹存一块“沈有容谕退红毛番韦麻郎”的石碣，这是明万历三十二年（1640年）荷兰殖民者企图强占澎湖，沈有容从厦门率船队抵达澎湖，令其无条件撤离后的刻石纪功。明天启四年（1624年），中国水师在澎湖克敌制胜，迫使侵略军首领牛文来律在妈祖庙签字投降。

在海上交通贸易及沿海港口开发的历史上，更与妈祖信仰有密不可分的关系。我国从东北至华南，许多著名港口城市的开发史几乎都跟妈祖庙息息相关。“先有娘娘庙，后有天津卫。”这句谚语是对天津港口起源的形象化说明；宋代华亭（即上海）、杭州、泉州、广州四大市舶司均与妈祖庙建在一起；还有营口、烟台、青岛、连云港等都是以妈祖庙的兴建为标志，使荒凉的渔村变为繁荣的港口城市。香港北佛堂摩崖石刻和《九龙彭蒲罔村林氏族谱》关于妈祖信仰自南宋传入的记载，则成为香港历史文献记载的第一笔；澳门地名的葡萄牙语称作MACAU，就是粤语“妈阁”的音译；台湾同胞把早期的分灵妈祖称为“开台妈祖”，更充分说明妈祖渡台和宝岛开发是直接关联的。

在科学技术史上，妈祖庙也有其独特的地位。古代有一种航海习俗：在新船下水出航时，必须同时制作一只模型供奉在妈祖庙内，这样妈祖就会时刻关心此船的安全。所以许多妈祖庙内便留下了大量的古代船模。山东妈祖庙的古船模多达350多只，包括福船、沙船和民族英雄邓世昌供奉的“威远号”军

澳门妈祖阁

舰模型，这些船模成为研究我国古代造船历史的重要资料。现存的一批妈祖庙古建筑，如福建泉州、山东、江西景德镇、广东澄海、贵州镇远和宁波庆安会馆等地的天后宫，从庙宇结构造型到各类雕刻构件，都是极为珍贵的古代建筑艺术的精品。此外，各地妈祖庙还保存一些特殊的科技文物，如莆田涵江天后宫存有一幅明代星图，是研究我国古代利用星图定向航海的难得实物资料；天津天后宫所存的灭火“水机”，是迄今发现最早的机械消防器材之一。①

（二）外来文化的冲击

近代，中国的海关开始被外国人所控制。由于国外海事管理相对成熟，给中国海事带来了他们的做法，开始有了海事管理的雏形。

“鸦片战争”后，随着外国航运业的入侵和垄断，航政管理包括海事管理主要由外国人控制的各海关代行，这个时期海事管理的文化特征具有殖民色彩。

随着港口向现代化发展，出现了专门的航政工作机构——理船厅。理船厅负责船只、船员的管理，并制定和翻译了一批海事管理方面的章程和规章制度，这个时期海事管理的文化特征正经历由中国古代传统向现代化转变的过程，出现制度管理的趋势。

辛亥革命后，国民党设立航政局管理海事事务，负责船舶出入查验、证书核发、船舶检验、航路疏浚、航路标识监督等事项。由于这个时期的海事管理有了一定的规范化，海事管理的文化特征体现出航政管理的特色。

（三）新时代孕育新文化

依前所述，中国海事的管理模式经历了三个发展时期，不同时期的管理模式促进了海事文化的不断发展。由于社会发展的程度以及当时政治、经济水平的不同，三个时期凸显了不同的文化特征。

建国初期，历经战火的国家百废待兴，经济建设刚刚起步，水陆交通极不发达，国家对水上交通管理缺少经验。当时的水上交通工作主要在于水上航行秩序、港口管理和船舶检验，由于水上交通安全和船舶管理机构变动频繁，因此一切都处于探索和管理经验积累的阶段。最早的海事人有相当部分来自部队，传承了部队的优良传统，责任、安全和纪律严明是文化的主基调，艰苦创

转移因台风受困的渔民

业，坚韧不拔是主要的文化基因，执行文化是这个时期的主要特征。

1985年至1998年，我国进行空前深刻的社会变革和社会转型，改革开放和行政体制改革融合进行，形成了一种推动航运发展的责任文化。这一时期，海事文化的主流是促进航运经济发展、保护水上人命财产安全、维护海洋环境清洁的责任文化。虽然整个国家体制打上了传统体制的烙印，国家管理和经济领域的行政管理色彩浓厚，但国家经济和社会各项事业得到了快速发展。为调动中央和地方的积极性，国家对中央和地方的管理权力进行了初步划定。各海监局在监督管理和服务中，充分履责，确保港口建设和航运的发展，责任文化成为当时海事工作的主流文化。

1998年后，海事局成立，是政府行政体制改革的进一步深化，改革的重点是政府职能的转换。在明确中央与地方权限的基础上，海事管理着眼于进一步整合机构，明确事权，履行适应经济社会发展和扩大开放要求的管理职能，不断创新水上安全管理理念，着力提升水上安全监管能力和水平，探索出适应我国经济社会发展的水上安全监督管理新途径，为我国水路运输创造了“安全、清洁、便捷”的水上交通环境。在水运生产量大幅增长的情况下，水上交通安全指标大幅下降，重特大水上交通安全事故得到了有效遏制，安全生产形势持续稳定好转，海事在服务国民经济发展中发挥了重要作用。在此期间加强对公司的管理，注重船员素质的提高，加强对事故的预防预控，都是安全文化的重要方面，为航运发展创造安全、畅通、便捷的水上交通环境的安全文化成为这一时期文化的亮点。

①李耀臻，徐祥民．海洋世纪与中国海洋发展战略研究．北京：中国海洋出版社．2006.1

三、海事文化树初探

荷兰组织人类学和国际管理学教授G·霍夫斯塔德在其著作《跨越合作的障碍——多元文化与管理》中开篇论述到，尽管不同时代、不同民族的文化各具特色，但其结构形式大体是一致的，即由各不相同的物质生活文化、制度管理文化、行为习俗文化、精神意识文化等四个层级构成。根据该理论，我们可以把组织文化剖分成形象、行为、制度和价值观四个层次，这四个层次之间的关系可以用树的形象来比喻。

价值观是树的根，根决定了树生命力的强和弱，价值观决定着组织当前的生存，更决定着组织未来的发展；制度是树干和树皮，树干是树这个生命体关键的承上启下的部分，树干的下面连接着根，上面撑持着枝叶；行为是枝干，

文化的根与叶

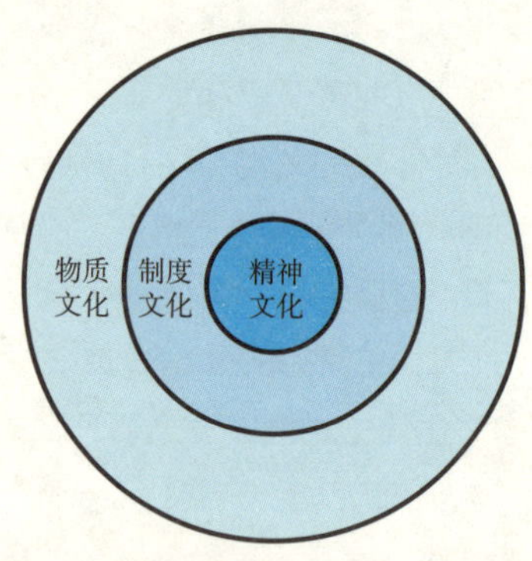

文化层次图

树干和枝干有时候很难分开来谈，就像制度和行为很难分开而论一样，而制度和行为都是价值观的外在反映；形象是叶子、花和果实，企业这棵树上的叶子、花和果实多点少点没多大关系，对企业的生存没有根本影响，但对企业的发展有重要影响。完全不讲究形象的企业，好比橱窗里的塑胶模特，一如完全没有叶子、花和果实的树一样，很难让人看到它的生机。

在管理学的属性内，组织文化是思想和行为的总和，这里的行为体现为组织行为和人的行为，组织行为主要以制度来体现，人的行为主要以行为规范来体现。但从海事文化的特性出发，并根据中国海事的使命、宗旨、职责和发展目标等，海事文化的内涵可以理解为三个层次的同心圆。第一层是物质层，即外部文化。是指海事的名称、标识、办公环境以及制服等；第二层是制度层，即中间文化。是指实践活动、管理制度、职工行为方式体现的总和；第三层是精神层，即内在文化。是指海事系统的使命、愿景和价值观，包括发展目标、职工的共同追求、共同意志和共同情感，并由此凝结成的独具特色的海事精神。

三个层面的文化互为实现的前提，存在着不可分割的逻辑关系链。精神文化是物质文化和制度文化建设的精神基础，决定了物质文化和制度文化发展的方向；制度文化是物质文化和精神文化建设的制度保障，把物质文化和精神文化统一为整体；物质文化是组织文化的基础，是制度文化和精神文化建设的物质条件。①

（一）精神文化

文化系统是由人类创造的物质要素和精神要素构成的一个复杂系统。在这个系统中，精神文化主要包括哲学、科学、技术、宗教、文学、艺术、伦理道德和价值观念等，并可分为科学文化与人文文化。这两种文化是最有活力的要素，犹如系统中的“软件”一样，它可以“外化”为制度和器物，“内化”为价值规范。在这里，价值规范，即价值观念和行为规范，起着核心的作用。价值观念是存在于人们内心中评价行为和事物所作出的判断，而行为规范则是价值观念的具体化。在精神文化中，先进的科学文化和人文文化对社会的进步起着整合和导向的作用，而滞后的文化则总是社会发展的桎梏，在社会变迁中往往发挥着负功能。

精神文化是海事文化的核心，是海事人的哲学思考和价值追求，反映了海事系统的核心思想。海事人的哲学思考可以包括使命、宗旨、愿景、精神、哲学、道德、伦理等内容，价值追求可以包括价值观、执法理念、管理理念、服务理念、人才理念等内容。精神文化是海事意识形态的总和，它是海事物质文化、海事实践的升华，是海事的上层建筑。精神文化通过凝结了先进思想和精神的各种理念，在意识层面对职工进行潜移默化的感染和教育。

重温入党誓词

海事思想是海事观念的进一步升华，是指导人们从事海事实践的高级意识。海事思想反映的是海事活动的普遍规律，因此海事思想需要随着时代的变化而变化，随着海事事业的发展而发展。

海事道德是海事活动过程中规范人与人之间关系的行为准则和主体意识，它要求人们依循一定的道德观念并使自己的行为符合这样的道德原则和规范。海事道德实际上也是海事系统对海事职工做出的职业道德要求。

海事风格主要是通过海事思想、海事精神、海事道德、海事制度的教育和引导，在海事人中产生的具有海事特性的重点倾向。海事风格是海事人自身存在和发展的需要，是把握自身内在的尺度，是自我形象的塑造，在一定程度上，海事人的素质可以通过海事风格得以展现。

精神文化通过凝结了先进思想和精神的各种理念，通过意识层面对职工进行潜移默化的感染和教育。尽管从表面上看来，精神文化更侧重于“形而上”的层面打造，但在实际过程中，真正促

创建文明行业现场经验交流会

使精神文化发挥核心、灵魂的作用，具有实际举措的精神文化建设活动还是不可少的。

（二）制度文化

制度文化包括海事系统规范海事建设和管理行为的规章制度、道德规范和行为准则，以及制定时所秉承的价值理念和遵循时所体现的思维和状态。制度文化是海事文化的重要组成部分，是塑造精神文化的基本保证。核心价值观所倡导的一系列行为准则，必须依靠制度的保证去实现，通过制度建设规范海事人员的行为，并使核心价值观转化为海事人员的自觉行动。

由制度层衍生而来的制度文化是指海事系统的内部管理制度、外部安全管理制度、职工行为规范和道德观念。制度是任何一个组织团体正常运转必不可少的因素之一，它是组织为了达到特定目的所制定的行为规范，也是一种人为制定的程序化、标准化的行为模式和运行方式。它规定哪些行为应受到肯定和赞扬，哪些行为应被禁止和批评，从而带有鲜明的强制性。因此，制度文化是对干部职工和执法人员的行为予以一定限制的文化，是海事组织实现监督管理目标，予以干部职工的行为一定的方向、方式的文化。制度文化反映了海事人员在管理、执法、服务及人际关系中产生的、动态的存在方式，它应围绕海事管理的监督管理、执法行为、人事管理、廉政制度、文明创建、行政管理等方面建设。

首先，加强海事队伍素质建设。造就一支高素质的海事队伍，是海事规范化、现代化管理的必要支持。队伍素质包括思想素质、管理素质、科技素质和文化素质四个方面。思想素质建设，就是要树立海事人全心全意为人民服务的思想；管理素质建设，要培养海事人依法行政、科学管理、规范服务；科技素质建设，要培养海事人掌握并正确应用在海事管理工作中的高新技术；文化素质建设，要以文化“充电”、管理补充“营养”等方式，使海事人适应海事发展的需求。

其次，加强海事行为规范建设。引导海事人学习贯彻《公民道德建设实施纲要》，严格遵守职业道德、职业纪律，满足职业胜任能力和职业责任等方面的基本规定和要求，塑造“廉洁、公正、高效、服务”的海事形象，以德治海事，提高海事人员的思想道德水平，从而奠定海事文化建设的道德基础；根据海事事业的发展需要，不断完善具有价值观导向功能的、能保障实现海事目标的、可调节内外人际关系的、与本单位实际相适应的一整套制度；确保真正做到依法行政，加强从严治政，建立有效的监督、制约和责任追究体系；贯彻落实《海事行政执法人员守则》等法规制度，采取经常、广泛的教育方式，规范海事人员的行政执法行为，形成一种相对稳定的管理和执法体系，促进海事部门工作效率的提高，确保水上安全行政执法准确无误。

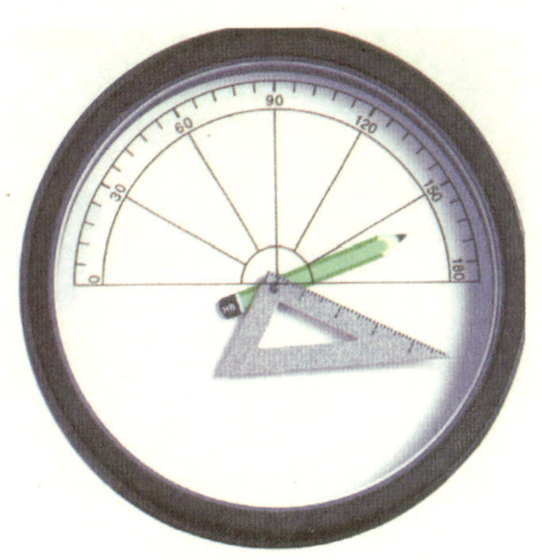

规矩

再次，规范优质服务体系建设。构建以优质、高效、真诚的服务为依托，以充满热情的海事队伍为核心的一套完整、规范的海事服务体系。构筑全方位的立体式服务框架，持之以恒，真心服务，赢得与服务对象的期望相吻合的海事信用度和满意度，营造出友好、顺畅的执法和管理氛围。

（三）物质文化

物质文化是体现海事系统价值理念，展现海事系统外在形象，即海事系统的工作环境和海事系统的整体形象的保证。它是海事机关为实现其职能，按照国家有关的法律、法规，通过秉公执法、依法行政，在工作、生活、文化、娱乐等方面创造的物质要素总和。主要包括海事系统的技术装备、外部形象以及由这些物质形态所折射出来的海上安全管理的特点。

海事物质文化是海事文化的第三个子系统，是由居于外层的物质层衍生出来的。对于物质文化的理解和建设，需要从四个方面着手。

第一，硬件建设。海事基础建设是一项投入较大的工程，因此可以将硬件分类并根据需求层次或难易程度，设立长、中和近期的建设目标来逐步实现。

例如办公场所的改善可在长期规划中逐步实现；海事装备建设，按海事管理和航海保障工作的需要，配备适应工作需要的船舶、车辆、技术装备与设施，以及指挥中心、行政服务大厅和先进的监控系统等，应在中期计划中分步落实；办公环境（会议室、接待室、档案室、审图室、值班室、荣誉室、图书室等）和职工生活环境（餐厅、健身房、宿舍、浴室、阅览室等）则应作为近期目标落实。

第二，软件建设。软件主要包括公示和基础台账两类。公示资料是根据《海事行政执法政务公开指南》等相关文件和要求，将需要公开的内容通过因特网、局域网、公示牌、电子显示屏、电子触摸屏、社会媒体等方式向海事内部和外部公开。台账资料是指反映海事工作的各类基础台账、文件（书）档案、荣誉奖牌（证书）以及宣传资料等。通过近年的创建，这方面的工作已基本走上轨道，但还需要根据IOM自愿审核机制等要求进一步整合、规范。

第三，海事形象塑造。海事形象是社会公众对海事部门、海事部门行为、海事部门各种活动成果所给予的整体评价与一般认定，它是组织的主观塑造和社会客观评价的统一。海事形象作为海

巡航

事文化的外在具体体现，也成为物质文化建设应有的内容。

第四，海事标识建设。海事标识是标明海事使命的特殊标志，也是体现海事精神的一面“旗帜”，它主要包括海事标志旗、海事徽记、海事服装、“中国海事”字模等。作为海事通向外界的最直接窗口，这部分建设也是非常重要的。

海事文化好比一棵大树，春天萌发幼芽，夏天的绿色盎然，秋天的绿树成荫子满枝，冬天的雪压枝头梅花开。

①王吉鹏. 企业文化建设. 北京：中国发展出版社，2005

CHINA MSA

第二篇　海事文化建设实践篇

文化是硕果，实践就是富有养分的土壤。枝繁叶茂、硕果累累必然扎根在无尽的养分之中。一种文化的产生必定凝结于特定的实践中，越是丰富的实践越是能孕育出独特的文化。海事文化是伴随着海事的实践自然形成的，它蕴含了人与江海的互动，深藏着人类在面对神秘莫测的大海所表现出来的机智和勇气。

文化有先进、落后之分，先进的文化，会引领组织的发展；落后的文化，会阻碍组织的发展。在文化建设过程中，只有面向世界的开阔视野，才能把握先进文化的前进方向，继承和发扬一切优秀文化，充分体现时代精神和创造精神。同时，对于那些落后的文化要坚决地摈弃，只有这样，才能促进先进文化的繁荣，推动社会的进步。

海事文化中也交织着先进和落后两种文化，海事文化实践也存在着无意识和有意识两种实践。海事文化建设就是要通过有意识的实践活动，使海事文化去劣存优，去伪存真，保持其先进性。在梳理海事文化历史的脉络和总结海事文化建设成果的过程中，形成较为系统和完善的海事文化核心价值体系，从而使海事文化建设达到一个新的高度。

第三章　蓬勃发展的海事文化建设

徘徊在历史的长河中，踯躅在文化的走廊里，可以感受到任何一种文化的产生必然要经历宛如婴儿出生般的阵痛，可以体会到文化发展时宛如破茧蝴蝶振翅远飞的喜悦，可以品尝到文化成熟时的甘甜果实。

1998年11月18日，中华人民共和国海事局（交通部海事局）在我国水监体制改革的东风中挂牌成立，从此，中国海事事业的发展踏上了新的征程，走上了一条高速发展的快车道。在逾10年的发展历程中，海事系统广大干部职工根据时代的要求，与时俱进，勇于创新，不断谱写着海事事业的新篇章。

随着海事事业的发展，海事干部队伍的素质不断提高，服务意识不断增强，执法工作不断规范，海事文化建设也获得了长足的发展，形成了全面系统的海事文化体系。

一、自发和自觉的海事文化建设

文化蕴含了高度的历史凝结，精确表现了纷繁复杂的社会体系。文化从远古的结绳纪事走到新世纪的高智能文化，经受住了时间的考验，经受住了民众的质疑，经历了炮火的洗礼，经历了漠视的态度，文化可以化为水到渠成的思想体系，也可以变成潜移默化的行为状态。

通过对文化的研究，我们知道，任何一种文化的产生和形成，都不是一蹴而就的，也不是突然间出现的，而是随着时间的推移，随着积累的厚度，慢慢地从简单到复杂，从单一到全面，从无意识到有意识，从自发到自觉，形成对文化相对完整的认识和把握。

海事文化的形成和发展也走过了这样一条道路。自从1998年中国水监体制改革成立交通部海事局以来，海事系统广大干部职工在实践中，从工作的实际需要出发，在安全、服务、廉政、航标等很多方面都自发地传承和丰富了相应的文化。

在这一时期，安全文化成为探讨海事文化的主流。海事安全文化是安全文化在海事管理领域的应用而形成的安全管理文化，是海事系统广大干部职工在安全监管、抵御灾害、创造安全环境的过程中形成的物质财富和精神财富的总和。因为海事工作的特性，海事系统特别关注船舶安全，也特别注重水上交通事故的预防和处置，因此，安全成为海

事系统广大干部职工最为关注的方面，由此也引起了一系列关于安全文化的探讨。

服务文化是建设海事文化的重点。服务最能体现海事人对人的谦和态度，对工作的无比热爱。海事系统广大干部职工对服务的认识经历了一个由浅入深的过程，在初始阶段，服务是从身边的小事入手，各个海事局都形成了具有自身特色的服务方式，例如江苏海事局著名的“五个一”：泡一杯茶，让一个座位，给一声问候，备一个小药箱，供一盘洗脸水。还有的海事局为了方便行政相对人办事，特意准备了自行车，以免当材料不齐备、手续不完善的时候，办事人可以骑上海事局提供的自行车尽快取回相关的材料，保证事情能够及时办理。现在，服务已经突破了服务个人的范畴，延伸到了服务地方经济发展，这

是一种更大的服务转变。

廉政文化也是海事文化研究关注的重点所在。这与海事管理机构承担的职责是分不开的，也是与人们对海事部门职责的认识分不开的。海事局隶属于交通运输部，属于国家行政机关，是公共部门，其工作人员掌握着国家在海事方面的资源，他们的行为具有很大的公共性和外在效应。因此，必须加强廉政教育，培育廉政文化，促使海事工作人员在能够用好权力，保证情为民所系，权为民所用，利为民所谋，同时，也防止出现各种违反党风廉政的行为。

服务经济建设

由于长期传承和不断地丰富，航标文化也成为人们探讨的重点。航标，更通俗的称呼是灯塔，对航运有着重要的作用，它为航行在水上的船舶提供指引和方向，也给予人们安全感和归属感。在研究过程中，沿物的脉络分析航标的建筑、科技、地域文化特征；沿人的主线分析航标人及其群体的文化特征，进而研究航标文化的价值理念，分析航标文化的社会意义和以航标为媒介的跨文化交流。通过研究认识到了物质是如何进步的，航标人是怎样工作的，航标精神的实质是什么。前赴后继的航标人，如倒在灯塔旁的陈义、口衔煤油灯的郑兴高、灯塔世家的叶中央、39年坚守的苏贵聪等，成为激励海事系统广大干部职工的典型。

海事文化建设没有进入自觉阶段，这与我们国家对文化的认识是分不开的。当时，文化并没有成为组织管理的关键要素，一些企业管理工具如战略、人力资源等正成为学术界讨论的热点，被纷纷引入组织的管理之中，CIS（企业识别系统）更加得到大家的认可，VI（形象识别）由此占据了中心位置，文化在管理中的重要作用没有得到广泛认同。同时，由于国家处于机构改革的适应期，精兵简政成为组织的追求，人力资源成为组织关注的重点，海事系统广大干部职工按照精神文明建设的总体要求开展文化建设实践活动。

海事广大干部职工在自发阶段的实践，为海事文化的提出，提供了充足的实践准备，积累了充分的经验，也做好了深厚的思想铺垫，只要时间合适，海事文化就将像初升的太阳，喷薄而出，

老铁山灯塔的“灯塔文化园”

也将像埋在地下的幼苗，破土而出，显示出自己强大的生命力。

2000年，在交通部海事局召开的直属海事系统工作会议上，提出了文化建设课题的研究。从此，海事文化建设进入了自觉阶段。

在自觉阶段，海事广大干部和职工积极探索海事文化的内涵，寻找海事文化建设的方法和路径，思考海事文化对海事工作的作用，探询海事文化在海事实践中的着落点，形成了一系列具有海事特色的文化成果。

海事文化建设的自觉时期，可以分为三个阶段：

第一阶段，呼之欲出的海事文化阶段。这一阶段，从2000年到2004年，是海事文化建设的初始探索阶段，也就是海事文化建设的探索期。

第二阶段，破土而出的海事文化阶段。这一阶段，从2005年到2006年，是海事文化建设的逐步深入阶段，也就是海事文化建设的深入期。

第三阶段，喷薄而出的海事文化阶段。这一阶段，从2007年开始至今，是海事文化建设的全面展开阶段，也就是海事文化建设的系统期。

二、呼之欲出的海事文化

多年的摸索和积累，多年的准备和等待，多年的培育和发展，只待时机成熟，海事文化将像蛰伏一个冬天的芽苞要绽放花蕾，像孕育十月的婴儿要离开母体，水到渠成、瓜熟蒂落，自然而然地展现自己的峥嵘。

呼之欲出的海事文化建设阶段，是海事文化建设的探索期，时间跨度为2000年～2004年。

在海事文化建设的探索期，已经出现了较明显的文化征兆，如通过提出“五个一工程”，为海事系统的精神文明建设给出了具体的努力方向；局徽和标识的统一，开始有意识地塑造统一的海事系统新形象；《中国海事之歌》的征集与诞生，引起了海事系统广大干部职工的强烈共鸣；而海事文化大讨论和海事文化征文活动，使得海事广大干部职工对于“海事文化”的认识越来越深入，对于海事文化内涵的把握越来越深刻；2003年的局庆五周年文艺汇演，则全面展示了海事系统广大干部职工的新风貌。

2004年，按照部党组提出的“三个负责任、四个创一流”和实现交通新的跨越式发展的要求，在系统总结部海事局成立五年来工作实践和经验的基础上，以科学发展观为指导，创新了海事新发展的理念，深化了海事新发展的具体内涵，提出了建设“三个海事”（交通海事、阳光海事、数字海事）、实现“三个追求”（勇于负责，追求社会满意度最高；干对干好，追求岗位业绩最优；创造环境，追求职工归属感最强）的发展理念和管理目标。在此基础上，从海事工作特点和现实出发，按照部党组对海事工作的总体要求，进一步明确了海事管理的内涵要求，即“船舶适航、船员适任、安全畅通、有效监管、优质服务”。“三个海事”和“三个追求”提出后，海事系统广大干部职工进行了广泛深入的研究和讨论，交通职工政研会海事分会召开了专题研讨会，同时组织了专题调研，使“三个海事”和“三个追求”的体系不断完善，内涵不断丰富。

在交通部精神文明建设指导委员会的领导下，海事系统广大干部职工认真贯彻落实《全国交通行业精神文明建设“十五”规划》精神，积极开展“三学四建一创”活动，紧紧围绕水上交通安全管理这个中心，开展了丰富多彩的文明创建活动，不断丰富文明创建载体，组织了文明达标建设和文明执法示范窗口评选。2004年，经过相关部门检查验收并报交通部批准，授予了36个单位为“全国海事系统文明达标单位”，首次评选出全国海事系统“海事行政执法十大标兵”和100名“海事行政执法优秀工作者”；在长江江苏段、三峡库区等水域开展了“安全畅通文明航区”建设的试点活动；上海船员考区开展了船员“文明考区”共建活动等。

在这个阶段，初步形成了具有海事特色的《海事文化手册》（征求意见稿）。《手册》围绕海事理念文化、海事制度文化、海事形象文化三个方面展开。在海事理念文化中，强调精神理念，精神理念撷集了海事多年来逐渐形成的、被海事系统广大干部职工

2000年，交通部海事局党委书记的黄先耀在基层海事处检查文明创建工作

普遍认同的海事使命、共同价值观和海事精神等；在制度文化中，着重行为规范，行为规范注重于思想素质和道德准则方面的要求；海事形象文化则主要是海事徽标、海事旗、海事交通工具标志等具有代表性的标识。此外，海事系统制作了《中国海事》宣传片，直观地向外界介绍中国海事。《中国海事行》、《海测故事》等一系列文化作品应运而生。一些海事局开始探讨各具特色的文化，如长江海事局初步形成了自己的忧乐文化，并且组织专门人员进行了文化梳理。航标文化的“燃烧自己、照亮他人”的奉献精神、海测文化的“尺幅千里”的敬业理念，都成为海事文化的子文化，这些文化成果使海事文化建设的积淀更加丰厚。

2003年，交通部海事局党委书记何建中在基层检查指导工作

（一）文化建设掀起盖头

在2000年2月23日召开的直属海事系统工作会议上，交通部海事局确定了2000年海事工作要点，明确提出了开展系统的文化建设，总结文化建设经验，研究统一的行为规范、设计统一的海事形象并开展形象性活动等工作。

这是目前可查的海事相关资料中，第一次出现“文化建设”的字眼。虽然“海事文化”作为一个整体概念的提出还要到2003年（在2003年前，一些与海事相关的媒体一改以前只是探讨海事安全文化、廉政文化、航标文化等海事文化子文化的习惯做法，开始直接探讨

海事文化手册
（征求意见稿）

中华人民共和国海事局
二〇〇四年十月

“海事文化”这一整体，表明“海事文化”作为一个整体开始在海事系统被提出和认可），但是，作为一项重点工作，在2000年提出的“文化建设”，无疑仍然具有重要的标志性意义。它的出现，标志着海事文化建设正式进入了海事系统广大干部职工的视野，也标志着海事文化建设脱离了以前的自发阶段，正式进入了自觉阶段。

《海事文化手册》中的精神理念和行为规范

精神理念

使命：让航行更安全，让海洋更清洁。

海事精神：尚法弘德，心系民生。

海事宗旨：执法为民，服务社会。

价值观：勇于负责，追求社会满意度最高；干对干好，追求工作岗位业绩最优；创造环境，追求职工归属感最强。

发展目标：交通海事、阳光海事、数字海事。

海事形象：公正、廉洁、文明、高效。

行为规范

执法人员规范：

依法行政，按章办事；

严格监管，监督有力；

廉洁自律，不谋私利；

风纪严整，文明执法。

机关工作人员规范：

廉洁奉公，业务精通；

勤政负责，办事高效；

坚持原则，敢于管理；

科学决策，服务基层。

航标（灯塔）人员规范：

爱标爱塔，人在灯亮；

珍惜设备，保证“三率”；

服务航运，勇于奉献；

不畏艰难，保障安全。

测绘人员规范：

精心测绘，数据准确；

出图及时，质量第一；

执行规范，爱护设备；

乐于奉献，服务航运。

电台通信人员规范：

规范操作，爱护设备；

坚守岗位，联络畅通；

遵守纪律，保守机密；

精通业务，文明用语。

“文化建设”的提出，在初期不是从管理角度，而是从精神文明建设的角度提出来的，海事系统行政层级多，职责宽泛，包括海事执法、航海保障等；对干部职工的职业素质有不同的要求，且各层级人员在学历、知识等方面都存在着较大的差别。因此，海事系统需要一个统一的价值取向把所有的员工凝聚在一起，达到政令畅通无阻，行动整齐划一，形象统一和谐的目的。为了这个目的，海事系统广大干部职工一直在探索和寻找一个适合的概念，可以说，精神文明建设、文明达标活动、文明执法示范窗口评选在一定程度上实现了这一目的。

2000年，在充分调研的基础上，交通部海事局在直属海事系统开展了“五个一工程”活动，赋予精神文明建设新的内容，即直属系统各单位，各培养和树立一个先进单位、一个先进班组、一个执法窗口、一个执法标兵、一份海事执法守则。这项活动，是在面对全系统体制改革、海事发展、规范管理、队伍建设等繁重复杂的任务时，海事局积极探索如何在海事行政执法工作中，按照交通部的总体要求进一步深化文明创建工作,同时也为文化建设的开展奠定了扎实的基础。

交通部海事局成立伊始，即全面展开以文明达标活动为主要内容的精神文明建设，经过一段时间的积累和探索，丰厚了海事系统的文化积淀。“文化建设”这个概念也日渐突出，并成为海事系统的重要工作内容，“文化建设”在海事工作中发挥了愈发重要的作用。

（二）形象标识统一设计

1998年，交通部海事局成立后，海事局领导班子意识到，统一海事系统标识的重要性，多次召开会议，组织人员设计，广泛征求意见，谋划统一海事系统的形象标识。

统一的形象标识展示着中国海事的外在形象，对广大海事干部职工而言，是一种动力，更是一种压力。作为动力，形象在视觉上的统一，有利于海事员工在心理上形成统一，增强归属感和自豪感，形成“一家人”的感觉。作为压力，形象的统一，并有别于其他行业的形象，会激励海事系统的广大干部职工，时刻注意自身的行为举止。因为海事的形象标识在时刻提醒行政相对人，任何海事干部职工代表的不是个人，而是海事的整体形象，使得海事系统广大干部职工在工作和生活中必须更好地注意自身形象，采取适当的行为，以维护海事系统的声誉。

形象标识的统一，最基础最主要的是交通部海事局局徽的设计。在确定必须统一海事系统的形象标识后，选择了多家设计公司进行设计，初步形成了四套方案。在交通部海事局第一届直属海事工作会议上，将四套备选方案提交大会投票选择。确定初稿后，经修改，形成目前的中国海事局局徽。

中国海事局局徽是全国海事系统的标志和象征，局徽以铁锚、橄榄枝、五角星和中、英文“中国海事局”文字组成圆形图案。为便于在不同场合应用，在局徽标准图案基础上拆分出“铁锚和橄榄枝”的构图。因此局徽有“标准图案”和“拆分图案”两种。

在中国海事局局徽图案中，相互

环绕的正圆形及文字，象征了中国海事局对水上交通安全和海洋环境的保护；五角星象征了中国海事局的政府行政执法职能以及执法的庄重性；铁锚象征了中国海事局的管理对象和工作性质；环绕铁锚的橄榄枝象征了中国海事局是代表中国政府履行国际海事公约的主体，也代表着和平、生命、平安等含义。

在设计中国海事局局徽外，还设计了中国海事局局旗，中国海事局局旗是铁锚橄榄枝旗，是中国海事行政执法机关的标志和象征。局旗旗面颜色为海蓝色，铁锚和橄榄枝为金黄色，铁锚和橄榄枝位于旗面正中央。

中国海事局局徽

中国海事局局旗

拆分的局徽

中华人民共和国海事局局徽和局旗于2000年1月1日启用。在设计统一的局徽、局旗同时，中国海事局还对它们的使用进行了规范。

为了更好地履行国家赋予海事系统的职责，加强全国海事系统船舶的统一管理，中国海事局以海计建字[2000]326号文件的形式颁发了《关于印发〈交通部海事局船舶着色、标志和命名办法〉的通知》，对交通部海事局船舶的着色、标志、旗帜和命名进行了统一规定，并于2001年9月31日前完成。

（三）海事之歌响彻云霄

为了创作一首属于海事系统自己的歌曲，使海事之歌能够唱响在祖国的大江南北、长城内外，并且以此向交通部海事局局庆做5周年献礼。2003年4月，一场《中国海事之歌》歌词征集和歌曲创作活动在全国海事系统如火如荼地展开了。海事系统广大干部职工对歌词征集活动反响十分热烈，截至2003年8月底，共征集到148件作品。经严格评选，上海海事局宋永勤和河北海事局刘洪昆的作品同获二等奖，同时评出4名三等奖、11名优秀奖和10名特色奖。遗憾的是应征作品虽然都饱含深情，但却没有能够全面反映海事人的宽广胸怀和高尚情操，因此，没有人能够蟾宫折桂，博得头筹。

评选结束后，寻找最满意的歌词成了活动小组成员们常挂记的事情。创作《中国海事之歌》的意义重大，活动小组要寻找的是能体现中国海事深厚内涵的精品。在系统内没有找到满意的作品，他们就想到要通过专业的歌词作者来创作《中国海事之歌》的歌词，首先想到了创作《长江之歌》的胡宏伟。

2003年的一天，时任交通部海事局党工部主任的徐鹏展和一位来北京参加全军文艺调演的老同学在武警招待所见了面。两人经过宾馆大堂时，老同学指着一位正在与人交谈的中年男子说：“他是著名词作家胡宏伟，是我们的领队。”听到胡宏伟的名字时，一种柳暗花明的欣喜涌上徐鹏展的心头，徐鹏展是交通部海事局“纪念5周年活动小组”成员之一，一直想联系胡宏伟而未能如愿，现在却无意中遇见，并且看样子与老同学关系密切，这个机会岂可错过？于是，经老同学引见，徐鹏展说明了创作《中国海事之歌》歌词的事情，胡宏伟爽快地答应了。

接下来，徐鹏展尽可能详细地为胡宏伟介绍了《中国海事之歌》创作的主旨和海事系统的工作等信息，并提供了征集的作品。“他是一位非常有才华的

《中国海事之歌》歌词胡宏伟手稿

人，两天后，就把歌词一挥而就。”徐鹏展至今清楚记得看完歌词后的感觉，“心中一震，眼前一亮，没错，就是它了！”

完成歌词创作后，胡宏伟推荐著名作曲家铁源为之谱曲。

《中国海事之歌》以激烈豪迈的旋律描述了海事工作的性质、任务和宗旨，歌颂了海事人员爱岗敬业、热情、奋勇争先、积极进取的精神，它所反映的海事事业的丰富内涵和海事系统广大干部职工的精神风貌，已经成为海事文化的重要组成部分。同时，《中国海事之歌》也成为海事系统对外塑造形象、宣传自身的形式之一。

2003年12月19日，交通部海事系统职工文艺汇报演出在北京举行，合唱《中国海事之歌》作为第一个节目登场，引发了全场观众的强烈共鸣，掀起了文艺汇演的第一个高潮。2004年2月，《中国海事之歌》悠扬的旋律首次回荡在全国海事工作会议的会场。2004年11月，交通部海事局党委发出通知，正式启用《中国海事之歌》，并将歌曲在全系统推广。

行业文化对外是一面旗帜，对内是一种向导，行业歌曲则是对其内涵及灵魂的提炼。好的行业歌曲不仅能够体现行业的形象、丰富职工的文化生活，也能增强凝聚力，推动行业文化的发展和精神文明建设。2003年，《中国海事之歌》歌词征集及创作只是庆祝交通部海事局成立五周年系列活动的一部分，如今，《中国海事之歌》已成为海事文化的重要表征之一，融入了海事文化的体系之中。

为便于推广，《中国海事之歌》被录制成标准合唱版、军乐进行曲版等多

中共交通部海事局委员会文件

海事党〔2004〕84号

关于颁布《中国海事之歌》的通知

各直属海事局，各省、自治区、直辖市地方海事局：

《中国海事之歌》词曲创作及标准版光盘制作已经完成，现正式颁布，并将有关事项通知如下：

一、《中国海事之歌》反映了海事事业的丰富内涵和海事系统广大干部职工积极向上的精神风貌，已经成为海事文化的重要组成部分。各单位要切实做好《中国海事之歌》的宣传普及工作，要通过歌咏比赛等多种有效形式做好《中国海事之歌》在本单位的传唱和传播，以形成良好的文化氛围，进一步振奋精神，凝聚人心，激发广大干部职工为海事新发展做贡献的豪迈热情。

二、《中国海事之歌》一般用于全国海事系统各级、各类单位举行的重要活动（如会议、仪式等）。《中国海事之歌》光盘已发放各直属海事局、各省（自治区、直辖市）地方海事局，请上述单位将该光盘发至所属各基层单位。

·1·

三、播放、演唱该歌曲要采用部海事局统一制作的标准版，任何单位和个人不得随意更改词曲内容和表现形式。

附件：中国海事之歌

二〇〇四年十一月三日

主题词：颁布 《中国海事之歌》 通知

抄 送：局机关各处、室、部，海事中心、环保中心。

校对：邱钺

·2·

附件：

中国海事之歌

齐唱合唱

胡宏伟 词
铁 源 曲

·3·

关于颁布中国海事之歌的通知

种版本，可以适用不同的场合。交通部海事局还为这首歌录制了MV，向全国海事系统推广。

中国海事之歌

三江挽紧我，四海拥抱我，祖国的每条水系，都连通我的脉搏，航标灯点亮祝福，巡逻艇播撒祥和，我们把爱溶入浩瀚的碧波，让航行更安全，让海洋更清洁，涛声永远传颂海事之歌。

浪花嘱托我，海风召唤我，祖国的每片水域，都写满我的承诺，云水间铸造忠诚，风浪里尽显本色，我们就是江河湖海的魂魄，让航行更安全，让海洋更清洁，涛声永远传颂海事之歌。

大合唱　高唱海事之歌

（四）文化讨论风起云涌

2004年，为了全面研讨海事文化、推动海事文化建设不断深入，并为海事工作发展提供精神动力，在中国交通职工思想政治工作研究会海事分会的组织下，全国海事系统广泛深入地开展了海事文化大讨论。在这项活动中，广大干部职工查阅了大量文献和资料，结合海事系统精神文明创建活动的丰硕成果，对系统内传承的良好作风和精神，展开了认真学习和深入研究，形成了很多关于海事文化和海事文化建设的独到看法，海事文化热开始由下而上蓬勃兴起。在此基础上，中国交通职工政研会海事分会决定将这种讨论进一步引向深入，在全海事系统开展海事文化征文活动。

海事文化征文活动在全海事系统得到了大力支持和积极响应，共收到论文52篇。这52篇文章从海事文化的内涵、海事文化的结构、海事文化的功能、海事文化建设的步骤、海事安全文化等各个方面和不同的角度对海事文化建设进行了深入的探讨，展示了海事系统广大干部职工对海事文化的深刻认识和独到把握。

2004年11月3日，中国交通职工思想政治工作研究会海事分会发布《关于公布海事文化征文评选结果的通知》，对海事文化大讨论和海事文化征文活动做了总结。评选出征文活动优秀组织奖2名，分别是上海海事局职工思想政治工作研究会和广东海事局职工思想政治工作研究会。评选出论文一等奖2名，

交 通 部 海 事 局

关于公布海事文化征文评选结果的通知

各会员单位：

为了全面推进海事文化建设，交通职工政研会海事分会一直致力于海事文化的研究和探索。

去年，中国交通职工政研会海事分会在全体会员范围内开展了海事文化论文征集活动。活动得到了各会员单位的大力支持和积极响应，共收到论文53篇。在海事分会四个片区分别推荐的基础上，根据海事分会秘书处制订的统一评分标准，各片区对全部征文进行了评分，秘书处综合各片区的评分结果，确定获奖名单并报请海事分会理事会批准后，产生了本次征文活动的评选结果。其中征文活动优秀组织奖2名；论文一等奖2名；二等奖4名；三等奖6名；优秀奖8名。

本次海事文化征文活动，通过动员广大干部职工对海事文化的深入研讨，扩大了海事分会各会员单位开展思想政治研究工作的参与面，调动了广大干部职工积极参与思想政治研究的积极性，增强了系统凝聚力，切实促进了海事文化建设。各会员单位要进一步加强海事文化课题的研究，加强对海事事业难点、热点问题的研究，为实现部海事局提出的建设“三个海事”、实现“三个追求”的发展目标和思路提供强大的精神动力和思想保证。

附件：海事文化征文活动获奖名单

二00四年十一月三日

抄送：中国交通职工政研会

关于公布海事文化征文评选结果的通知

二等奖4名，三等奖6名，优秀奖8名。在获得一等奖的《开展海事文化建设的若干思考》中，作者邵国从“什么是海事文化”、“海事文化建设与思想政治工作的关系”、“大力开展海事文化建设的现实意义”、“建设海事文化的思路”和“开展海事文化建设的要求”五个方面进行了论述，不但明确区分了海事文化包括物质层、制度层和精神层，还提出了海事文化建设对于海事工作的重要意义，提供了“培育和树立海事精神”、“塑造良好的海事形象”、“提高执法队伍素质”的建设思路，对于海事文化建设中领导的作用和应该坚持的原则也进行了论述，相对全面完整地思考了海事文化建设的方方面面。在另一篇获得一等奖的《试析海事文化建设》中，作者王昌保不但分析了海事文化的结构和功能，更对海事文化建设的现状做出了精辟的分析。通过对现状的分析，指出了建设的方向，从精神文化建设、行为制度文化建设和物质文化建设三个层面论述建设海事文化的思路。在《构建形象识别系统，加强海事形象塑造》中，作者许凡将海事形象区分为海事理念、海事行为和海事视觉三个子系统，认为海事形象塑造的关键是形成《海事形象识别系统手册》，并在实践中加以导入。在《海事文化建设与人力资源开发》中，作者谢军提出了一个很

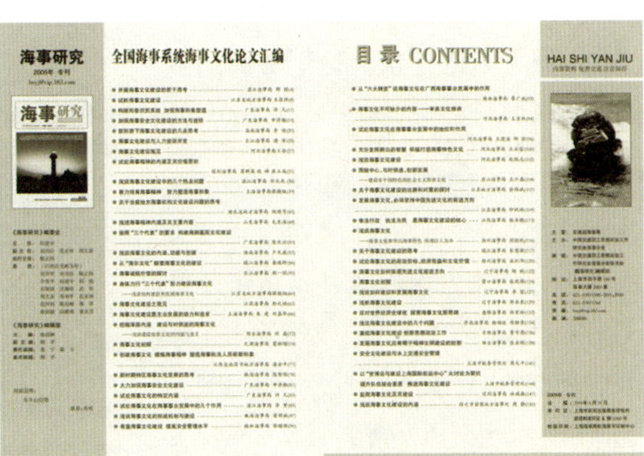

《海事研究》海事文化征文增刊和海事文化征文论文目录

好的问题，那就是海事文化与人力资源的关系问题，文化终究是人的文化，通过人的行为得到体现和执行，文化建设与人力资源开发结合起来，才能真正实现文化落地。

以上选取的只是征文中的几个代表性观点，征文中有创见的观点还有很多。海事系统广大干部职工通过对海事文化研究的积极参与和深入思考，有力地推动了海事文化的理论研究，深入探讨了海事文化的难点、热点问题，为传播新时期水上安全管理理念、培育海事精神提供了强大的精神动力和思想保证。

海事文化征文活动，通过动员海事系统广大干部职工对海事文化的深入研讨，扩大了海事分会各会员单位开展思想政治研究工作的参与面，调动了广大干部职工积极参与思想政治研究的积极性，增强了系统凝聚力，切实促进了海事文化建设。

海事文化大讨论厘清了对海事文化的认识，进而从精神文化、制度文化和物质文化等层面，全面准确地认识海事文化的内容。为实现交通部海事局提出的建设“三个海事”、实现“三个追求”的发展目标和思路开辟了道路。

（五）五周年庆文艺汇演展海事风采

2003年，交通部海事局走过了水监体制改革五年的历程。交通部海事局成立了“纪念五周年活动小组”，以“创作一首歌、组织一台文艺演出、举办一个展览、印制一本画册”等形式庆祝，借此梳理交通部海事局五年来发展的历史脉络，展示五年来的累累硕果。其中五周年庆典文艺汇演将庆祝活动推向高潮。

2003年初，有关五周年庆典文艺汇演的活动作为年度重点工作在海事系统进行了部署，文艺汇演立即成为海事系统群众性的文化活动，广大干部职工参与热情十分高涨。根据总体部署，他们立刻行动起来，从自身的工作出发，创作了一大批具有时代特征，讴歌海事风采，振奋海事精神的文艺节目。

为了不影响本职工作，排练工作多利用业余时间进行。很多参演职工，从工作岗位下班后，直接参加排练节目；很多参演职工放弃了节假日，有的参演职工自发每天提前一小时上班用于排练节目。

为了保证演出能达到较高水准，参演职工发扬不怕苦、不怕累、敢于拼搏的精神，迎难而上。有的干部职工，为了练习一个翻滚动作，在地上翻滚了数不清个来回；有的干部职工，为了将劈叉动作做得又快又好，练到大腿浮肿，一动就钻心地痛；有的干部职工，为了做好一个标准的敬礼，手臂都举酸了……，但他们都不曾放松自己，也不曾放弃努力。

功夫不负有心人，在很短的时间

内，大多数参与节目演出的干部职工从开始时演艺的“门外汉”提升到“入门”水平，这不能不说是一种惊喜。

广大海事职工以饱满的热情支持和参与到庆祝五周年文艺演出活动中，诸多海事处、航标处几乎每位职工都是演员，他们在排练过程中找到了作为海事人的自豪感，同时激发了对海事职业的热爱。很多海事局组织了本局的文艺演出，经过从下到上的一关关、一层层的选拔，做到众中选好，好中选优，优中选精，力争所有参加五周年庆典文艺汇演的节目都能成为“精品”。而那些没被选中的节目，依旧是海事文化的结晶，依旧有它应有的价值，它们作为一面镜子，一方面见证了大家的努力，更重要的是给干部职工一个亲身感受、一个参与文化建设的过程，得到了精神上的享受和升华。

2003年9月26～27日，中国海员建设工会交通部海事局委员会在美丽的海滨城市青岛，举办了交通部海事系统职工文艺汇演。一台由24个海事局参演、49个节目组成的丰富多彩、主题明确的大型文艺汇演活动在青岛拉开了序幕。

节目一开场，一股清新的海洋气息扑面而来，这些节目来自于海事工作的实践，源于生活而高于生活，既具有海事工作的特点，又能够传达海事干部职工的内在气质和精神。比如小品《咱俩谁跟谁》，舞蹈《战台风》、《乘风破浪》、《护海情》、《航标情》、二人转《情满黑龙江》、曲艺零零落《海事执法美名扬》等，这台汇演表现形式多样，充满了浓郁的海事特征和地方特色，既集中体现了海事文化的内核，又充分展示了各地文化的独特性，既紧紧地抓住了统一的海事文化核心价值观，又全面展示了丰富多彩具有海事特色和地方风情的文化元素，展现了海事文化的魅力。

一个个鲜活的故事，诉不完海事人忠于职守、执法为民的崇高品格；一首首嘹亮的赞歌，唱不尽海事人胸怀江海、无私奉献的高尚情操。九月的青岛，不只记取了海事人的歌舞翩跹，更记取了海事人积极进取、昂扬向上的时代气质和无私无畏、乐于奉献的精神风貌。

历时一天的汇报演出在歌声和掌声

中成功地落下了帷幕，大会组委会经过认真评选，共选出最佳节目奖15个和优秀节目奖15个以及最佳表演奖15名。

中国海员建设工会全国委员会巡视员朱临庆同志到会并致贺词。他强调，群众性文化活动是思想政治工作生动活泼的有效形式，也是工会发动群众、组织群众、团结群众的有效方法。

交通部海事局常务副局长刘功臣同志为文艺汇演发来了贺信，贺信指出，在交通部的领导下，中国海事局成立以来的五年，是海事系统飞速发展的五年，也是海事文化建设不断取得新的进展的五年。这次职工文艺汇演，是海事文化建设情况的一次汇报，是海事精神的一次展示和升华。通过这次职工文艺调演，进一步增强了海事系统的凝聚力、创造力和战斗力，进一步弘扬和培育了海事精神，为海事事业的发展增添了新的智力支持和精神动力，为交通新的跨越式发展作出了更大贡献。

交通部海事局党委书记何建中同志对整个文艺汇演活动作了总结。他指出，在过去的五年，海事局取得了巨大的成绩；今后的路程，又将是一个新的创业期。在新的创业期里，一方面要抓住机遇，加快发展，实现海事全天候运行、全方位覆盖、形成快速反应机制的目标及《中国海事发展纲要》提出的“四化”目标；另一方面要着力于提高海事队伍的整体素质，加强海事文化建设，更好地发挥工会组织的作用，在全海事系统凝聚成一个好的文化，建设出一支好的队伍。

交通部海事局党委副书记孙继同志在致词中指出，应该通过汇演等多种形式，将中国海事局成立五年来所取得的成就、做出的贡献和海事人的奉献精神等记录下来，宣传出去，发扬光大，代代相传，使之成为鼓舞大家奋勇前进的不竭动力。

经过认真挑选，一台精彩的节目在北京向交通部党组、交通部机关职工进行了汇报演出。精彩的节目感动了观众，大家随着台上剧情的变化，时而欢笑，时而流泪，实现了海事文艺汇演工作与日常工作的融合，实现了部党组领导、部机关职工与海事职工心与心的交流，体现了海事文化的感染力。

三、海事文化破土而出

像幼苗突破土地，像飞蝶突破蚕蛹，海事文化一声呐喊，破土而出，表现出强大的生命力，彰显着自己的存在和价值。

破土而出的海事文化建设阶段，是海事文化建设的深入期，时间跨度是2005～2006年。

经过海事文化大讨论和海事文化征文，海事系统广大干部职工对海事文化的内涵有了新认识，对如何建设海事文化有了新感受，中国海事局成立五周年庆典极大地激发了海事系统广大干部职工的自豪感，增强了归属感，初步形成的《海事文化手册》（征求意见稿）为海事文化建设提供了初步的理念体系，也为随后的海事文化建设指明了方向。自此，海事文化建设进入了新阶段——深入期。

在海事文化建设的深入期，海事系统广大干部职工在海事文化建设方面取得了一系列成果：修订完善了《海事文化手册》，并在部直属海事系统推广；举办了共塑海事新形象演讲比赛，出版了《形象是怎样塑造的》演讲集；举行了海事文化成果展，全面总结和展示了一段时间内海事文化建设的硕果；制定了《海事文化建设纲要》，为海事文化建设确定了目标和方法；出版了宣传海事工作和人物的文学作品《使命与大海同辉》，展现了海事系统广大干部职工不负使命追求卓越的群体形象；开展了创建海事博物馆和编制《海事史》的前期工作。

在管理理念方面，一个重大的变化是海事使命从“让航行更安全，让水域更清洁”变成了“让航行更安全，让水域更清洁，让航运更便捷”。在2004年，对海事使命的描述是“让航行更安全、让海洋更清洁”。这个描述，明确指出了海事“保安全”和“护清洁”的两大工作重点，但是，海事系统管理的水域范围包括江河湖海，因此，在文化成果展中，“让海洋更清洁”被修改为“让水域更清洁”，这一改变，无疑更加准确，与海事工作更为贴切。在2005年10月《中国海事工作发展纲要（2005－2020）》中，对海事使命又有了深入的认识，增加了“让航运更便捷”，这一改变，反映了海事管理理念的提升，更加突出了海事工作的特色，对于海事使命的提炼也更加全面。

海事系统在实践中不断总结提炼升华海事文化积淀的先进成分，在前期《海事文化手册》（征求意见稿）的基础上，形成了比较系统的海事文化体系，具体包括精神理念、行为规范、形象标识和文化活动。

海事文化体系

精神理念：海事系统广大干部职工价值理念追求的核心。

使命：让航行更安全，让水域更清洁，让航运更便捷。

宗旨：执法为民，服务社会。

价值观：勇于负责，追求社会满意度最高；

干对干好，追求岗位业绩最优；

创造环境，追求职工归属感最强。

发展目标：交通海事、阳光海事、数字海事。

形象标识：海事系统广大干部职工外在社会形象的标记。

海事徽标、海事旗、交通工具标志、制服标识。

文化活动：海事系统广大干部职工内在精神展示的载体。

海事文化作品创作、群众性文化活动。

(一)“安全畅通文明”航区(航线)建设掀起高潮

为推动海事工作与水上交通运输事业的和谐发展，提高行业文明程度，联合涉及水上交通安全的各单位共织“安全网”、同铸“安全链”、打造平安交通，更好地保障广大人民群众的水上生命财产安全，为交通事业又好又快的发展创造良好的水上交通安全环境，交通部海事局在长江江苏段、三峡库区试点的基础上，自2005年起在全国海事系统开展“安全畅通文明”航区（航线）创建活动。2005年8月22日，交通部海事局下发了《关于全国海事系统开展“安全畅通文明”航区(航线)的意见》，拉开创建活动序幕。

开展“安全畅通文明”航区（航线）创建活动，是交通海事践行“三个代表”重要思想、贯彻科学发展观、落实交通部党组提出的“三个服务”思想，一手抓水上交通安全管理、一手抓精神文明建设的积极探索，也是整合社会资源、打造“安全畅通文明”的水上交通环境、在构建和谐社会中发挥海事

作用的具体实践。

活动开展以来，各单位把这项工作纳入了全局性的重点工作，因地制宜，自发地结合各自辖区水上交通安全管理工作实际，统一思想认识，强化组织领导，探索共建机制，在渤海湾、黄骅港、舟山水域、琼州海峡、长江干线、洋山港、厦门湾等重点水域、重要航线开展了13个形式多样的创建活动。

各级海事机构根据自身实际，在交通部海事局安全、畅通、文明总体目标的要求下，认真研究制定了相应的创建目标、创建方案和标准，明确了各共建单位的责任义务。海南海事局制定了《共建琼州海峡“安全畅通文明航区”活动规划》；江苏海事局研究制定了《江苏海事局“安全畅通文明”航区创建活动的实施意见》和涵盖3大项、8个项目、56细项的创建活动验收标准；长江海事局制定了《关于长江海事局船舶定线制航区深化“安全畅通文明”航区创建活动的意见》和创建活动验收标准；上海、宁波、厦门、舟山等

海事局都制定了可操作的活动方案。在创建活动中，各单位既强化海事的主体作用，又加强与共建单位的工作联系，加强区域联动，携手合作，积极探索“责任明确、监管有效、安全有序、信息畅通、相互支持”的共建机制。

各级海事机构根据不同时期、不同水域的监管重点，主动把创建活动放到地方经济建设的大局中去思考，提出了特色鲜明的创建主题，并围绕主题推出了许多创新举措和对策。上海海事局在洋山港区，提出了“创建上海国际航运中心”；在黄浦江段明确了“迎世博，文明在浦江”的主题；在长江上海段提出了“打造黄金水道，共塑门户形象”。河北海事局提出了“确保电煤运输绿色通道安全畅通”的主题，加强煤炭运输出发港和目的港之间船舶安全管理。舟山海事局提出了服务普陀山旅游风景区的主题。长江海事局在三峡库区开展了“打造平安渡、服务新农村”主题实践活动；开展渡口、渡船普查，实施“三免一送”帮扶活动（渡工技术培训免费，义渡、半义渡免收港务费，安检免收复查费，把安全培训送到渡口）；在库区35个渡口设立安全渡运宣传牌和限航安全警示牌，免费为199艘客渡船安装GPS。厦门海事局在创建活动中积极倡导诚信管理，推进船舶分级管理，建立船员诚信制度，构建安全保障体系等。这些活动成为海事系统“两个文明”建设的一道靓丽的风景线。

2005年创建活动开展以来，海事形象更加提升，水上交通更加安全，航区水域更加畅通，海事执法更加文明。水上安全各项指标明显好转，经济效益和社会效益明显提高。2006年，在港口吞吐量和船舶流量大幅增加的情况下，全国水上运输船舶共发生交通事故440件，死亡376人，沉船250艘，直接经济损失4.45亿元，同比2005年分别下降17.2%、21.5%、18.3%和10.6%，水上交通安全四项指标大幅下降。

（二）演讲比赛催人奋进

2006年，在全国上下热烈庆祝中国共产党建党85周年的浓郁气氛中，全国海事系统“共塑海事新形象”演讲决赛也缓缓的拉开帷幕。

这次演讲比赛是由中国交通职工思想政治工作研究会海事分会组织。目的是为了集中反映全国海事系统广大党员、干部职工在学习贯彻党章活动的成果、树立社会主义荣辱观和弘扬“刚毅精神”（陈刚毅是交通部的五一劳动奖章获得者）等活动中的思想变化，充分展示海事人在促进事业发展和“执法为民、服务社会”的具体工作中展现出的良好精神风貌。

演讲比赛按照海事分会的四个片区进行了初赛，片区各组成单位积极参与，认真组织，对演讲词进行了整理和润色。经过各单位层层选拔和初赛激烈的角逐，共有包括上海海事局、山东海事局等12支代表队进入了本次决赛。

2006年7月5日上午，全国海事系统“共塑海事新形象”演讲比赛决赛在青岛举行，著名演讲艺术家、北京朗诵艺术团团长殷之光先生、中央电视台著名节目主持人海霞女士在百忙之中抽出时间专程赶来指导。

共有来自12个单位的13名选手参加了角逐。选手们以昂扬向上的精神状态、感人至深的演讲内容和高超的演讲技巧，以不同的角度、不同的层次、不同的人物事迹，歌颂了发生在自己身边的海事人。集中反映了海事系统广大党员、干部职工在学习贯彻党章、学习实践社会主义荣辱观等活动中的体会和成果，充分展示了海事人在“执法为民，服务社会”的工作中，展现出来的崭新精神风貌，他们为了神圣的事业，不畏艰难，不怕牺牲，在海事执法平凡的岗位上，默默奉献，做出了不平凡的业绩。

无论是在改革开放前沿海域的港澳地区，还是在中西部条件十分艰苦的山区河流上，海事人都有一个共同的夙愿：为了人民的生命财产安全，为了国家的荣誉，为了共塑海事新形象，立足本职、服务人民、严格执法，做一个合格的海事人。

13位选手的每一次精彩演讲，都是对听众精神的一次洗礼，在这样的洗礼中，灵魂得到了纯净，感情得到了升华，选手们的精彩演讲，使所有到场的嘉宾们都被深深感动。

（三）文学作品全国发行

2006年11月，著名作家汪卫兴写作的报告文学作品《使命与大海同辉》由作家出版社向全国出版发行。

汪卫兴是中国作家协会会员，1970年参加工作，当了10年新闻记者、编辑，从事文学创作20多年，出版过16部长篇著作，多部作品获得省、市优秀奖，其中《炼狱》获得全国20家日报征文一等奖。

宁波是我国重要的港口之一，每年的货物吞吐量都排在全国的前五位，作家长期生活在宁波，对水上运输在国民经济发展中的重要作用有着深刻的认识，对履行水上交通安全监督管理职责的海事系统非常崇敬，因此萌发了为海事撰写一部报告文学的想法。

在近一年的调查采访中，年逾花甲的汪卫兴深入偏僻的海岛与灯塔工谈心，登临海事船艇感受海事执法人员抗风搏浪，维护水上安全的工作经历。亲临事故现场体会惊心动魄的搜救行动，翻阅发黄的照片、文字，感受过往的经历，与当事人交谈，深入了解海事人的内心精神世界。用脚量，用耳听，用心看，用脑思，作家感受到了一种令人震撼的海事形象，于是，仅用了一个月的时间，就将自己的感受落诸笔墨，疾笔成文，完成了30多万字的创作，奉献出了一部让人激动不已的作品。

该书通过对海事执法过程中一个个小故事的描写，海上重大搜救行动中一个个惊心动魄场面的再现，海事职工队伍中一个个鲜活人物的塑造，集中反映了海事执法工作在保障水上交通安全、维护国家主权方面起到的重要作用；在促进国家经济发展中所占的位置；在国际海事组织中代表国家所做的贡献。向社会展示了海事工作者在平凡的岗位上兢兢业业的奉献精神，在重大突发水上事故中全力搜救的负责精神，不断探索科学监管手段的开拓创新精神，展示了交通海事系统负责任政府部门的形象和“执法为民、服务社会”的根本宗旨。

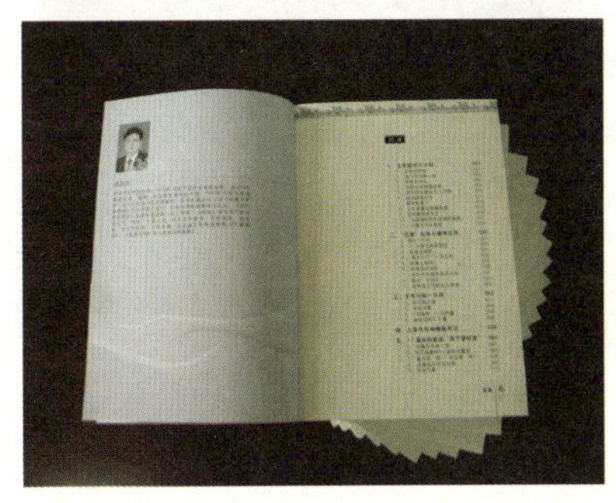

作者在完成初稿后联系了作家出版社。作家出版社对初稿进行了认真的审查，认为书稿内容积极向上，是国内首次以故事、事件形式反映政府部门认真履行职责，以高度政治责任感、先进的管理理念和科学的管理手段服务水上安全的报告文学，可以说是填补了一个行业的空白。出版社对这部书非常重视，当即列入出版计划。

《使命与大海同辉》一经出版，立即引起了社会普遍关注。该书结构完整、内容新颖、设计高雅、印刷精美，具有较高的品位和品质。特别是书中描述的海事工作人员处理惊心动魄的海上事故的过程，引发了读者的兴趣，从而让更多的人了解海事工作在国家经济发展中不可或缺的地位，了解海事工作在国民经济发展中的保障作用，了解中国在国际海事界的地位。通过这本书，使人们知道除了陆上有交通警察外，水上也有一支“水上交通警察”队伍。

在《“辽海”轮失火爆炸在即》中，展现了一马当先的海事人，不畏艰险，第一时间赶赴危难现场，全力营救险境中的群众。在《巾帼不让须眉》中，叙述了女海事人在工作中像男同志一样奋斗和拼搏，塑造了属于自己的风采。在《百万英才谁入选》中，我们看到了留洋博士和土产专家交相辉映。《使命与大海同辉》塑造了海事人的优秀群像。

（四）文化成果展缤纷灿烂

2006年12月15日，交通部副部长徐祖远和黄先耀同时按下鼠标，完成电子剪彩，宣布海事文化成果展正式开展。

为了准备这次海事成果展，交通部海事局从海事系统抽调多名业务骨干，历时数月，从海事系统收集了大量的文化建设资料，这些资料包括文字记录、活动图片、图像音频等，通过对这些资料进行梳理，精选了部分内容作为向人们展示的海事文化成果。

海事局主办的这次海事文化成果展，从海事文化体系、海事文化基本原则、海事文化发挥的作用等三个方面，以网络展览的形式，展示了海事系统在文化建设中取得的阶段性成就。该展览还配以大量的图片和影视资料以及论文等，通过中国海事局网站全方位展示，将长期进行下去，内容随时更新。

海事文化成果展不但是海事系统文化建设的一件大事，也不仅仅是交通行业文化建设的一件大事，即使放在全国的行政系统，海事文化成果展都具有独特的价值。它充分展示了一段时间以来海事文化建设的成果，展览中所呈现

的“统一的理念，统一的意志，统一的价值取向”集中反映了海事职工的行为规范、价值取向、道德标准和工作整体目标。

通过海事文化成果展，整合海事文化资源，深入挖掘海事文化底蕴，丰富了海事文化内涵，不断深化提高，全面推广传播，着力在系统各单位形成各具特色、百花齐放的文化建设新局面，通过海事文化的感召力、渗透力、影响力和凝聚力，达到促进广大海事人的全面发展，不断提升交通海事事业发展品质的目的。

海事文化建设，凝聚了海事系统广大干部职工的精神，激发了海事系统广大干部职工的积极性、主动性和创造性，促进了海事工作又好又快地发展。海事文化成果展，不但展示了海事文化在精神文化方面的成果，也展示了海事文化的物质文化成果，有力地证明了海事文化对海事工作的推动作用。

（五）文化建设纲要指引方向

2006年10月9日，中共交通部海事局委员会和交通部海事局以海事党（2006）18号文件发出了《关于印发全国海事系统十一五时期精神文明建设工作指导意见和海事文化建设纲要的通知》，要求各直属海事局和各地方海事局，按照文件的要求，对精神文明建设和海事文化建设工作加以落实。

在正式发布之前，海事系统就《海事文化建设纲要》在系统内部广泛征求了意见，收集了各种反馈信息，最终形成了一个具有全局性指导作用的《海事文化建设纲要》。

《海事文化建设纲要》从基本内容、重要意义、指导思想和总体目标、基本原则、基本理念、建设的实施步骤、建设措施和相关要求等六个方面对海事文化建设进行了论述：

基本内容部分给出了今后海事文化建设的几个具体方向，它们分别是海事特色的核心价值观、核心的职业道德体系、系统标识体系、海事文化产品创作和文化体育活动。

海事文化建设的重要意义说明了海事文化建设的价值所在，它对实现海事共同愿景、凝聚和激励海事系统广大干部职工、促进海事工作又好又快地发展具有重要意义。

海事文化建设的指导思想是邓小平理论和“三个代表”。总体目标是形成具有鲜明海事特征，以先进价值理念为核心的海事文化体系；提升符合发展要求、以全面履职为基础的海事综合能力；营造出充满生机、和谐有序，以促进人的全面发展为根本的海事人文环境；树立起系统内外广泛认同，以不辱使命、为民负责、服务社会为标志的海事社会形象。

海事文化建设的基本原则是体现先

进性、注重过程性、强调群众性、坚持开放性。

海事文化建设的实施步骤包括：深入动员、广泛发动；全面建设，初见成效；固化成果，发挥效力；全力推广，广泛传播。

海事文化建设的措施是：领导重视，率先垂范；建立机制，确保落实；加强研究，不断探索；选好载体，整体推进；创作作品，建设阵地；丰富群众文化生活。

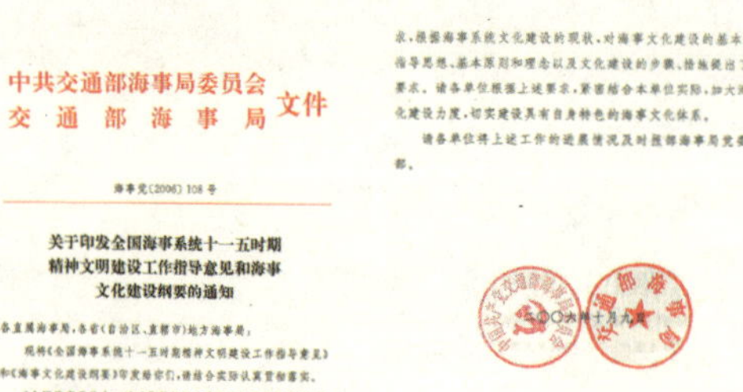
中共交通部海事局委员会
交通部海事局
文件

海事党〔2006〕108号

关于印发全国海事系统十一五时期精神文明建设工作指导意见和海事文化建设纲要的通知

各直属海事局，各省（自治区、直辖市）地方海事局：

现将《全国海事系统十一五时期精神文明建设工作指导意见》和《海事文化建设纲要》印发给你们，请结合实际认真贯彻落实。

《全国海事系统十一五时期精神文明建设工作指导意见》是按照全面落实科学发展观，学习实践社会主义荣辱观，贯彻部党组加强交通行业精神文明建设的部署，推进海事事业又快又好发展的要求，明确了全国海事系统“十一五”时期精神文明建设的指导思想、主要目标和任务，对搞好海事系统精神文明建设具有重要的指导作用，希望各单位要切实提高认识，结合实际，研究提出具体的贯彻意见和实施方案，扎实推进。

《海事文化建设纲要》是按照部关于加强交通文化建设的要

·1·

求，根据海事系统文化建设的现状，对海事文化建设的基本内[illegible]、指导思想、基本原则和理念以及文化建设的步骤、措施提出了总要求。请各单位根据上述要求，紧密结合本单位实际，加大海事文化建设力度，切实建设具有自身特色的海事文化体系。

请各单位将上述工作的进展情况及时报部海事局党委工作部。

二〇〇六年十月九日

·2·

《海事文化建设纲要》是与《交通文化建设实施纲要》一脉相承的。《海事文化建设纲要》是海事系统在交通部建设交通文化的精神下，在海事系统内就海事文化建设进行的深化和具体化。它是海事系统广大干部职工根据海事所处时代环境和社会环境进行的系统思考，也是对前期海事文化建设的经验总结，更是今后海事文化建设的指导纲领。

四、海事文化喷薄涌出

喷薄而出的海事文化建设阶段，是海事文化建设的系统期，时间跨度是2007年到现在。

在《海事文化建设纲要》的指导下，交通部海事系统对海事文化的建设全面展开，确立了多个海事文化建设的研究课题，包括航标文化、海事文化等等。与以前探索期和深入期不同的是，系统期的海事文化建设除了依靠海事系统自身的力量外，还邀请了外部专业的咨询公司参与其中，在以前由内而外审视的基础上，与由外而内的视角相结合，综合探询海事文化的真谛，寻找海事文化建设的方法与路径。

在海事文化建设的系统期，恰逢党的十七大召开，十七大明确提出了要推动社会主义文化大发展大繁荣，对海事文化建设具有极大的促进作用。它的一些论述，如建设和谐文化、培育文明风尚，推进文化创新，增强文化发展活力等，为海事文化建设指引了明确的方向。

在海事文化建设的系统期，凝聚了海事系统干部职工的智慧，总结提炼了海事核心价值观，形成了海事文化建设课题研究报告，完善了海事形象识别系统应用部分的设计，完成了海事文化书稿，海事文化建设呈现出一派欣欣向荣的新局面。

（一）践行“三个服务”主题实践活动全面兴起

在党的十七大召开之前，交通部李盛霖部长在2007年全国交通工作会议上提出，打造“服务型”交通，做好“三个服务”的交通发展理念。徐祖远副部长特别指出，海事系统“要继续发挥海事专业优势，寓监管于服务之中，努力融入到地方经济社会建设工作中去”。

服务理念的提出，是对交通工作全面落实科学发展观本质要求的新认识，也是交通工作自身向前发展的新要求。这一理念的提出，是与建设服务型政府相吻合的，它为海事文化建设研究提供了重要的研究内容，也为海事文化提炼理念、价值观提供了重要的参考因素。

2007年1月11日，在李盛霖提出“三个服务”的发展理念后不久，全国劳动模范、新时期援藏交通工程技术人员的

服务电煤运输

楷模陈刚毅向交通系统的劳动模范们发出倡议：认真践行“三个服务”，做推动交通事业又好又快发展的排头兵。

2007年2月27日，中共交通部海事局委员会以海党工〔2007〕29号文件下发了“关于开展牢记党的宗旨主动做好服务主题实践活动的意见”，提出要从2007年3月开始，用1年左右的时间，在交通部直属海事系统部署开展“牢记党的宗旨，主动做好服务”主题实践活动。同时，对活动的指导思想和目标要求、基本原则、方法步骤提出了明确要求。由此，“践行‘三个服务’主题实践活动”在交通部海事系统轰轰烈烈地展开了。

“三个服务”是海事工作的指导思想，是海事发展理念、发展思路、发展方式的战略性转变，是对海事发展提出的新的更高的要求，是在新起点上的新的发展理念。

海事系统要发挥好海事经济性、专业技术性、涉外性、社会公益性和交通整体性的优势，保障水上安全、维护国家主

权，坚持“在服务中实施管理，在管理中体现服务”，更加注重政府职能转变，更加注重增强行政执行力和公信力，更加注重公平和效能，着力于完善法律法规体系，规范行政许可，创新管理制度，便利行政相对人，建设法治、效能、责任和服务型交通海事执法部门。

具体来说，就是要立足于经济社会发展，不断提高社会管理和公共服务水平；着眼于社会主义新农村建设，主动发挥海事管理作用；服务于人民群众安全便捷出行，全面履行水上安全监管职能；着力于提高海事整体管理水平，努力向海事强国迈进。要借鉴和引进国内外先进经验，加强国际交流与合作，在国际海事界要有中国响亮的声音，扩大国际影响，赢得国际尊重。

对于“三个服务”主题活动，海事系统各级党政领导高度重视，按照主题实践活动的基本要求，迅速行动起来，积极探索，大胆创新，结合海事中心工作，掀起了宣传学习实践“三个服务”的热潮，在活动中结合各自实际，丰富活动内容，主动做好服务，有的举行知识竞赛，有的举行演讲比赛，使“三个服务”的理念深入海事系统广大干部职工的心中。各海事局将“践行‘三个服务’”融入日常工作之中，体现了执法为民、服务社会的理念，强化活动效果，取得了阶段性成果。

天津海事局根据中央对天津滨海新区功能定位，在主动服务方面确定了“依托海事发展，加快自身建设，立足天津，服务滨海新区，服务环渤海，服务三北”的服务区域经济发展的思路，提出了支持区域经济发展的八项措施。超前研究，主动介入，及时提出海事监管要求和建议，全力支持30万吨级航道、东疆保税港区、临港工业区、海河开启大桥等大型港口重点工程建设。积极协助地方政府办理外国籍船舶进入东疆非开放水域审批等工作，筹建监管机构，确保封关运作后海事监管及时到位。提前介入临港工业区港区规划与通航安全评估并制定了《天津港临港港区及附近水域通航安全管理规定》，成为

台湾货轮船长对厦门海事的优质服务表示感谢

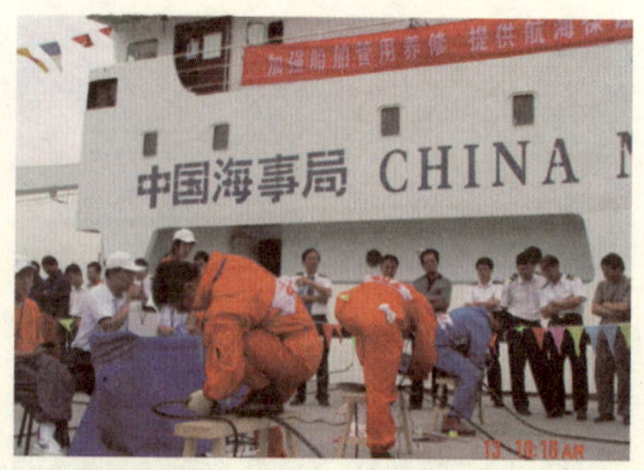

天津海事局开展技术比武，提升服务能力

第一个主动服务滨海新区建设的中央驻津单位，得到了天津市政府和滨海新区领导的高度赞扬。

山东海事局党委提出围绕中心工作深化党建"双基"工作，通过开展"学习月"和"落实'三个服务'、践行'山东海事精神'大讨论"的专题活动，为主题实践活动营造了良好氛围。烟台海事局港区海事处、海上巡查执法大队等党组织开展了建立"共产党员示范岗"、争当"客滚船执法标兵"、"内务达标"和"一帮一"等活动。每位党员都对口帮带一名群众职工，组织帮带对象进行政治学习和业务学习，不断提高业务水平。

上海海事局把提高党务干部的综合素质、提升主动做好服务的能力作为主题实践活动的一项重要内容。他们加强指导和交流，定期反馈活动开展情况，开展督察指导工作。局党委定期组织部分机关党群部门和基层党组织负责人分头到20个基层单位开展督察。还组织了"牢记党的宗旨，主动做好服务"先进事迹报告会、"率先达到中等发达国家海事监管水平"考察组巡回宣讲会等，引领职工深入思考，树立服务理念，不断追求高标准、高质量的服务水平。

广东海事局按照"最有效的监管就是最优质的服务"要求，努力争当"行政执法一面旗"，不但严格、文明、公正执法，积极向行政相对人提供信息、政策、专业技术等方面的指导帮助以及各种公共服务，而且继续发挥海事专业优势，直接服务地方经济社会又好又快发展，为广东经济社会发展转入科学发展轨道，全面建设小康社会、率先基本实现社会主义现代化作出贡献。

深圳海事局开辟"党员绿色通道"方便码头、方便船员，中山市饲料运输公司的老总说，"党员绿色通道"工作效率高，他们办手续快了，运输效率也高了，上半年运输量一下子增加了40%。

针对火车轮渡安全监管，辽宁海事局旅顺海事处一线执法人员成立了"火车轮渡监管服务小组"。该组多次到火车轮渡公司进行调研、随船体验。经反复修改制定了《火车轮渡管理运行手册》，为对火车轮渡实施规范化、制度化、科学化管理打下了基础。

根据港口发展要求，青岛前湾海事处转变服务理念，改变传统的监管模式，开发应用了数字信息监管系统，实现了监管方便快捷、行政成本降低、执法阳光公开。

通过“践行‘三个服务’主题实践活动”，各地海事局的服务意识明显增强，工作作风大步改善，服务效果显著增强，塑造了海事部门的新形象。而“三个服务”主题实践活动，也使得海事人对自身的使命有了新的认识，2007年，提炼了“实现卓越服务”为中国海事使命，它与“保障水上安全、维护国家主权”一起构成中国海事使命的完整表述。

（二）中国海事核心价值体系千锤百炼

2007年9月，海事文化建设研究课题组正式组建成立，随后，课题组进行了大量的资料搜集与研读工作，经过反复论证，完成了问卷和抽样设计，制定了缜密的调研方案和实施计划。

2007年10月8日至11月9日，课题组针对全国海事系统展开调研，课题组下广东、赴上海、走山东、到浙江、上黑龙江、访长江沿线等地的海事管理部门，行程数万公里，访谈数百人，课题组踏船出海、参观博物馆、研读资料，形成了关于海事、海事文化和海事文化建设的初步认识。而后，项目组专门对交通部海事局机关进行了深度访谈，所有交通部海事局中层以上的干部回答了项目组提供的调查问卷。可以说，这次课题组经过了艰苦而卓有成效的努力，搜集了大量的珍贵资料，为课题报告的撰写奠定了坚实的理论基础。

2007年11月中旬，课题组通过对资料的分析和实地调研，通过与海事系统广大干部职工的沟通，总结了第一阶段的工作，对海事文化的历史、现状、发展趋势有了更深刻的把握，对海事文化在海事工作中的作用有了更清晰的认识，对海事文化发展的方法和路径有了更准确的判断，做到了对下一步海事文化建设心中有数。同时，他们阅读了大量国内外多学科的经典理论著作，确保课题报告具有足够的理论高度。通过多次调研、反复论证，最终确定了课题报告的总体框架，完成了开题报告的撰写，在达成广泛共识后正式开始了报告的撰写工作。

课题组对报告内容进行了分解，组织多方力量进行论证与研究，强大的研究队伍配合外部专家顺利推进报告的撰写工作，2007年12月23日，课题组召开研讨会，向交通部领导和专家汇报了报告的中期工作，报告成果获得了交通部领导和专家的认可，部领导和专家还提出了许多建设性的意见，对下一步的研究工作进行了有益的指导并提出了更高的要求。

总体来说，中国海事核心价值体系的提炼经历了三个阶段：第一是理论界

定阶段。课题组对中国海事价值体系进行了理论界定，明确了中国海事价值体系的构建和定义等问题。理论界定的完成，为后续具体内容的提炼指出了方向。

第二是联合攻关阶段。自2007年12月23日课题研讨会后，根据海事局领导的指示，由海事系统和北京仁达方略管理咨询公司成立了海事核心价值体系攻关小组，进行联合攻关，初步形成了中国海事使命、中国海事愿景和中国海事精神，并在全系统内广泛征求意见。

第三是初步形成阶段。在2008年1月25日由社会学者和交通部、海事系统的专家参加的课题研讨会上，又对中国海事核心价值体系进行研讨。2月下旬，联合攻关小组再次集中对中国海事核心价值体系进行了系统研讨，形成了较为完整的中国海事核心价值体系。3月5日海事系统课题组成员对中国海事核心价值体系进行了进一步的完善和修改，形成了上报给领导的材料。

中国海事核心价值体系从研究到形成凝聚了各级领导的心血，是海事系统广大干部职工智慧的结晶。

中国海事核心价值体系由中国海事使命、中国海事宗旨、中国海事发展愿景、中国海事发展理念和中国海事精神五部分组成。

中国海事核心价值体系

一、中国海事使命

保障水上安全　维护国家主权　实现卓越服务

1. 中国海事使命的定义

海事使命是海事管理机构存在的意义和价值，是海事管理机构肩负的最大责任，是其存在的最根本目的，深层次地反映了海事管理机构的任务和目标。

2. 中国海事使命释义

保障水上安全：水上安全包括水上交通安全和水上环境安全。海事管理机构通过行使国家赋予的水上安全监管职能，保障水上交通安全和水域清洁，这是海事管理机构存在的社会价值和社会意义，集中概括了海事机构的基本任务和使命。

维护国家主权：经授权，中国海事局代表中国政府参与国际海事事务，组织履行有关国际公约和承担国际义务。根据有关法律规定，海事管理机构对外代表国家行使水上安全监督管理职权，依法维护国家主权，主要包括水上巡航执法、防治船舶污染、审批外国籍船舶进入我国水域、发布航行通（警）告、港口国监督检查、海员证书认可和保护海员的权益、航标测绘和港口航道图出版、海上搜救及事故调查等内容。

实现卓越服务：海事管理机构作为承担国家水上安全监管职责的社会管理和公共服务机构，具有服务经济社会发展的本质属性。海事管理机构必须贯彻“立党为公、执政为民”的要求，以有效的监管、优质的服务，全面践行为人民服务的宗旨。

二、中国海事宗旨

更安全　更清洁　更便捷

1. 中国海事宗旨的定义

海事宗旨是海事管理机构向社会做出的公开承诺，它告诉人们海事对内、对外所承担的义务，从而体现出海事存在的价值。

2. 中国海事宗旨释义

“更安全、更清洁、更便捷”强调了海事管理机构的责任与义务，彰显了存在的价值和奋斗的目标，体现了海事人勇于超越自我、不断追求卓越的时代精神。同时也是海事管理机构向社会作出的郑重承诺。

三、中国海事发展愿景

建设三个海事　实现三个追求

1. 中国海事发展愿景的定义

海事发展愿景是对海事发展的憧憬，是海事系统努力追求的理想和抱负。只有清晰地描述海事的发展愿景，才能够使人们产生发自内心的感召力量，从而激发每个人的强大凝聚力和向心力。

2. 中国海事发展愿景释义

三个海事

交通海事：海事系统是交通运输事业的重要组成部分，是交通运输行业的重要执法力量，是体现交通运输行业形象的重要窗口，其发展要最能代表交通运输行业的形象，最能体现交通运输行业的管理水平。

阳光海事：海事系统履行国家水上交通安全监督管理职责，要以“公正透明、文明规范、廉洁高效”为目标，全面推进依法行政，大力加强政风建设，树立良好的社会形象。

数字海事：海事系统要加快转变管理理念和管理方式，充分运用现代信息技术，着力改善监管装备和技术手段，不断提高监管能力和服务水平，努力实现管理科学化、监控立体化、反应快速化的目标。

三个追求

勇于负责，追求社会满意度最高：社会满意度是检验海事工作的最高标准。海事人要认真履责、不辱使命，全力维护人民群众的根本利益，最大限度地满足经济社会发展对海事工作的需求。

干对干好，追求岗位业绩最优：每一个海事人都代表着中国海事。海事人要恪尽职守、无私奉献，以卓越的岗位业绩践行海事宗旨，体现海事精神。

创造环境，追求职工归属感最强：每个海事人都是海事事业发展的推动者。海事系统要创造有利于和谐奋进的工作、学习和生活环境，使每个海事人都能在海事事业发展的进程中不断实现自身价值，不断增强事业的认同感和组织的归属感，形成推动海事事业持续发展的文化力。

四、中国海事发展理念

全国海事一家人 水上监管一盘棋 行政执法一面旗

1. 中国海事发展理念的定义

海事发展理念是对海事管理机构发展建设的哲学思考，是海事人员在工作实践中所共同遵守的根本原则，是通过管理制度将海事发展目标与精神内化为员工信念并付诸实施的过程，最终体现为海事一定阶段目标的实现状况。

2. 中国海事发展理念释义

全国海事一家人：强调海事系统的整体性。是指海事管理机构虽然存在地域、层次、规模的差异，但使命、责任、目标是一致的。它要求各海事管理机构之间，内部部门之间，不同岗位之间，在履行职责促进发展过程中，要做到互相支持、优势互补、共同提高、共同发展。

水上监管一盘棋：强调海事管理的统一性。是指全国海事管理机构在法律法规赋予的职责范围内全面履行职责，步调一致，协同配合，在保障水上安全稳定、服务经济建设和维护海事形象中承担着共同责任。

行政执法一面旗：强调海事发展的先进性。是指通过着力推进海事事业的全面、协调、可持续发展，有效提升海事系统的整体素质和能力，使海事执法水平、质量、效率步入国内、国际先进行列，努力成为我国行政执法的一面旗帜。

五、中国海事精神

一切为了水上安全 一切为了人民满意

1. 中国海事精神的定义

海事精神是海事系统倡导、职工认同并为社会公众理解的海事系统群体意识，是海事系统全体职工在实现海事价值的实践活动中共同具有、彼此共鸣的内心态度、意志状态、精神状态、思想境界与作风。

2. 中国海事精神释义

一切为了水上安全：是海事工作的着力点与落脚点，是对海事人有效履责，促进经济社会发展的基本要求。

一切为了人民满意：是海事工作的出发点和最终目标，是对海事人全面践行权为民所用、情为民所系、利为民所谋的根本要求。

（三）中国海事发展理念深化拓展探索期、深入期和系统期

在海事文化建设探索期、深入期和系统期形成的一些海事文化核心价值理念体系的优秀成果得到了继承，比如“三个海事”（交通海事、阳光海事、数字海事）的发展目标；也有一些先进理念得到了拓展，其中最典型的是中国海事发展理念的完整化，由原来的“两个一”变成了现在的“三个一”。

所谓“两个一”，是指中国海事发展理念的“全国海事一家人，水上监管一盘棋”，所谓“三个一”，则是指“全国海事一家人，水上监管一盘棋，行政执法一面旗”。

西藏地方海事局挂牌

亮出党徽执法

“全国海事一家人，水上监管一盘棋”的理念是2005年在全国海事工作会议上提出的，前者强调海事队伍的整体性，后者强调海事目标任务的统一性。

2007年，交通部海事局进一步提出了“行政执法一面旗”的理念。

2007年9月19日，在全国海事工作会议上，为了全面提高全国海事系统依法行政水平，增强海事应对新形势、解决新问题的能力，提高海事的基本素质，树立海事良好的社会形象，交通部海事局决定在全国海事系统开展“行政执法一面旗”建设。

将“行政执法一面旗”作为海事发展理念，这是与交通部“三个服务”主题实践活动分不开的，是贯彻落实交通部“三个服务”主题实践活动的具体体现，是对“三个服务”认识理念的升华，体现了“最有效的监管就是最优质的服务”的思想。

交通部副部长徐祖远对“行政执法一面旗”建设提出了七点要求，要做到执法队伍精干、执法活动规范、执法监管到位、执法手段先进、执法模式便民、执法行为文明、执法效果明显。

2008年1月5日，交通部以交海发

深圳海事局援助的藏海巡01被放入高原湖中

（2008）11号文件发布了《关于在全国海事系统开展行政执法一面旗的决定》，决定在全国海事系统开展“行政执法一面旗”建设。随后，交通部海事局以海事法规（2008）11号文件发布了《关于贯彻实施<关于在全国海事系统开展行政执法一面旗建设的决定>的通知》，要求各海事局高度重视“行政执法一面旗”建设，切实做好相关工作。

“行政执法一面旗”是在“全国海事一家人，水上监管一盘棋”的基础上提出的。“行政执法一面旗”建设强调海事行政执法的先进性，体现海事执法的水平、质量、效率、作风，突出依法行政，强化规范化管理，加快自身建设步伐的内在要求，它是“全国海事一家人，水上监管一盘棋”建设的根本落脚点。

开展“行政执法一面旗”建设是依法治国方略实施和经济社会发展的必然要求，是海事事业可持续发展的必要保障，是“全国海事一家人，水上监管一盘棋”建设的必然发展。

海上救助演习

第四章　海事文化践行

伟大的精神来源于伟大的实践，伟大的实践彰显伟大的精神。

海事文化的践行是海事文化建设的重要环节，是对内激发职工内在潜能，对外展示海事形象的有效手段。海事系统广大干部职工在有意识地开展海事文化实践中，不断丰富海事文化的内涵，促进海事文化的发展，提升海事发展的品质。

一、精神文化践行

全国海事系统广大干部职工在中国海事使命、宗旨、愿景、发展理念和精神的感召下，以统一的理念、统一的意志，统一的价值取向，践行着海事核心价值观，推动着海事事业的发展。

在日常的水上安全监督管理和服务工作中，广大海事干部职工按照中国海事核心价值体系的要求，自觉地践行海事精神文化，认真履行中国海事使命，坚定维护中国海事宗旨，不懈追求中国海事发展愿景，紧紧秉持中国海事发展理念，大力弘扬中国海事精神，在自己的工作中发挥积极性、主动性和创造性，塑造了海事新形象，取得了海事工作的新成果。

热烈迎接和庆祝“航海日”

（一）认真履行中国海事使命

使命是一个组织存在的理由或价值，它告诉人们“组织为什么存在”，它深层次地反映了组织的任务和目标，表达了组织的社会态度和组织的主体价值取向。

中国海事使命是“保障水上安全，维护国家主权，实现卓越服务”。

2007年8月16日，美国海岸警备队小型护卫舰“鲍特威尔”号执法船应邀访问上海，17日中午，交通部海事局刘功臣常务副局长应美国海岸警备队副司令沃斯特中将的邀请，前往“鲍特韦尔”号执法船上与沃斯特中将进行交流，双方均表示在港口国监督检查和国际保安规则两方面进一步进行交流合作。晚上，刘功臣常务副局长参加了美国海岸警备队举办的招待晚宴，并和沃斯特中将一起向参与船舶自动搜救系统的中国籍船舶颁奖，以感谢他们在国际联合搜救行动中发挥的重要作用和体现的人道主义精神。

2006年9月1日，韩国史特斯泛洋株式会社经营的马耳他籍“伊科拉”轮抵达天津港装载出口货物，由于货物信用证即将过期，再加上船期费损失高达每日五万美元，如船舶不能及时进港，将会为船公司造成严重的经济损失。天津海事局交管中心获悉这一情况后，紧急部署，为“伊科拉”轮提供周到细致的进港助航服务，对其航行进行全程监控，确保了其快速安全进港。

对外国籍船舶进行安全检查

2006年9月6日，中大航运代理公司工作人员带着21个沉甸甸的皮箱来到福州海事局政务中心，希望提前为9月9日首批21艘中国籍远洋渔船集体自福州港首航印尼办理口岸查验手续。这21艘渔船是福州市政府与印尼政府合作的“中印远洋渔业合作项目”正式启动的首批启航渔船。为确保启航工作顺利进行，福州海事局高度重视，认真做好口岸查验和服务工作。一是积极参加福州市政府组织召开的口岸联检单位协调会，在安全航行方面提出有益的意见和建议，确保船舶适航、船员适任；二是特事特办，开辟绿色通道，增加查验执法人员专门负责录入21艘船舶电子基础信息，核查船舶进出口岸单证、船舶相关证书和船员持证情况等口岸查验信息；三是提供便捷、高效的服务，提前2天开展并完成首批21艘远洋渔船的口岸查验工作，为中印远洋渔业合作项目首批渔船9月9日集体顺利启航提供了良好的通关环境。

海事系统广大干部职工在自己的工作中，认真自觉地履行中国海事使命，圆满完成了各项任务。

[小案例1]

绿色和平号事件①

晨晓光是“人人都能成才”中的一个佼佼者。他的出名是一次突然的任命，代表中华人民共和国去和“绿色和平”组织谈判。

那年他30岁出头，从局机关去金山海事处当处长，屁股还没坐热，突然来了一个神秘电话，叫他赶紧回上海，十万火急，去外滩路9号报到。

走进外滩路9号，一大摞资料放到他面前，有“绿色和平”组织情况的中英文介绍，他生吞活剥地浏览一遍，与外交部、国务院涉外司、交通部等有关领导探讨“绿色和平”组织问题。

之所以说十万火急，是因为绿色和平组织已经进入中国东海主权领海，停泊在长江口外，继续往里冲，想进入上海港，要向中国递交什么抗议书。

“绿色和平”组织简言之，就是保护人类生存环境，反对在地球上试验核武器的组织，成立于1971年，最早由12个人组成。他们的口号是建立一个绿色的和平世界。这12个人驾一条小船到美国阿拉斯加原子弹爆区抗议美国试验毁灭性核武器，他们想以此来改变最强有力人物的行动，不怕牺牲自己，当世界的“现场见证人”。这一行动赢得全世界喝彩，震动西方世界。“绿色和平”组织从此一夜成名。20年后在30个国家设立了43个分支机构，成员达1300多人。他们的活动经费来自158个国家500万支持者的小额捐赠。这是一个纯粹的民间组织，但他们为了获取活动经费，充盈基金会，也进行商业活动。

有一点没有变，它是独立的，不依附任何国家任何人，坚持非暴力原则，不对人和财产进行攻击。但它固执，让所有人头疼。其中“天狼星”号作为一艘行动和信息船而出名。从冰岛到意大利是无人不晓的，甚至于列宁格勒这个前苏联港口也“有幸”被光临。

震惊西方世界的另一次行动，是“绿色和平”组织获悉法国在太平洋一个小岛上进行核试验活动，他们的“彩虹勇士”号船便开到这个小岛海域进行抗议。法国上至总统、总理下至海上警卫都对他们好言劝说，叫他们离开，但他们置之不理。最后法国动用军警把“彩虹勇士”号船上的人强制性拖到另一条船上，把“彩虹勇士”号船炸掉。这一事件引起西方世界一片指责声，法国政府最后迫于压力赔礼道歉、赔偿船只。此次炸艇事件使“绿色和平”组织名声更响了。

这次，他们听信谣言来到中国抗议，可以说来者不善，善者不来。他们从新西兰起程，绕大西洋到菲律宾，想进入上海港。当进入中国领海时，中国海军直升机向他们发出警告，他们置若罔闻，长驱直入开进中国12海里领海。四艘海事巡逻艇团团把这条“绿色和平”号船拦住。这是一条马力足、速度快、可以破冰的旧船，但船上装备先进，有直升机起落架和卫星系统。这艘船在1989年抗议美国“三叉戟导弹计划”而受到美国海军船只撞击毁坏，这次经过修理后开到中国来，不言而喻，在暗示宣告，他们不怕任何打击，不达目的，决不罢休！

晨晓光面对的是这样一个经验丰

富、不怕死的顽固谈判对手，以和平谈判方式说服他们回去，任务艰巨，前景暗淡，他们不听怎么办？也像法国、美国等这样把他们船只炸掉驱逐出境吗？这将受到全世界爱好和平的人士的谴责，这与中国爱好和平，反对核扩散，世界和平捍卫者形象不相符合。

惟谈判，和平解决为上策。

晨晓光登上绿色和平组织的船艇，拿出国际海事组织公认的海上安全检查官的证件、证书，用流利的英语明确告诉他们："你们不经允许，擅自闯进中国领海，严重地违反了国际法。"尚未等他们反应过来，晨晓光换了一种口气，脸带微笑，口气平和友好，像拉家常一样说："你们的声明宣言，我都看了，很赞赏你们要全世界所有国家遵守履行国际法，维护世界和平，反对核扩散，中国是一个爱好和平的国家，在世界上享有盛誉，有目共睹。中国有句老话，言行一致，表里如一。你们要别人履行国际法，首先你们自己不遵守国际法，擅自闯入中国领海，侵犯中国主权。你们明知故犯，比照你们的行为，叫别人怎么相信你们的宣言、声明是真诚的？"

这一席话说得绿色和平组织的负责人一时回不过神来，答不上话来。因为晨晓光始终微笑着，用友好的口气说话，这让那个负责人惊讶，那负责人答非所问地说了一句："你是哪一个国籍的华人？"

晨晓光微微一笑，声音坚定："不！我是中国海事安全检查官，中国人。"他立即话锋一转："我代表中华人民共和国，友好地邀请先生们都坐下来谈谈。"他的主动出击又让那个负责人一惊。那负责人抬起怀疑的目光，挥动拳头吼了一声："上帝，我怎么相信你能代表你们的国家？"

晨晓光笑着说："先生们，你们去过世界上很多国家、港口。"他指指自己身上的衣服、帽子、挂在胸前的中国安检官工作牌，"我身上穿的，头上戴的、胸前挂的是国际海事组织公认的，代表中华人民共和国在执法，因为你们侵犯了我国主权。"

他的话句句在理，又字字抓住了要害。船上叽叽呱呱一阵骚动，有人骂他，有人指责他，他对每句飞过来的问话都用流利的英语回答，那负责人只好同意坐下来谈判。

谈判是艰巨的，绿色和平组织这些成员软的不听硬的不吃。晨晓光采用橡皮头策略不软不硬，与他们针锋相对，抓住他们侵犯中国领海权与他们周旋，脸上挂着微笑，始终用友好口气，回答他们的问题。涉及原则问题，就沉下脸，口气严肃、坚定，一种毋庸置疑的神态和语气，回击他们的无理要求，紧紧抓住国际海事组织颁布的、全世界公认的、所有船舶、船员必须遵守的规则：未经当地政府同意不得擅自进入该国领海、港口。另一点抓住他们说中国扩散核试验，要他们拿出证据来。他们自然拿不出来，晨晓光毫不客气地驳斥他们，不能无中生有，听信谣言、谎言，那种谎言重复一千遍也会变真理的时代已一去不复返了，爱好和平的人是不愿说谎的。

那负责人想开口反驳，又拿不出证据，擅自闯入中国领海，自知理亏，想发火又发不出来。晨晓光一直脸带微笑、友好地说话，他们也不敢过于放肆，有失他们的面子。因为他们船上的通讯系统在向全世界播发，也有几个自称是新闻记者的人拿着录像机、照像机想拍下晨晓光发火暴怒的镜头，想录下他的一言一行。但他们失败了，想要的东西没有捞到。

这样磨蹭了一个多小时，那负责人使出最后一招，要当着晨晓光面公开宣读一份抗议中国核试验的声明书，就不再进入上海港。

晨晓光立即向岸上总指挥部请示，指挥部告诉他，只要绿色和平组织离开上海港，可以答应他们这个条件。

于是晨晓光站在绿色和平组织的船上，接受他们宣读抗议书。他非常镇定，神情严肃，不卑不亢，纹丝不动站着。最后，他语调平和、口齿清晰，答应把他们的抗议书递交给中国领导人。这让他们惊叹不已，他们原以为中国政府不会答应当众宣读抗议书，他们就可以借口直闯上海港。现在，他们碰到了“中国功夫”，硬的打过去被软的顶住了，软的刺过去又被更软的东西贴住了。他们只好乖乖地收场，起锚开船。上海海事局四艘巡逻艇押着他们离开中国领海。这场“6.12”事件以和平谈判圆满收场，世界各国报纸、电台、电视台纷纷报道了“6.12”事件，高度赞扬中国高水平的外交手腕结束了这场灾难性的可怕事件。香港星岛报以通栏大标题配照片：绿色和平号抢滩和气收场——逗留三小时四艇押出境，双赢！

[小案例2]

天津港“3·8”船舶碰撞特大事故救助[②]

2007年3月8日，当午后和煦的阳光让人们感觉到一丝春日的暖意之时，谁也想不到一场大的灾难正逼近天津港。天津港主航道上，轰然一声巨响，一艘超大型集装箱船与一艘挖泥船发生严重碰撞，随时可能发生船舶倾覆和重大海域污染事故，天津港正面临一场前所未有的危机。面对突如其来的重大险情，天津海事局以完善周密的应急预案、严谨果断的科学决策、及时主动的应急抢险、严格有序的交通管制，舍身忘我的工作热情，连续奋战18个小时，成功处置了这起碰撞事故，遇险人员全部获救，未发生海域污染和船舶沉没事故，有效地保障了天津港的正常生产秩序和滨海新区的健康发展，为两会的胜利召开营造了良好的安全环境，谱写了一曲可歌可泣的“海事之歌”。

1.危情发生在午后

3月8日13时15分，天津市海上搜救中心值班室接报，13时09分，一艘集装箱船“地中海乔安娜”轮在出港时与一艘大型挖泥船“奋威”轮在天津港主航道7、8号灯浮附近发生严重碰撞事故。“地中海乔安娜”轮船长337米，型宽46米，是一艘装载9000标准箱超大型集装箱船，去年10月刚刚投入运营。“奋威”轮船长230米，型宽32米，是世界上最大的耙吸式挖泥船。“地中海乔安娜”轮球鼻艏（船舶首部）深深地插入“奋威”轮左舷中部，艏尖舱进水，情况相对稳定，而“奋威”轮左舷进水左倾25度，主机停车，随时有可能倾覆沉没在天津港主航道内。

众所周知，2006年天津港货物吞吐量已达到2.55亿吨，集装箱吞吐量595万标准箱。作为我国最大的人工港，天津港主航道是人工开挖的一条航槽，航槽底宽260米，水深15米。而事发水域正处在天津港主航道的咽喉要道，是超大型重载船舶进出的必经之地。如果“奋威”轮倾覆沉没在此处，吃水14米以上的船舶将无法进出天津港，势必大大降低天津港的通航能力，严重影响天津港正常的生产秩序，东疆保税港区、天津港25万吨级深水航道二期、30万吨级原油码头等重点建设项目投资也将遭受巨大损失，进而影响到天津滨海新区健康发展的良好局面，产生的政治影响和经济损失将难以估量。

“3·8”船舶碰撞事故现场

更为可怕的是，“奋威”轮在事故发生的当天早晨刚刚加过燃料油，事故发生时船上存有各类油品2050吨，“地中海乔安娜”轮载有100多个危险品集装箱。一旦发生大面积的船舶溢油污染事故，对于整个天津水域，甚至整个渤海湾（半封闭水域）来说都将难逃此劫，渔业资源、旅游资源将损失殆尽，海洋生态环境将会遭受到毁灭性打击，物种灭绝，海洋生态环境至少需要上百年才能恢复。

两艘事故船上66名船员的生命危在旦夕，2050吨油品和100多个危险品集装箱随时可能污染海域，天津港主航道面临堵塞断航，价值十几亿美元的船舶、货物可能全损……情况已是万分危急。

2. 惊心动魄天津港

险情就是命令，时间就是生命。接到事故报告后，天津海事局（天津市海上搜救中心）立即启动《海上搜救应急预案》，针对险情，制定了救助人命，远离主航道锚地，两船暂不分离，向东北方向浅水区坐浅的救助方案。天津海事局局长徐津津、党委书记徐俊池、副局长孔繁弘等领导在第一时间亲临搜救指挥中心指挥救助行动。交通部部长李盛霖、副部长徐祖远，天津市常务副市长黄兴国，中国海事局常务副局长刘功臣，中国海上搜救中心办公室主任翟久刚等领导相继对搜救工作做出指示，要求天津海事局在此次搜救行动中要确保人员安全，保障主航道畅通并做好防污工作。这是天津建港以来遇到的最为严重的一起船舶碰撞事故，处理是否得当将直接影响到天津港安全生产和滨海新区健康发展，大家都感觉到前所未有的压力。

搜救中心的VIMIS系统在即时显示事发水域船舶动态信息、交通流量；AIS系统及时提供事发前后船舶碰撞准确方位和船舶资料；无线视频传输系统适时传输现场救助视频信息，甚高频对讲机不时传来搜救中心的指令与事故现场信息。搜救值班人员按照《海上搜救应急预案》的明确分工，紧张而有序地进行各项救助指挥、决策和应急处置工作。船员的生命、船舶的安全、航道的畅通时刻牵挂着每位领导的心，他们紧盯着各个屏幕，神色凝重地关注着事态变化，当时搜救中心的空气仿佛都已凝固了……

一场由天津海事局指挥协调的海上大救援拉开了序幕。

（1）确保人命安全

搜救中心的指令一条条传出：13时18分，指派天津海事局“海巡051”轮立即赶赴现场担任警戒、协调、救助任务，同时，将险情通知天津市各海上搜救成员单位。渤海石油公司的“海洋石油653”轮、“海洋石油284”轮，北海救助局的“北海救195”轮，天津港轮驳公司的“港引1号”轮、“津港轮2”、“津港轮15”、“津港轮24”等9艘船舶奉命立即赶赴事故现场参加救助。

剧烈的碰撞使“奋威”轮的船体快速向左倾斜，船上41名中外船员的生命受到严重威胁，船长宣布弃船。率先赶到事故现场的“津港轮15”成功靠上“奋威”轮救生艇，救起了该轮39名船员，但是“奋威”轮上的外方船长和大副拒绝离船，经搜救人员的耐心说服，终于将船长和大副接上救助船，至此，41名中外船员生命安全得到保障。

“地中海乔安娜”轮的球鼻艏深深地插入“奋威”轮左舷中部，由于“奋威”轮船体倾斜，破损口没入水中，无法得知具体的受损情况，尤其是“奋威”轮底板龙骨的受损情况不明。

为避免“奋威”轮倾覆沉没在主航道深水区，搜救中心指令“地中海乔安娜”轮暂且不准脱离“奋威”轮，两艘事故船舶共进共退。指令在附近水域引航的赵吉东等两名高级引航员登上“地中海乔安娜”轮，任命赵吉东（引水编号202）为现场指挥。指令“津港轮15”、“港引1号”轮、“津港轮2”竭尽全力协助拖带两艘事故船尽快撤离主航道和锚地，向东北方向浅水区域抢滩，并确保两船人员安全，组织后续救助力量尽快赶赴事故现场。同时，天津市海上搜救中心迅速将两船碰撞的重大险情报告中国海上搜救中心、天津市政府口岸委、应急办等相关单位。

（2）保障航道畅通

为消除航道堵塞危险，保障天津主航道畅通。搜救中心果断指令“地中海乔安娜”轮适时适当地进车，“津港轮15”、“津港轮2”、“港引1号”轮全力以赴协助，将“奋威”顶出主航道。14时05分，两船终于脱离主航道，“奋威”轮被顶推至主航道东北约1400米处。

此时，两艘事故船紧紧连在一起，操纵能力严重受限，随着风、流漂移，成为一颗移动的巨大“水雷”。由于东北方向锚泊船舶很多，搜救中心重新调配救助拖轮的位置，指令事故船顶流向东南方向移动。十几艘救助船舶按照搜救中心的指令小心翼翼地、缓缓地拖带并监护事故船顶流向东南缓慢前进。天津海事局交管中心对事发海域进行严格的交通管制，“海巡051”轮紧急疏散事故船周围船舶。锚泊船纷纷起锚避让，远离事故现场。

然而此时，险情突然出现了，一艘锚泊船“好运”轮出现在两艘事故船舶附近，“海巡051”轮刺耳的警笛在现场响彻，甚高频中传来交管中心急促而有力的命令：“迅速起锚避让”。该船经过一次起锚避让后，以为险情解除，驾驶台无人值守，当“好运”轮发现险情再次起锚避让时，已经形成紧迫局面，形势万分危急。搜救中心看到现场传输而来的视频信号，都以为碰撞已不可避免，很多人紧张地闭上双眼。然而，灾难并没有发生，两艘事故船与“好运”轮只是擦肩而过。

18时25分，天津港平潮位，事发水域周围船舶已清理完毕，“难兄难弟”转向东北方向浅水区，“携手”撤离了主航道。天津港保住了。由于天津海事局指挥得当，措施有力，天津港主航道没有因事故而封航，天津港生产作业始终没有受到影响。

（3）防止溢油污染

在发生船舶碰撞事故的同时，往往伴随着船舶溢油污染。“奋威”轮上2050吨的油品与“地中海乔安娜”轮上100多个危险品集装箱一直是悬在救助人员心头的“达摩克利斯之剑”。搜救中心在启动《海上搜救应急预案》的同时，按照《天津海域污染应急计划》，要求天津港防污染应急单位和渤海海域船舶污染应急联动成员单位随时处于临战状态，从大连、烟台调集渤海仅有的3台大型防爆驳油泵赴津备战，指派大型航标工作船“海标12”轮携带围油栏、防污染设备和器材前往事发水域，对事故现场进行溢油污染监视，随时准备清污。19时48分，“海标12”轮抵达现场并开始监视，事故现场未发生溢油污染。

3. 当曙光洒满人间

两艘事故船舶及货物的价值高达十几亿美元，如何将两艘事故船舶安全成功地分离，成为下一步救助的关键。当两船被拖离主航道时，搜救中心就已经开始研究如何将两船分离。为此，天津海事局专门成立了一个由资深船长、高级引航员、船舶与航道工程技术人员组成的现场专家顾问小组，为救助的科学决策提供技术支持。

为了保住这条造价上亿美元的挖泥船，远在欧洲的“奋威”轮荷兰籍船东组织该船总设计师和船厂技术人员对“奋威”轮破舱稳性进行计算。现场救助人员在催促，十几艘救助船在等待，中国海上搜救中心领导在询问，到底是“分离”还是“不分离”，到底何时“分离”？搜救中心顶着压力，在艰难中做出抉择，再等等，再给荷兰方面最后半个小时，如果这样能够保住“奋威”轮值得。19时49分，荷兰方面经过长时间的计算和论证，终于拿出了“奋威”轮破舱稳性的计算结果，认为该轮有足够的储备浮力，同意分离。终于，“连体”近7个小时的两艘事故船舶开始尝试分离。

19时50分，“地中海乔安娜”轮利用倒车进行第一次脱离，然而令人意想不到的是，虽然“地中海乔安娜”轮倾尽全力全速倒车，但是两船仍紧紧地啮合在一起，第一次分离没有成功。随即，专家组对第一次脱离失败的原因进行分析计算，判断“奋威”轮破损处钢板对“地中海乔安娜”轮船头形成啮合，两船之间存在较大受力。根据“地中海乔安娜”轮吃水变化情况，计算两船受力，初步判定“奋威”轮压住了“地中海乔安娜”轮。由于晚上救助作业困难，中国海上搜救中心指令要尽量将两船稳住，带好缆绳尽量向东走，待第二天天亮后增派拖轮再采取进一步救助。

现场势态趋于稳定，大家满以为可以松一口气了。然而，3月9日凌晨，搜救中心的传真电话忽然响起，天津气象台转大连气象台传来的紧急大风预警，渤海中部3月10日将有8级大风。同时现场报告海面风力已达到5级且有加强的趋势。如果不能及时脱离，两船都有断裂的可能，损失将无法估量。留给我们的时间越来越少了！

由于风浪加大，“奋威”轮的左倾逐渐加剧，机舱大量进水已无法恢复动力。搜救中心决定立即顶推“奋威”轮向北移动拖至11米水深区坐浅。然而在拖带过程中现场救助人员惊喜地发现两船有分离迹象。搜救中心果断决策，抓住时机进行第二次分离，同时指令“地中海乔安娜”轮调节首尾吃水以减小两船啮合摩擦力。03时37分，“地中海乔安娜”轮开始慢慢倒车，两船脱离2米，尽管速度很慢又分开了3～4米至此无法再分离，第二次脱离又没有成功。

两艘事故船继续向浅水区漂移。期间，搜救中心指令“奋威”轮船员上船带缆，但该轮船员以上船危险为由多次拒绝，“地中海乔安娜”轮船长也害怕船舶搁浅拒绝执行搜救中心的指令。有着多年海上救助经验的孔繁弘副局长很清楚，两船必须在高潮位及时脱离，否则事态的发展将不堪设想。情况万分紧急，到了生死关头。他告诫“地中海乔安娜”轮船长不要错失减少损失的最佳时机，命令其向浅水区继续前进。

其实，果断的决策来源于科学的计算。由于两船吃水不同，正常状态下“奋威”轮吃水小于“地中海乔安娜”轮，“地中海乔安娜”轮势必先行搁浅，影响两船分离。专家组经过缜密计算，已推算出随着“奋威”轮船体下沉，倾斜加剧，在倾斜30度时，其实际吃水将超过“地中海乔安娜”轮吃水而先行搁浅。借助海底的支撑和摩擦力，卸掉“奋威”轮对“地中海乔安娜”轮的压力，然后选择在最高潮位时将两船分离。

06时10分，“奋威”轮主甲板上水，左舷倾斜加剧，情况危急，当时潮高3.98米，已接近最高潮位。06时25分，“奋威”轮左倾继续加剧，但已停止倾斜，“地中海乔安娜”轮倒车没有任何反应，“奋威”轮左舷已坐浅。搜救中心果断决策，实施第三次分离。“地中海乔安娜”轮动车左右移动，扩大碰撞缺口后全速倒车，拖轮在其尾部助拖。06时36分，两船成功脱离，“奋威”轮坐浅，基本保持稳定不再倾斜，“地中海乔安娜”轮全速驶入安全水域。顿时，搜救中心值班室里一片沸腾。

这时，大家才发现不知什么时候天已经亮了，清晨的曙光已洒满人间。

3月9日15时，“奋威”轮左锚入水，势态稳定，未发生溢油污染，救助行动宣告圆满结束。此次救助行动历时近18个小时，天津海事局共调用船舶20艘次，参与现场救助400余人，成功救助遇险人员66人，搜救成功率100%。海事人以自己的实际行动向党和人民交出了一份满意的答卷。整个救助过程近乎完美，中国海事局常务副局长刘功臣在事后评价说，此次搜救行动是我国近几年来海上搜救最为成功的一次，整个救助过程，科学决策准确无误，采取措施得力有效，取得效果近乎完美，完全可以成为搜救教材中的经典范例。

真情自有回天力，这是一场惊心动魄的海上大救援。海事人以最科学的决策完成了最完美的救助，以最满意的效果回馈了最深切的期待。

（二）坚定贯彻中国海事宗旨

宗旨是组织向社会做出的公开承诺，它告诉人们组织对内、对外所承担的义务，从而体现出组织存在的价值。中国海事的宗旨是“更安全，更清洁，更便捷”。

海上货物运输是当今世界跨国运输最主要的方式。经过改革开放30年的洗礼，中国航运业得到了高速发展，目前中国93%以上的国际贸易货物运输是通过海运完成的。到2005年底，中国国际班轮航线发展到近150条，并同50多个国家和地区签署了海运协定。即使是国内货物运输，水上运输也是主要方式之一。在水上运输日渐繁忙的同时，船舶及相关作业活动对海洋环境造成的污染威胁也随之激增。为了应对日益严峻的环境问题，确保水域环境免受船舶及相关作业活动的污染损害，作为防止船舶及相关作业活动污染海洋环境的主管部门，交通部海事局不断加大海洋环境保护工作力度，有效保护了港区及沿海水域环境。

中国是航运大国，保护海洋环境是我们义不容辞的责任。完善法规建设，严格履行国际公约，规范船舶防污染工作；严格监督检查，控制各类船舶污染源，重点加强对石油类污染物的控制，严格对船舶垃圾的管理；强化安全管理，从源头上预防污染事故的发生，建立层级式的溢油应急体系；完善溢油应急反应机制，溢油应急反应能力不断提高；完善溢油应急中心建设，提高溢油事故应急处置水平，成功处置溢油应急险情，确保将海洋环境污染威胁降到最低；积极开展国际合作，提高海洋环境保护工作水平，增进与各国相关部门之间的合作与交流，进一步健全法律、法规体系，加强执法能力建设，完善管理体制和工作机制，实现装备和管理手段的现代化，为实现“更安全、更清洁、更便捷”的海事宗旨做出新贡献。

[小案例3]

还海洋一片湛蓝③

2001年7月13日申奥成功，举国沸腾，不仅全北京人在欢呼，全青岛人也在欢呼，因为，国家奥委会宣布青岛将是2008年奥帆赛的承办城市。

按国际奥委会规定，奥帆赛的举办时间是2008年，正式比赛之前，选手们将在相同场地，相同时间进行两次测试赛，也就是说，奥帆赛筹备工作必须在2006年8月第一次测试赛开始之前完成，期间国际奥委会官员不定期到青

溢油应急演习

岛抽检，如果发现奥帆赛场地不适合比赛，青岛将被取消承办奥帆赛的资格。

如何保持青岛海洋清洁，海上安全，这是山东海事局的首要任务。为此，山东海事局派出巡逻艇24小时昼夜不间断在奥帆赛主赛场海面上巡逻监督，同时帮助青岛奥委会培训近400名驾驶员上船开奥帆赛规定的300条辅助船，山东海事局李国祥副局长担任青岛奥帆赛办公室副主任，与奥帆赛组委会建立热线电话、紧密伙伴关系，在海事局内部成立了奥帆赛项目工作组，制订《非营业性游艇驾驶员适任培训、考试、评估和发证管理办法》，于2005年3月1日正式颁布实施。

山东海事局局长张宝晨谈起青岛奥帆赛这件事满面欢笑，自豪之情溢于言表："作为交通人，我们非常愿意为2008年奥运会做些事情。我们海事人能为奥帆赛护航，这是我们的光荣。我们能想到的各种意外情况都会被列入应急预案。我们尽职尽能，竭尽全力保障奥帆赛的顺利进行。"

1.还奥帆赛一片清洁的蓝海。

青岛港是目前国内最大的原油中转港，年吞吐量超过3000万吨，这与奥帆赛要求大海洁净，一尘不染，成了一对不可调和的矛盾，不能因噎废食，饭还是要吃，船还是要行，20万吨巨轮频繁光顾这座美丽的城市，着实让海事局安检官担忧，所以，他们对巨轮的进出港管理严格、执法严格，可以说像盯"贼"一样紧盯这些巨轮排污、泄漏、违章，但海上发生事故是不以人们的意志为转移的，不发生事故是不可能的，这一点青岛海事人有思想准备，用海事局危防处处长李积军的话说："事故的发生防不胜防，常常让人睡不着觉，提心吊胆过日子，最害怕船底裂缝漏油，天皇老子也检查不出来。"

世上的事就是这样，哪壶不开提哪壶，越担心越发生。

2005年7月22日19时，30万吨级外轮"泰坦巨人"号油轮船底裂缝漏油，当时我方引航员正引航这艘巨轮进入青岛途中的团岛水域，发现船尾的海面上漂浮着一条黑糊糊的带子，在星光、月光、灯光下折射出亮闪闪的油光。他当即向山东省海上搜救中心值班室报告，从新加坡来的"泰坦巨人"号漏油！

危防处处长李积军第一个奔进值班室与"泰坦巨人"号船长对话，船长听不懂汉语，李积军一边用英语发问，一边查看电脑上的资料，最终经过检查和分析，确定“泰坦巨人”号船底有裂缝导致漏油。

“泰坦巨人”号漏油，这惊人的消息很快传遍了整个山东海事局，刚下班回家吃晚饭的海事人，丢下饭碗往出事地点团岛奔去。这美丽洁净的海面正是奥帆赛主赛场，也是旅游胜地，青岛人为之骄傲的海滨大道、海滨浴场，也是外地游客所向往的避暑胜地。

青岛的海水以干净湛蓝闻名于世，如今这蓝宝石似的海水蒙上一条长长的油污带，黑黑的、浓浓的原油随波逐流地漂流，不采取措施阻止，就会殃及整个海面，这将如何迎接即将到来的奥帆赛？燃眉之急，不容多想，李积军发出命令，“泰坦巨人”号驶往黄岛码头卸油，又命令黄岛码头迎接“泰坦巨人”号。

青岛海事局接到海上搜救中心命令后，4艘巡逻艇载着围油栏、消油剂、吸油毡赶往出事地点，把这黑溜溜的污油带用围油栏围住。李积军下达了这些应急部署后，当即向已赶到指挥中心的局长张宝晨报告“泰坦巨人”号漏油情况。张宝晨听完汇报，在海图上仔细地察看了“泰坦巨人”轮的位置，果断地指示：立即启动省级海上溢油应急预案，全局人员紧急行动，不管他在家里还是在单位，必须第一时间内赶到现场，参加排污抢险，必须保证奥帆赛主赛场海面不留一滴油。

为海上体育比赛保驾护航

2. “泰坦巨人”号险象环生

“泰坦巨人”号漏油在内港团岛，奥帆赛主赛场海面上，人人都可以看到。好在那天是夜里，在岸上围观的人不多。海面上隐隐约约飘动着船的灯光，什么也看不到。

局长张宝晨亲自到船上、码头上检查。只见一条条船舶闻讯赶来，他粗略数一数有30艘，航程较远的船舶还在途中。这些船舶都是接到溢油应急的命令赶来的，只见海上没有多少油花，觉得张局长大惊小怪，小题大做，但大家没有离去，按指挥船的命令各就各位在自己的位置上开始清理油花。

危防处处长李积军按照张局长的指令，很快赶到黄岛码头指挥“泰坦巨人”号驳油，四根粗大输油臂自动接到“泰坦巨人”号上，一按电钮，原油哗哗从“泰坦巨人”号的输油臂上吸上来，驳到另一条船上去。一切顺利，有条不紊地驳油。海上的不可预见性，是人们所想象不到的。刚才还是好好的夜空突然变脸，沉阴可怕，乌云翻滚，雷鸣电闪劈开云层一亮一闪，像是暴风雨来临。

海上风增大了，浪也越来越高了。“泰坦巨人”号油轮由八根粗大的缆绳固定在码头边，它不安地在码头边上晃动、摇摆、撞击，不时发出可怕的浪拍船舷、浪拍码头的轰鸣声。四根输油臂也在凌空摇晃，发出吱吱的叫声，像要断裂。李积军爬到船上检查输油臂。

海边居住的人都知道涨潮的浪头很大，刮风天，更是大得吓人，飞起来有几层楼高。就在李积军爬到船上检查输油臂一刹那，意想不到的事发生了，由于风浪太大，八根粗大的缆绳崩断了，“泰坦巨人”号像一匹脱缰的野马在海上狂蹦狂跳，由于四根输油臂拉着，这艘30万吨巨轮没法离开码头，码头工人抛缆绳想重新拴住它，谈何容易？风把巨轮往外推，这个推力之大又是让人想不到的，只听“咔嚓”一声，四根输油臂断裂三根，黑黝黝的原油扑通扑通地倾倒入海。

李积军吓坏了，挥着手喊：“快，快按电钮关住阀门。”输油阀门关住了，定泵了，巨轮也被新的缆绳和钢缆拴住了。仅仅在关阀定泵一分钟之内600吨原油流入大海里，海上顿时冒出黑污污油渍渍的原油，厚厚地、黏黏地随海浪翻滚漂浮。可怕极了！

李积军惊魂未定，脸色发白，推推鼻梁上近视眼镜向局长张宝晨报告。张宝晨沉着地下达了指令：与油轮船长保持密切联系，在确保油轮安全的情况下，立即固定好输油臂，同时使用围油栏和吸油设备……

由于有预见性，事先有了准备，大大小小40多艘清污船又都先后赶到了，大家一齐动手，吸油毡、吸油棉、吸油剂像雪片一样打下去，抛下去，把油吸上来。围油栏一层又一层包围起来，油污被围在围栏里，小船开进去打捞。整个海事局的官员、干事、监督员、船员、司机、职工齐上阵，甚至用脸盆，用塑料桶打捞油污。一场真正的人海战争在这小小的一层又一层的围油栏里悄悄地打响了。

3. 太阳升起的时候

夜，沉沉闷闷。北方的7月带着仲夏的凉意，人被凉风一吹感到很舒服，顿时睡意浓浓，眼皮不知不觉互相打架。在海上打捞了四五个小时油污的人们，两臂感到酸疼，浓烈的油污味，有的人轻度中毒，感到头晕、恶心，但没一个人退出现场，走进船上卫生间在水龙头下冲一冲脸和头，又回到原来的位置上捞油污。

从7月22日晚上9点600吨原油入海开始打捞，至23日凌晨5点，海上油污彻底打捞干净，不留一点痕迹。

这次“泰坦巨人”号漏油，启动应

急溢油预案，反应快速，出人意料，大大小小船只达到40多艘，有的船舶虽然不具备应急预案的要求，没有现代化设备，但他们精神可嘉，用中国最原始的办法打捞油污，自编的柳条筐、竹编筐、竹编爪打捞油污，起到了意想不到的奇效，有的船员用瓢、勺、锅子打捞污油，细细的油花被小小的勺子、锅子拦住，捞上来，起到了消油剂起不到的作用，土洋结合，打了一场漂亮的清污仗。

太阳从海面升上来，第一缕曙光照射到青岛的黄岛和团岛海面的时候，大海前浪推后浪，奔腾追逐，海水碧清湛蓝，远远望去，静静地如一匹巨大的蓝色绸缎在海上波动，万道阳光照下来，折射出晶莹透亮像蓝玉石似的闪光，闪闪烁烁，非常好看；经过一夜未眠的海事人，整整奋战了8小时，油污污、黑渍渍的海面不见了，大海又恢复了美丽恬静的容貌，似乎比以前更漂亮了。

（三）不懈追求中国海事发展愿景

中国海事发展愿景是“建设三个海事，实现三个追求”。“三个海事”是“交通海事、阳光海事、数字海事”。“三个追求”是“勇于负责，追求社会满意度最高；干对干好，追求岗位业绩最优；创造环境，追求职工归属感最强”。

海事工作是国民经济和交通发展的有机组成部分，它服务和服从于水上交通经济，关系到水路运输的快速、健康发展，关系到广大人民群众的生命、财产安全，关系到全国水域环境的清洁和有效利用，关系到交通行业的社会形象，在全面发挥“服务经济”和“服务社会”两大职能方面有很大的作为空间。

海事工作服务经济、服务社会的成绩已经有目共睹：在渤海湾、珠江口、琼州海峡、长江干线、三峡库区等水域，海事部门自主创新推行以船舶定线制为主体的航路改革，有效地改善了水上安全环境、提升了船舶运输效率，极大促进了水上交通生产力的发展，对区域经济发展的卓越贡献得到社会的广泛认可；在上海洋山港区，在河北曹妃甸港区，在东海大桥、苏通大桥、润扬大桥等一批国家重点工程施工现场，海事系统广大干部职工克服重重困难，为重点工程建设保驾护航，甘做“幕后英雄”；在国家煤电油运吃紧的关键时刻，海事系统广大干部职工主动承担责任，日夜维护航道畅通，为经济社会发展提供“水上绿色通道”。

新的历史时期已经来临，海事系统正进一步调整思路，从思想到行动，继续向促进国民经济和区域经济社会发展的深层次主动服务转变，并且执行政务公开、局务公开，实施阳光执法、阳光履职。每一级海事管理机构、每一名海事职工，都以超前服务、主动服务的意识，积极融入水上交通生产和区域经济社会发展的各个环节，以突出的作为，为海事赢得尊重和支持，为提升海事的社会地位和影响力作出贡献。

[小案例4]

定线制——千年行船一日改[4]

长年累月在长江上行船的船老大知道，从古到今，长江被称为天险，天堑难渡，难在何处？长江处处有险滩恶浪，时时都有可能在吞噬人的生命。

类似长江这样的内河在世界上有好几条，自从1967年6月1日国际海事组织接纳英、法、德三国提出通航分隔制之后，那条被判为死刑的多佛尔海峡，分道航行10年，没有发生过对遇船的碰撞事故，许多国家纷纷效仿，在内河实施分道航行。中国的航行专家，有识之士，纷纷要求政府实施分道航行，避免长江撞船死人。由于中国的政治体制和几经波折的原因，分道航行几起几落没有结果，长江航行撞船翻船屡屡不绝，死伤不断。

数字海事

这成了历届交通部长的一块心病，长江被喻为世界“黄金水道”，水资源丰富，航行快捷，但事故不断，制约了长江航运业的发展和水资源的开发挖掘。历届交通部长都想改变长江的航行习惯，实施分道通航，但种种因素干扰，心有余而力不足，每年呈报交通部的年报数字显示：长江上航行撞船翻船死人最多时以上千人计算。

交通部海事局成立之后，交通部领导班子雄心勃勃想根治长江这块多年未治的心病，彻底改变长江的行船规矩，动了不少脑筋，想了不少办法，多次亲临长江勘察、调研、制订方案。

江苏海事局一位老船长叫陈邦梁，他与这些部长、局长为探索、勘察长江实施“定线制”朝夕相处了好几个月，他深深被部长、局长不辞辛劳、冒险过老虎口的行动感动了。

陈邦梁在长江开船20多年了，风里雨里浪里经过的事很多，亲眼目睹过撞船翻船死人，也不计其数，他很希望能改变长江行船“一脚在棺材里，一脚在棺材外”的高风险状况。在长江上行船，风平浪静时也死人，多数是超载和对遇船相撞。特别是近几年航运业大发展，长江上的船舶剧增，航行规则又是几千年传下来的老规矩“上行走缓流，下行走主流”的习惯航法。这与经济大发展时代不相适应，这个老习惯已到非改不可的时候了。人们渴望有一个新的航行法，像马路上开汽车一样一律靠右航行，该有多好呀！“定线制”呼声日益高涨，呼之欲出，又谈何容易？因为每一段长江的航道深浅不一，暗礁不同，窄宽不一，弯直不一，河道走向也不一样，一律向右靠，没有航标，可能造成更大灾难。这些情况，部长和局长经过实地调查之后，心情更加沉重了，怎么办？

徐祖远、刘功臣都是船长出身，他们知道行船的艰辛危难，如果长江上有一个“定线制”，行船一律靠右行，这是每个船老大所希望的，这样可以减少对遇船相撞，减少沉船减少死亡。

徐祖远副部长是普通百姓家庭出身，了解老百姓的事，心中装着老百姓，他不怕走路，不怕坐船，为了长江“定线制”，他既是一个坚定的支持者，又是一个实践考察、调查研究、制定方案的决策者；洪善祥副部长是一个老海事人，一个经验丰富的老干部，在这种关键时刻毫不含糊，若能把几千年行船老规矩在他们这一代改变，这可是为子孙后代办好事，何乐而不为呢？张春贤部长是一位硕士，在高层领导中年轻有为，他见多识广，睿智豁达，运筹帷幄，目光远大，他看到的不仅仅是眼前，长江的整治要为全国其他大江内河作一个榜样，长江是中华民族的摇篮，

定线制

中华文化发源地之一，华夏子孙们的栖息地，长江是21世纪的水上枢纽，长江三角洲经济腾飞重要纽带。长江千年行船的老办法非改不可！

五位交通部海事局领导一致同意在长江江苏段试行“定线制”。于是，调查、考察、核实资料工作在江苏海事局展开。

陈邦梁开的0808艇被指定为部局领导调查测量船。

陈邦梁是一个踏实厚道，话语不多的老船长，机械技术精湛，驾驶技术一流。他对自己的徒弟说：“人要有点精神，干就干一流，争就争第一。”这不仅仅是要强好胜，而且他看到长江航道险要危情多，稍不小心就会船翻人亡。他虽只有中专文化，但他自学成才，一有空就学习，他学以致用，与实践操作相结合，总结摸索出一套长江险道航行线路图，记载在他的笔记本上，雾天雨天晴天哪段航道该怎么走，他心里清清楚楚，海图上没有，他心里有。碰到大

雾大雨风浪大的季节，人家不敢开航，他敢出航，而且平安无事返回来。不但船员毫发无损，而且艇没有任何故障任何损坏。这与他平时精心保养艇密不可分。

他说，艇像人一样有灵性，你对它好，他就对你好。他把艇比作马，天天亲自动手打扫艇上卫生，对壁板、地板每个季度要坚持打一次蜡；天天要老轨保养主机，他一丝不苟下机舱检查，不放过任何一点点瑕疵。无论是骄阳似火的盛夏，还是滴水成冰的三九严寒，始终坚持不变。他说，小洞不补，大洞吃苦。好马要用好料喂，好艇好船同马一样要勤洗勤刷勤上油勤保养，用时就会得心应手。所以，他的0808艇出航主机从不出故障，他的驾驶室和船舱干干净净，一尘不染，像新的一样，让人感到舒适爽心，有一种到家的感觉。江苏海事局有55艘巡逻艇，指定0808艇为部局领导测量船，原因就在于此。

长江“定线制”方案放在办公室桌上，还是纸上谈兵；方案付诸行动，到长江中去实施是另一回事。航道每年被洪水、潮涨、潮落的冲刷，泥沙淤积而发生变化，还有那些倾覆在江中的沉船，在江水浪涛的冲击下移位成了江底暗礁，为“定线制”带来困难。

明知山有虎，偏往山中行，部长、局长、专家、工作人员都纷纷登上0808艇出航测航道。陈邦梁接受了这个光荣而艰巨的任务，他的心里还是很紧张，感到压力很大，因为考察长江水道不同于一般的巡航，要到不同的水域，要在各种水流中航行，无论是对艇，还是对驾驶人员要求都很高，弄不好就容易发生问题，而坐在船上的都是他所没有见过的大干部，部长和局长。江苏海事局于庆昌书记特别关照，要他绝对保证人员的安全。

也许他艺高胆大，在这段航线上，他毕竟行走了20多年，对每一段航道、水流了如指掌，为了确保万无一失，他还是找来了航路图，查阅水道资源，现场测试水道水流情况，并和其他船员一起拟定了复杂气象条件下处置险情方案。特别在夜间航行，难度最大，这是专家组的特别要求，必须测量航道在夜间能不能航行，这就需要他这个老船长展示他的技艺，尽最大可能满足专家组的要求，有时在一个水道要反反复复来回开五六趟。这增加了他的劳动强度。夜航他一定要亲自驾船。重要险段，他登上驾驶室操作。每天工作12～13个小时，常常不能回家，躺在船上。有时干脆坐在沙发上打瞌睡。他不敢离船上岸半步，因为部长、局长、专家们为了测量一个航道的数据，常常饿着肚子干到晚上八九点钟吃晚饭，有时干到凌晨二三点钟。有一次，上岸去宾馆休息，一个数据不准确，又突然折回到船上，要他开船到原来测量过的地方重新测量。这样的事经常发生，有时为了设置一个新航标测量到天亮，第二天继续再干。他被感动了，因为部长、局长、专家们也没睡觉，在挑灯夜战，为一个航道数据精确与否，争论得面红耳赤，重新开船到那里测量，这种精益求精的精神让他深深感动，他还有什么理由不好好开船呢？

经过三个多月测量核实，长江江苏段船舶“定线制”终于确定下来，这让陈邦梁真真切切地看到“定线制”不是书斋里研究出来的，也不是办公室里画出来的，是在长江的风浪中、雾中、雨中铸就出来的，凝结着众多的部长、局长、专家们的汗水和辛劳，这是集体智慧的结晶。

为了制定、勘测、试验、实施这个新航行规则，突破这个江上行船“上行走缓流，下行走主流”的习惯航法，在陈邦梁20多年航行中，已记不清有几位交通部长、海事局长、技术专家，坐他的船，挑灯夜战，不知画了多少图纸，毁了又画，曲曲折折，加上种种说不清的原因而没有实现。现在实现了，从第一次决策到制订方案，从第一次会议到实地考察，从第一次搜集资料到沿江来来回回航行上百次，这种辛劳艰苦在长江上航行和陆上的人不知道，而陈邦梁知道，他说了一句实实在在的话，海事局的官儿从上到下都是好样的，心里装着老百姓。他们为了及早完成“定线制”，画了草图不放心，一个又一个到实地考察，一个险段一个暗礁一个港段的检查对照勘测，开座谈会倾听老船长的意见，正式绘图设航标。这样整整三个春秋，三个寒冬腊月，终于在2003年7月1日庄严宣布长江江苏段正式实施分道通航；交通部长、海事局长的心病在这时候彻底根治了。这个简称为“定线制”，由张同斌主编、陈爱平主审的《长江江苏段船舶定线制指南》正式出版，交通部副部长洪善祥为该书题词：“实践三个代表，推进航路改革，保障航运安全，促进经济发展。”交通部海事局常务副局长刘功臣为该书作序，高度赞扬：《长江江苏段船舶定线制指南》是全国内河第一本真正意义上的航行指南。

当陈邦梁拿到《长江江苏段船舶定线制指南》时，异常激动，长江千年行船的老习惯：“上行走缓流，下行走主流”终于改变了，终于有一个崭新的安全航行新办法：“大船分道、小船分流；避免交叉、各自靠右；责任明确、便停易走；促进先进、照顾落后；保障安全、管控一流”的新航行规则。

滚滚长江，滔滔波浪，航道自然条件复杂，船舶流量大，几千年以来一直遵循的习惯航法废除了。长江江苏段的航法实现了根本性的变革，实现“大船分道、小船分流；避免交叉、各自靠右；责任明确、便停易走； 促进先进、照顾落后；保障安全、管控一流”的航路改革，把那些为几百吨小船设置的“特定航路”定位“推荐航路”，真正实现了大船走主航道、深水航道，小船走浅航道、推荐航道，行船靠右走，大路朝天，各走各的道，谁抢道，谁违规，对不起，巡逻艇开过来先上课再罚款，不听劝告不听警告，屡教不改吊销船员证书，驱逐出航运界。这一招，应该说得到了大多数的船东、船主、船老大的欢迎、拥护，但在行船中有的人就是不听号令，习惯势力在头脑里作祟，老祖宗流传下来几千年的行航习惯，你们凭什么改变？仍然我行我素。海事局巡逻艇在江面检查，常常赶走一条，又来一条，长江这么大，船舶这么多，海事局的巡逻艇就这么几艘，顾了这一段，顾不到那一头，有的船民开足马力按老规矩老航道横冲直闯，看你们怎么办？

江苏海事局领导心系船民，安全第一，实行“定线制”的目的就是减少撞船、死亡，为船民安危着想。但传统习惯、固有观念，根深蒂固，要改变谈何容易？真有点像王安石推广新法一样，阻力重重，苦不堪言。但江苏海事局上下一条心，老规矩改定了！印制《定线制规定单行本》、《定线制问答》各3万册免费送到每个船民手上，各分支局和海事处根据本地本段河道实际情况，印制定线制宣传图片十万份免费发放到船上和船员家庭信箱里。对那些大公司、大轮船，海事局特制1500盘DVD和《长江江苏段船舶定线三维动画教育宣传片》送到船上播放，在各海事管理机构的签证点循环滚动播放，天天放，日日看，一点一点地灌输，铁石心肠也为之感动。久而久之，“定线制”开始接受了，照办了，感到很好，大受欢迎。为了巩固这一观念的转变，江苏海事局拨出经费，设计制作了航行警示牌、信息牌。

一年后，也就是2004年7月1日，这一年统计，长江江苏段仅发生一般以上事故61起；与上年同一时期相比事故件数减少31.5%；碰撞事故29件，同比减少39.6%；死亡失踪64人，同比减少16.9%；沉船54艘，同比减少15.6%；经济损失3766.55万元，同比减少18.7%。

在江上行船撞船沉翻已得到了根本性改变，最最有名的镇江段尹公洲水域老虎口，自从实施“定线制”，大沙海事处天天守在九十度弯口两边护航监督大小航船，不管刮风下雨，还是浓雾漫漫，他们都出航巡逻，平均每天开航达八九个小时，有时甚至达到15个小时。从2003年7月1日实施“定线制”至今，老虎口未发生一起撞船事故。在老虎口航行20多年的汽渡船老船长说：“定线制给我们吃了定心丸，定线制是我们船老大的救命线。”

如今长江江苏段航行的船舶98%都

救助遇险船员

能够自觉地行驶在规定的航路里，水上助航标志整齐划一，通航分道、推荐航路、警戒区等划定得清清楚楚，大船、小船各行其道，实现了海轮全面安全夜航，被称为“水上高速公路”名副其实。

根据上海海事大学课题组专题研究，定线制实施一年效益显著：拉动长江江苏段主要6港吞吐量增加3 487.6万吨，根据港口吞吐量与GDP增幅关系，实际影响和拉动GDP540亿元；实现全天候通航（海轮夜航）为船东带来经济效益1.7875亿元；事故发生率的下降带来安全效益2 412万元。江苏沿江港口竞争力明显提升。同时实现了管理模式与国际惯例和海上管理模式的接轨，奠定了长江江苏段作为“国际化”通航河流管理的基础，江苏沿江港口实现“海港化”的管理也有了法律基础。

长江“定线制”的成功，在实施“定线制”的背后有一群离开小家，日日夜夜守卫在江心趸船上护航的海事人，他们才是真正的功臣和英雄。

（四）牢固秉持中国海事发展理念

发展理念是对组织如何发展、向何处发展的思考。一个符合组织需要的发展理念，应该有助于组织明确自身的发展方向，明白发展需要具备的条件，找到发展的路径，总之，是能够帮助组织发展壮大的一种思想。

中国海事的发展理念是“全国海事一家人，水上监管一盘棋，行政执法一面旗”。

为进一步加强海事“软实力”建设，增强海事应对客观环境发展变化的能力，提高海事素质，提升海事形象，2008年初，在全国海事系统开展“行政执法一面旗”建设，“一面旗”建设的思想和理念在全国海事系统迅速传播，社会影响也不断扩大，按照“执法队伍精干、执法活动规范、执法监督到位、执法手段先进、执法模式便民、执法行为文明”的工作目标和“扎实推进、务求实效”的工作要求，将确定的工作目标划分为十九项具体的工作事项，全系统按分工开展理论研究，提出政策、法规、制度、标准、措施等具体的对策建议，经部海事局组织论证、行政决策后，将在全国海事系统推广实施。

“一面旗”建设工作涉及内容全面，19项工作涉及海事管理和执法的各个方面，贯穿了海事立法、执法、执法监督的各个环节，涵盖了海事管理保障航行安全、保持水域清洁、服务经济社会、维护国家主权职能的全部，涉及全国海事系统，是海事系统的一项浩大工程。

在“一面旗”建设中，积极探讨事物发展的规律，以理论作指导，努力搭建海事管理的思想理论基础，把海事管理的特殊性建筑在现代行政管理、现代行政法理论的通行原理之上，为海事的长远发展打下坚实的理论基础。

“一面旗”建设要求每项工作的成果中必须找出海事在这一方面存在的问题，并针对问题提出改进的对策和措施，能否针对存在的问题围绕“提高素质，提升形象”的目标提出进一步改进海事工作的措施，是“一面旗”建设成败的关键。

经过2007年思想准备、2008年理论准备,2008年理论准备工作阶段形成了准备方案、全面工作和产生成果的“小三步走”工作安排，2009年开始推广实施的“一面旗”建设“大三步走”计划。思路清晰、重点明确、衔接流畅，始终按照“又好又快”的原则来组织，得到了全系统的广泛认可。

在19项工作中，有的填补理论空白、有的分析存在问题的原因、有的制定相关的配套制度、有的提出政策建议、有的完善管理措施。“一面旗”建设丰富的成果将是今后几年加强海事管理、提高海事工作水平的重要工作基础。

随着“一面旗”建设工作的不断深入，其深刻的思想性、工作的务实性、内容的系统性、组织的独特性，加之专业水准的工作要求和思考问题的国际视野，逐渐引起了一些有识之士的关注，认为“一面旗”建设是在新的历史条件下开展政府法制工作、提高行政管理水平的有益探索。“一面旗”建设成果基本形成后，将制定专门的工作计划，做好宣传工作，争取新闻界、法学界、行政学界及国家相关部门的认可。

（五）大力弘扬中国海事精神

精神是什么？精神是对内在理念的充实、对理智的熔炼、对感性的超越，是人们不断追求的崇高境界。人们需要有卓越的精神去克服曾认为不可逾越的障碍，去创造生命的奇迹；人们需要有强大的精神去凝聚巨大的力量，并将知识转化为社会的财富。

中国海事精神是“一切为了水上安全，一切为了人民满意”。

2008年5月12日，四川汶川发生里氏8.0级地震后，交通部海事局迅速行动，紧急协调四川省地方海事部门组织力量投入抗震救灾，共投入125艘船艇参与抢险人员和受灾群众转移运输，运送抢险人员24 900余人次，运送伤员及受灾群众12 500余人次，运送救灾物资72.8吨。紫坪铺水库是地震发生后在公路未通情况下的唯一一条通往震中映秀镇的水路运输通道，根据抗震救灾现场指挥部的统一指挥，四川省地方海事局紧急调集了2艘巡逻艇和17艘冲锋舟参与运输人员和转移受灾群众，至5月19日23时，共完成700余运输航次，运送抢险人员3 350人次，运送受灾人员2 860人。

海事部门抢运抢险队伍前往漩口

5月20日，总计价值约40万元救灾物资——50顶帐篷（每顶帐篷可容纳20人）、20艘橡皮艇运往灾区。此批救灾物资中，帐篷将主要用于受灾海事人员现场监管、救灾人员和受灾群众的临时办公、生活点。橡皮艇将作为水上重要生命通道运输工具，通过水库、堰塞湖接收抢险人员和受灾群众的进出工具。另悉，在此之前，中国海事局已向灾区海事机构拨款130万元作为抗震救灾专项经费。

福建海事局积极贯彻落实“三个服务”，在海峡西岸经济区建设的大局中找准自身的定位、明确目标和任务，主动呼应、主动对接、主动服务。他们在构建水上交通安全综合保障机制和海洋环境保障体系、推动两岸海上直航、推动闽台海事协作等多个方面创新工作举措，提升了服务水平。像宜昌海事局为了打造平安渡，落实“三盯四包”七项责任制，即盯渡口、盯渡船、盯船长（驾长），局长包区、处长包段、大队包村、执法人员包船。通过开展“义工在渡船”实践活动，帮助渡船解决了实际困难。

推进中西部海员发展是海事系统支持新农村建设的新举措，2005年起，天津海事局着手这项工作，先后建立了与新乡市人民政府沟通协调机制、与船员教育和培训机构的日常监管和质量保障机制；在东部航海院校与海员基地之间建立了支持协作机制;在航运企业与船员服务机构之间建立了就业合作机制；在船员服务机构和船员之间建立了劳务信息通报机制。从而搭建了“政府领导、海事协调、院校支持、企业参与、社会广泛支持”的海员发展工作平台。巩固新乡海员发展基地，指导新乡海员学校将航海教育提升到中专层次；发挥海事部门纽带作用，协调多家航运企业吸纳和接收新乡船员。截止到2007年底，河南新乡市海员总量达到5500人，其中4100余人上船工作，累计外派5500多人次，创劳务收入3亿多元，形成了新乡海员品牌效应。这样走出去的一个船员的收入可以改善三个家庭成员的生活。

为了解决大学生就业问题，允许14所航海院校开展非工科海员适任培训，吸收非航海专业毕业生加入高级船员队伍，在他们毕业后，可以在海事大学培训一年后进入航运市场，缩短培养周期，扩大就业，改善船员队伍结构。由于非航海专业毕业生有学识，他们很受航运公司的欢迎，甚至在他们培训的时候就预先确定了工作单位，培训费也由船运公司给垫付了。

[小案例5]

"12·7"碰撞溢油事故应急处置[⑤]

2004年12月7日21时30分左右，德国籍集装箱船"地中海伊伦娜"轮与巴拿马籍集装箱船"现代促进"轮在担杆岛东面海域发生碰撞，造成"地中海伊伦娜"轮船上1200多吨燃料油溢出，对广东、香港海域的海洋生态环境构成重大威胁。在交通部、交通部海事局的直接领导下，在广东省政府的大力支持下，在深圳、上海海事局及救捞部门的支持配合下，广东海事局组织社会各界力量全力以赴、通力合作地开展清污行动。经过连续8天的奋战拼搏，截至12月16日，共出动清污船舶600多艘次，直升飞机10多架次，回收油污水262吨，确保油污不上岸，不污染敏感水域，出色地完成了"12·7"事故清污任务，得到了交通部、省政府的充分肯定和社会的广泛赞誉。此外，广东海事局还积极开展事故善后处理、调查取证及担保索赔工作，为事故的后续处理奠定了坚实的基础。

指挥得当，应急反应快速、有序

12月7日22时23分，广东海事局总值班室接到广东省海上搜救中心转来的事故报告，值班员立即利用AIS监视"地中海伊伦娜"及"现代促进"两艘外轮；谭永烈副局长，通航处、危管防污处领导及有关人员也在第一时间赶到总值班室处理事故。在广州VTS用VHF与两外轮取得联系后，立即要求两外轮向广东海事局提交海事报告、接受海事调查、并提供担保。

23时50分，谭永烈副局长宣布：启动《广东海事局溢油应急计划》，成立事故处理现场指挥部，下设现场清污组、空中油污监控组、海事调查组三个应急处理小组；应急小组人员、海事清污船舶、巡逻船舶立即赶赴现场；联系民间清污力量做好准备待命；保持与事故外轮、船东、代理的联系。

23时52分，广东海事局汪湘涛局长

指示:“海特151”与“海标31”携带清污设备，立即开航到现场处理；空巡队先申请航线，明早起飞到现场取证并监控油污；将事故向部海事局汇报、向南海救助局通报。

8日01时30分左右，应急小组人员从广州出发赶赴现场；02时，“海巡1516”迎风破浪首赴现场；08时，空巡队员到达深圳机场，立即乘直升飞机于09时09分到达现场进行取证并监控油污；8日下午，“海特151”、“航标32”等十多艘清污船舶先后到达现场开展清污行动，整个应急反应过程快速、有序。

组织得力，现场清污成效显著

8日，现场风力7～8级，浪高3米。09时09分，直升飞机拍摄到两事故外轮的破损图片，并从空中监控到“地中海伊伦娜”轮船尾有一道宽度10～200米，长度9海里向南漂流的油带。8日现场动用了“海特151”、“海标32”、“南海救608”、“海昌1”、“华电1”、“华电2”、“水南油26”等7艘清污船舶开展清污行动。共回收吸油毡等垃圾约18吨、污油水约240吨。

9日，现场风力7～8级，浪高4～5米。16时27分直升飞机在佳蓬列岛东面和南面发现长度分别为1海里及3～4海里的两处油污。9日动用了30多艘清污船及35艘渔船分成五组开展清污工作，主要采用收油机、吸油毡、围油栏等设备开展清污行动。第五组尝试对“地中海伊伦娜”船体破口污染源头进行清污和控制。因风浪大，用围油栏围住该轮的计划未能实现。

10日，海面涌浪达4米以上，船舶操纵困难。谭永烈副局长乘“海标32”亲临现场指挥。直升飞机在佳蓬列岛西南面发现一处油污。10日现场清污第一至四小组负责在水面漂移溢油的清除工作。主要采取吸油毡吸油，对薄的油膜带使用喷晒消油剂的方法处理。第五组负责对“地中海伊伦娜”轮船体破口污染源头的清污和控制。

11日，海面涌浪达4米以上，直升飞机发现事故船舶尾部附近出现长600～700米，宽约50米的新油带。当日出动飞机2架次，清污船21艘次，渔船52艘次，投放吸油毡40吨，喷洒消油剂4.17吨。

12日，采取了以化学清除为主的清污方式。“德耀”、“沪救捞3”、“龙腾6”、“云港拖4”以喷洒消油剂为主；15艘渔船从事故船尾一字形排开，负责抛撒和回收吸油毡。8艘船舶分成4组从担杆列岛至大万山岛一带的海岛近岸均匀分布监视，防止污油上岸。

13日，事故现场风急、涌浪大，浪高达5～6米，事故船舶的破口处仍有少量污油流出，总体情况比12日略好。12日监视岸线的4组船舶仍然按照计划继续对担杆岛到大万山岛之间的海岛岸线进行监视，各组都没发现污染现象。

由于海况恶劣，部分船舶在14时左右停止作业，停泊在海岸沿线监视。当日，专家小组乘飞机对事故海域进行评估后认为：这次事故处理行动迅速，组织得力，成效显著。

14日，事故现场风力6～8级，浪高达6米。事故船舶的破口处仍有少量污油流出，在船左后舷及尾部形成一条宽约15米、距事故船2.8海里处宽约500米的稀薄油带。"德耀"、"德冠"、"沪救捞3"负责在现场喷洒消油剂、抛撒吸油毡进行清污。监视岸线的4组船舶发现污染现象。

15日现场风力4级，浪高3米，"德耀"、"沪救捞3"负责在现场清污，共喷洒消油剂1.5吨，抛撒吸油毡0.3吨。广东海事局与香港海事处、"地中海伊伦娜"轮的有关人员就该轮移位方案交换了意见。

16日由于"地中海伊伦娜"轮未获得香港海事处的进港许可，导致原方案未能启动实施。11时17分，现场指挥部决定启用备用方案，将事故船引到三门岛锚地水域锚泊。11时40分，所有船舶开始起航，"海标32"在前方负责清道，"海巡1517"在担杆头水道负责现场警戒任务，"云港拖4"负责燃油舱破损处抛撒吸油毡或喷洒消油剂的工作，其余船舶在难船尾负责清污工作，"德耀"、"德冠"、"沪救捞3"、"穗救204"在后面随行。直升飞机做好协调指挥工作。航行中难船仍有少量的污油从破洞口流出，形成5米宽的油膜带，"海特151"使用消油剂，"云港拖4"停用吸油毡、改用消油剂进行清污。15时40分，"地中海伊伦娜"轮在三门岛锚地顺利下锚。

16日16时50分，汪湘涛局长宣布溢油应急行动结束，现场清污行动告一段落。

不畏艰险，应急海事调查成绩突出

8日11时50分，沈建南副处长等4位事故调查人员乘"海特02"到达事故现场。事故现场波涛汹涌，浪高达4米，面对干舷高达20多米高的"地中海伊伦娜"这艘庞然大物，"海特151"一次次地奋力地靠近，但由于风浪太大，"海特151"干舷又低，事故调查人员始终无法登上"地中海伊伦娜"轮。在多次尝试无效后，17时30分，事故调查人员离开事故现场到外伶仃岛过夜。

9日06时10分，天色未亮，事故调查人员改乘干舷高、马力大的"海特02"轮从外伶仃岛出发，08时45分抵达现场后即登上"地中海伊伦娜"轮，对该轮的有关人员进行海事调查，并对该轮的破口及No.7油柜、左舷沉淀舱、日用舱进行勘查、取样，核实了事故造成的实际溢油为1268吨，出色地完成了事故的应急调查工作。

10日，"现代促进"轮尚未靠上珠海高栏港之际，事故调查人员就从广州出发，并于22时25分登上该轮进行事故勘查、取样和调查。此后，事故调查人员又连续三天上船反复核定事故发生细节。15日事故调查人员返回广州后，着手进行事故调查报告的编写工作。

“12.7”溢油碰撞事故是珠江口外水域最严重的一次溢油事故，“12.7”事故的清污行动是广东海事局成立以来规模最大的一次清污行动。

附：全国海事系统行政执法八项便民措施

1.公民可以以个人名义申办船员证件。

海事管理机构接受公民以个人名义办理船员证件(《海员证》和《海员出境证明》除外)的申请，包括：申办船员适任证书、专业培训合格证和特殊培训合格证的考试、评估、发证，申领《船员服务簿》等。

2.《海员出境证明》当天申请、当天领取。

申请《海员出境证明》，工作日内，当天领取，紧急出境，非工作日内，可预约申请。

3.申请《中华人民共和国海员证》可加急办理。

办理海员证由原15个工作日，缩短到10个工作日，一套班子船员紧急出境申请，可申请加急，1～2个工作日办毕。

4.船舶进出港手续24小时办理，全年不休。

具体包括：船舶签证、船舶进出口查验、船舶载运危险货物申报。

5.船舶在港内安全作业由审批制改为报备制。

具体包括：船舶拆修锅炉、主机、锚机、舵机、电台；船舶试航、试车；船舶放艇(筏)进行救生演习；船舶烧焊或者明火作业；船舶悬挂彩灯；船舶校正磁罗经。

6.对集装箱班轮的开航前检查和安全检查，实行提前申请，约时检查，在港停留少于24小时的，进出口手续合并办理。

7.对“安全诚信船舶”给予24个月内免予例行的安全检查。

8.拥有中国籍国际航行船舶的公司，ISM审核实行一次审核可签发多个船旗国的DOC证书和相应的证书副本。

①据汪卫兴著：《使命与大海同辉》，作家出版社，2006年，等相关资料整理

②据（王海朝、孙海涛，《中国海事》：《天津港与灾难擦肩而过》）等相关资料整理

③据汪卫兴著：《使命与大海同辉》，作家出版社，2006，等相关资料整理

④据汪卫兴著：《使命与大海同辉》，作家出版社，2006，等相关资料整理

⑤根据广东海事局12·7事件汇报材料等整理

二、制度文化践行

人们往往只看见制度的规范性，却不了解制度也具引导性。

法规和制度，其本身并不是为了限制人的行为，而是规范和引导人的行为，保证行为更加符合事务发展的要求，从而获得更加理想的结果。

海事部门相关的法规和制度，其目的也是如此。每一条海事法规的出现，都是与具体的需要相结合，都反映了海事发展的实际状况。在法规和制度的背后，体现的是海事人对海事文化的高屋建瓴的理解，体现的是海事人对做好海事工作的孜孜不倦的追求。

海事制度文化，一方面是制度建设本身，另一方面，也包括制度建设背后的思维和逻辑过程。在显性的制度建设方面，主要包括法律法规建设和内部制度建设。而隐性的思维和逻辑，则就体现在法律法规和制度之中。

（一）视角向外的法律法规建设

法律法规是为了调整人的行为规范，关于法的起源、本质和社会作用，人们进行了各方面探讨，有了比较深入的认识，但是关于法的文化内涵则有着说不清道不明的感觉。我们必须承认，法在社会的运行中，法在各个不同的领域中，都会形成自己特有的文化内涵。应该说这是一种法的延伸，延伸有着比法的本体更丰富多彩的内容。海事是国家一级行政机构，无疑也是国家执行社会公共事务的一个重要方面。改革开放以来，有关海事的立法与执法、有关海事的法的作用与影响，越来越全面成熟地反映出来。有关海事的法的文化也趋于显现化。它们的形成都是和这一代海事人密切相关的，是海事工作的长期实践的结果。

中国海事法制建设，有以下三个突出特点：

1.中国海事法制建设从一开始就与国际海事有关法律法规接轨。

2.中国海事法制建设始终密切结合中国海事实际情况，始终不脱离执法实践。

3.中国海事法制建设坚持围绕国家水上交通事业发展，坚持突出以人为本的理念。

国际海事公约

1912年4月15日，是全世界海事人都应该牢记的日子，这一天，号称当时世界上最豪华的巨轮“泰坦尼克”号与冰山相撞沉没，造成1 503人死亡。这次事故，引起了各国首脑的深切反思。作为反思的结果，是1913年在英国召开海上遇难安全会议，13个国家在伦敦签署了《国际海上人命安全公约》，这是国际海事组织最早一份海上搜救公约。

可以说，以后的很多国际海事公约

的出台和修订，都是因为出现了大的海难事件。如1994年9月“爱沙尼”号在黑海倾覆，852人葬身海底，痛定思痛，促成了《1994年国际海上人命安全公约》的30项有关滚装船安全的修正。

我国自加入国际海事组织后，对于国际海事公约在国内的适用采取了多种方式，以便实现国际海事公约在国际国内的有效衔接。国际海事公约在我国的适用，基本遵循了国际公约在我国适用的一般规律：在将公约接受为国内法的方式和国际公约与国内法的冲突的解决上，我国的《宪法》和海事管理的基本法律《中华人民共和国海上交通安全法》并没有明文规定，只在海事管理的另一基本法律《中华人民共和国海洋环境保护法》第九十七条规定“中华人民共和国缔结或者参加的与海洋环境保护有关的国际条约与本法有不同规定的，适用国际条约的规定；但是中华人民共和国声明保留的条款除外”。

从国际海事公约在我国适用的实践看，国际海事公约在我国的适用主要有以下方式：转化、纳入、补充等。

国际海事公约转化为国内法

国际海事公约的条约规则通过国内立法机关的再次立法行动，或者把条约规则变成相应的国内法规规范，或是经国内补充立法，或颁布条约后，由国内适用机关加以适用，这就是转化，即将涉及国家主权的国际公约转化为国内法。如根据《1982联合国海洋法公约》，制定《中华人民共和国领海及毗连区法》、《中华人民共和国专属经济区和大陆架法》；根据《1982联合国海洋法公约》和《MARPOL73/78》（经1978年议定书修订的〈1973年国际防止船舶造成污染公约〉）制定《中华人民共和国海洋环境保护法》；根据《SOLAS1974》（1974年国际海上人命安全公约）、《1966载重线公约》、《1969吨位丈量公约》、《MARPOL73/78》制定了《船舶与海上设施法定检验规则—国际航行海船法定检验技术规则》；根据《STCW95》（〈1978年培训、发证和值班标准国际公约〉1995年修正案）制定了《中华人民共和国海船船员适任、评估和发证规则》；根据《ISM规则》（国际船舶安全营运和防止污染管理规则）制定了《SM规则》。

国际海事公约纳入国内法[①]

国家《宪法》规定，国际海事公约在国内的效力，或宣示国际海事公约的条约作为国内法的一部分，使之得以适用，这就是纳入，即国内法采纳国际法，使其在国内发生效力，国际海事公约规定的内容无须转换，而直接在国内适用。这主要是涉及一些技术类的公约规定，在公约生效后，对到港外国籍船舶和我国国际航行船舶直接生效，而无须等国内相关法律经过了相应的修改。如《SOLAS1974》公约及其历年修正案、《MARPOL73/78》及其附则等。

刘功臣常务副局长在《联合国海洋法公约》生效十周年研讨会上作主题发言

国际海事公约对国内立法的补充

这是我国海事管理中，近年新形成的一个鲜明的特点。这主要是由于国内立法相对滞后，海事管理的某些问题又迫切需要解决。如2003年中国海事局以通知的形式将《IBC规则》（国际散装运输危险化学品船舶构造和设备规则）、《BCH规则》（散装运输危险化学品船舶构造和设备规则）适用于国内沿海航行的船舶，2005年又以通知的形式将《MARPOL73/78》附则V——《防止船舶垃圾污染规则》适用于国内沿海航行的船舶。

国际海事公约与国内法冲突的解决

尽管《宪法》和《中华人民共和国海上交通安全法》并无明文规定，但从我国海事管理的实践来看，当国际海事公约与我国国内法发生冲突时，我国采取的是国际条约优先原则，以充分履行我国作为缔约国所承担的国际义务。

海事诉讼特别程序法第三条规定，中华人民共和国缔结或者参加的国际条约与民事诉讼法和本法对涉外海事诉讼有不同规定的，适用该国际公约的规定，但中华人民共和国声明保留的条款除外。海商法第二百六十八条规定，中华人民共和国缔结或者参加的国际条约同本法有不同规定的，适用国际条约的规定；但是，中华人民共和国声明保留的条款除外。

国内法规

在海事立法上，中国海事局已经初步建立健全了各种法规和制度，每年，中国海事局根据工作的需要，与国家有关立法部门一起，制定了很多相应的国内法规。目前，海事行政执法的法律、规章、规范性文件已达800多件。

2007年，中国海事局积极配合国务院法制办开展《中华人民共和国船员条例》、《中华人民共和国防治船舶污染海洋环境管理条例》（修订）、《中华人民共和国海上交通安全法》（修订）等重要海事法律法规的立法审查工作。2007年4月14日，温家宝总理签署第494号国务院令，颁布了《中华人民共和国船员条例》（以下简称条例），自2007年9月1日起施行。为更好实施该条例，开展了系列宣贯活动，编写出版了条例的释义，起草了《中华人民共和国船员服务机构管理规定》、《中华人民共和国船员注册管理规定》、《中华人民共和国引航员注册和任职资格管理办法》三个配套规章。其中，《中华人民共和国引航员注册和任职资格管理办法》已经部务会议审查通过。[②]出台了《中华人民共和国国际船舶保安规则》(交通部令2007年第2号，自2007年7月1日起施行)、《中华人民共和国航运公司安全与防污染管理规定》（交通部令2007年第6号，自2008年1月1日起施行）、《中华人民共和国船舶签证管理规则》（交通部令2007年第7号，自2007年10月1日起施行）等规章。

2007年起草了《中华人民共和国海上人命搜寻救助条例》、《中华人民共和国游艇管理规定》、《中华人民共和国船员服务机构管理规定》等行政法规草案，报送交通部体法司审议。此外，还完成了全国人大、全国政协关于加快海员法立法进程的建议或议案等提案共4件，完成了《中华人民共和国水污染防治法》等100多件对法律、行政法规以及重要规章的征求意见的回复工作。

根据《行政许可法》和《政府信息公开条例》等法规，全面修订了《海事政务公开指南》，在全国海事系统积极推进海事政务公开，在全国政务公开领导小组组织的评比中，交通部海事局荣获“全国政务公开先进单位”称号。编写完成了《直属海事系统进一步推进“实现中等发达国家海事监管水平”工作的意见》、《海事行政执法政务公开考核标准》、《海事系统政务公开综合评价考核标准》、《关于海事系统行政复议检查有关情况的报告》。交通部发布了《关于在全国海事系统开展“行政执法一面旗”建设的决定》，交通部海事局发布了配套实施规定。对《海事行政执法监督办法》修改并形成征求意见稿。编写完成了88项海事行政许可和审批事项的业务流程初稿，梳理海事行政执法职责228项。组织开展海事系统对口行政执法检查，促进海事依法行政。

颁布实施了《内河船舶法定检验技术规则（2007年修改通报）》、《内河小型船舶法定检验技术规则》、《沿海小型船舶法定检验技术规则》，并于2007年3月1日生效实施。颁布实施了2008年版《国际航行海船法定检验技术规则》、2008年版《敞口集装箱船法定检验暂行规定》、《内河船舶法定检验技术规则》（2008年修改通报），并于2008年3月1日生效实施。开展对长江三峡库区156米水位对船舶检验技术法规航区划分影响的专题研究，并将研究成果纳入《内河船舶法定检验技术规则》（2008年修改通报）。

地方法规

1999年11月22日，深圳市第二届人民代表大会常务委员会第三十六次会议通过并以市人大第九十七号公告公布了《深圳经济特区海域污染防治条例》，该条例自2000年3月1日起施行。2004年6月25日，根据《关于修改〈深圳经济特区海域污染防治条例〉的决定》对条例进行了修正。

《深圳经济特区海域污染防治条例》是第一部由地方制定的与海事相关的法规，开启了海事地方法规的序幕。从此之后，海事法规除了普适性的国际海事公约和中国海事局制定的相关法规，具有地方特色、符合地方实际要求的地方法规也纷纷出台，如《广西海上搜救条例》、《天津市海上搜寻救助规定》、《河北省防治船舶污染水域管理办法》等地方法规颁布实施。推动各省级搜救中心完成制定搜救预案，浙江、上海等8个省级船舶污染应急预案和沿海34个地市级应急预案已通过地方政府发布实施。

各地海事管理机构对地方法规的出台起到了很大的促进作用，通过自身努力，结合海事工作与地方发展的关系，充分说明海事工作对地方经济社会发展的重要性，努力促成相关政府部门为海事工作立法，从一个地方政府的层面而不仅仅是从一级海事机构的层面来思考问题，使得海事工作融入政府工作之中，更加证明海事工作的重要性。

这些地方法规的出台，更有利于海事机构因地制宜，制定更适合本辖区水上交通状况的法规条例，使海事为维护水上安全、实现卓越服务进一步规范化。

（二）视角向内的规章制度建设

如果说法律法规是相对于海事系统行政执法的行为准则，那么内部制度建设则是锻造廉洁、公正、高效职工队伍的重要手段。通过内部制度建设，提高海事系统广大干部职工贯彻落实科学发展观和指导海事工作的能力；依法行政和科学管理的能力；勤于学习和勇于创新的能力；探索海事监管规律和服务经济社会发展的能力；团结合作、凝心聚力的能力；廉洁自律、拒腐防变的能力。把海事系统干部职工打造成一支政治强、业务精、作风正，能适应时代发展需要和经受各种考验的队伍。

在海事的发展过程中，形成了一系列的内部制度，如党风廉政建设制度，干部职工培养制度，政务公开制度等等，它们对于规范海事系统干部职工的行为具有重要的作用。

党风廉政建设

交通部海事局制定了《交通部海事局关于署实名举报政风案件奖励办法（暂行）》。据了解，有关部门已在2007年3月28日对首例实名举报者给予了5 000元的奖励，这是自2007年1月23日实施实名举报以来，交通部海事局首次在查实案件后给予举报人奖励。

2006年12月26日，一举报人向交通部海事局纪委办公室举报某海事局人员违反有关规定，并留下了姓名、电话，表示愿意配合有关部门调查取证。交通部海事局立即责成该海事局纪委，要求该单位认真核查、严肃处理。

该海事局高度重视，在举报人的大力配合下，调查组查清了执法人员王某和高某受贿的事实。经过审理，该海事局给予王某党内严重警告处分和辞退处理，给予高某行政记大过处分和待岗18个月的处理，两人均被吊销海事行政执法证。

举报制度的最终目的是警示海事执法人员要依法行政，使得执法人员特别是一线执法人员时刻都要记住“手勿伸”。

为了保证举报渠道的畅通，交通部海事局多年来一直高度重视海事系统的行风建设，采取了许多有力措施，公布了全国海事系统行风监督举报电话，各级海事局也公布了自己的举报电话，或者是语音举报系统，通过对举报的事件进行严肃查处，清理了海事执法队伍中的害群之马，树立了海事新形象。

交通部海事局把加强思想政治工作放在重要位置，以多种形式深入开展“八荣八耻”教育，引导海事员工深入践行社会主义荣辱观，形成“公正执法、文明服务、敬业奉献、廉洁高效、开拓创新、团结和谐”的海事文明新风尚。

交通部海事局将党风廉政建设落实到日常工作之中，制定了《交通部直属海事系统党风廉政建设责任制实施办法（试行）》。每年，交通部海事局都要与直属海事局签订党风廉政建设责任

参加廉政歌曲演唱

书，将党风廉政建设目标逐层落实，并在年底进行考核。

截止到2007年底，海事系统有4个单位被国家文明委授予全国文明单位，7个单位被授予全国精神文明建设工作先进单位，4个单位被授予全国巾帼文明岗，2名同志被评为“巾帼建功”标兵。2个单位被交通部授予全国交通文明行业，5个单位被授予创建全国交通文明行业先进单位，6个单位被授予全国交通行业文明示范窗口，1个单位被授予全国交通行业十佳文明示范窗口，1个单位被授予全国交通行业十佳文明示范岗（站、车、船），1名同志被评为全国交通行业十佳文明示范执法标兵，4个单位被授予全国交通行业巾帼文明岗，4名同志被评为全国交通行业“巾帼建功”标兵。公布了10个全国海事系统文明执法示范窗口标兵，90个全国海事系统文明执法示范窗口。

巾帼文明岗表彰

人事管理制度

人才是组织的第一资源，优秀的人才能创造卓越的业绩。人事管理是为选拔、发现和造就优秀人才服务的。交通部海事局出台了许多关于人事管理的相关制度，如人员竞争上岗办法、行政（党委）领导班子运行规则、执法人员考任制、海事行政执法人员守则、领导干部管理办法、交流干部培养等多种制度。这些制度的出台让海事职工有制可依，知道如何严于律己，提高自身素质，使得优秀人才脱颖而出。这是从根本上对海事系统大发展的支持，也是从根本上对海事文化建设的推动和促进。

每年，交通部海事局都要选派优秀人才到国际海事大学深造。每年，交通部海事局还要举办局长书记培训班，各个局都要举办不同层次的中层干部和一般干部培训。2007年，在大连海事大学举办了世界海事大学“大连班”培训31人，派往IMO（国际海事组织）见习工作2人，公派出国学习5人，其中，世界海事大学4人，马耳他1人。中国海事局共组织举办各类学习班32

个，共43期，参加人数2070人次，全部培训合格。③

海事系统招聘人员，采取“凡进必考”的制度，任何希望进入海事行业的人才，都必须参加相关的考试，为保证人才引进的质量，提供了良好的基础。在坚持这项原则同时，海事系统结合工作性质和不同岗位要求，完善了工作人员录用及管理办法。一是创新人员录用面试组织方式，进一步完善面试考官资格制度，建立考官库，加强专业技能的培训，不断提高考官面试水平，研究制定跨区域面试考官制度。二是改进面试内容和形式。根据招收不同类型的人员及职位的要求，分门别类建立面试试题库，改革分类面试组织形式。

人才工作会议

进一步完善执法人员考任制。完善以考任制为核心的执法人员管理机制。制定了《直属海事系统实施执法人员考任制的指导意见》、《直属海事系统执法人员考任制适任资格考试大纲》、《直属海事系统执法人员适任资格考试与培训工作实施细则》及《直属海事系统执法人员适任资格考试考务规则》（暂行）等文件，编写了全套的考任制丛书。全面规范和统一执法人员适任资格考试工作。形成了具有海事特点的、适合海事工作需要的新的执法人员管理模式，成为加强执法专业人才队伍建设的有效途径。

积极开展执法人员晋升考，研究试行了海事管理技术职衔制。晋升考是执法人员考任制的重要内容，也是完善执法人员管理机制的重要组成部分。为拓展执法专业人才的发展空间，引导、激励广大执法人员立足岗位，钻研技术，增强责任感和成就感。

全面推行绩效考核制度，改革了传统的考核方式，建立了科学的绩效考核制度和科学的评价体系，通过计算机信息平台，加强日常考核与管理。绩效考核工作同适任考考核、晋升考考核、工作人员年度考核、专业技术人员考核等有机结合起来；重视绩效考核的结果运用，把执法人员的考核结果，与执法人员的岗位聘用、人才选拔、人员培训、分配进行挂钩，进一步激发执法人员的工作热情。

建立、规范职工教育培训制度。加强职工教育培训，开发好现有人力资源，是实施人才战略的前提。形成了分工明确、上下结合、协调配套，专业教育、岗位培训、继续教育等各个环节相互衔接，海事专业门类比较齐全的海事教育体系。按照直属局、分支局、海事处三个层次人才的不同岗位要求，分别进行培训。建立了系统内部的职业资格制度。做好了PSC检查、海事调查、ISM审核、VTS维护与管理、船舶设备维护保养等专业技术岗位职业资格设置，编写了全套“全国海事系统职工教育培训丛书”，包括《海事基础》、《事故与应急》、《船员管理》、《船舶管理》、《通航管理》等教材。

推行竞争上岗制度，不以资历论高低，不把学历当能力，凡是走上高一层级的工作岗位，必须通过竞争上岗，通过竞聘的方式，历经竞争演讲、群众评议、职工谈话、党委讨论通过等环节，获得晋升上一级别岗位的机会。现在交通部海事局的中层干部，基本上都是通过“竞争上岗”获得目前职位的。

履约论文英语演讲竞赛

行政管理制度

行政管理制度的一个重要特点，就是要保持政务公开，使一切都处在透明的状态下，得到公正的执行，政务公开是交通部海事局对各级海事局的要求，是阳光海事的具体体现。

交通部海事局以建设交通海事、阳光海事、数字海事为发展愿景，将政务公开深化到全国海事系统各个机构，于2001年颁发了《中华人民共和国海事局关于在全国海事系统推行统一政务公开的通知》。

2004年，配合《行政许可法》的颁布实施，为深化和完善海事系统政务公开制度，保证海事系统依法行政，保障海事行政管理相对人的合法权益，交通部海事局修改颁发了《中华人民共和国海事局关于在全国海事系统推行统一政务公开的通知》。2006年交通部颁布了《中华人民共和国海事行政许可条件规定》（2006年第1号令），为了更好地落实执行该规定，交通部海事局又对海事系统政务公开的内容进行了再次修改，颁发了《关于推进海事行政执法政务公开的通知》，将海事系统依法行政又向前推进了一步。

根据国家、交通部和海事局的要求，海事系统各机构对开展政务公开高度重视，在不同程度上对政务公开的行为进行了规范，并对政务公开开展和落实情况进行了自检、区域互检及系统的抽检等工作。

2003年、2005年海事系统分别成立了6个专业组，2006年成立了8个专业组，由交通部海事局牵头，对全国海事系统政务公开的开展、落实情况和经验成果进行检查和总结交流。

根据交通部有关精神，海事局完善了相关的配套制度，制定了海事系统政务公开实施意见、行政强制实施程序规定，建立并推行海事执法责任制、海事执法过错责任追究制度、海事行政许可“三分离”（即受理、审核、批准三分离）制度，推广使用海事行政处罚管理软件，确保各项海事执法行为有章可循、权责统一。2006年又在修改制定了《海事政务公开监督和评价考核规定》、《海事行政执法责任制及评议考核办法》、《海事行政执法检查办法》、《海事行政执法督察办法》、《海事行政执法社会监督实施办法》等。

为了保证政务公开得到落实，海事系统采取了如下措施：

1.统一执法主体、执法岗位名称，印制办事卡片，统一样式印制《政务公开指南》，统一设置政务公开受理窗口、政务公开栏、政务公开标识，在新闻媒体公布政务公开事项，设立畅通的政务公开监督举报渠道；

2.建立健全内部行政执法管理制度、行政执法质量体系，如：首问负责制、一次性告知制、限时办结制、绩效考评制等，从程序上控制执法行为，保证政务公开落实到位。建立并推行海事业务工作综合评价指标体系，对海事执法的工作、质量和效果进行量化评价；

3.建立政务受理中心，设立集中受理窗口，按规定程序实现受理、审核、批准的办事模式，积极摸索开展网上政务审批的渠道；

4.与当地政府或有关部门取得联系，将海事系统政务公开内容刊登在有影响的手册上向社会免费发放，广而告之；

5.在内网上设置行政处罚案例点评专栏，有针对性地将案例上网公布，供全局上下点评，为行政处罚的主体合法、程序合法、法律适用得当提供保证。打造阳光政务、阳光决策、阳光监督的阳光执法行为；

6.聘请社会义务监督员对海事系统政务公开和行风建设进行检查监督等。

海事系统各执法单位在政务大厅设置专门的政务公开区，执法人员照片、执法证号码除了在触摸屏内可以翻查之外，全部公开上墙，并注明职（岗）位。执法人员应用的法律法规都要存储在触摸屏中，收费标准要上墙。同时，政务大厅还配置了清晰的大尺寸的辖区航道、码头示意图，利用大型液晶滚动屏不断播放船舶进出口签证规则、船舶安全检查规范的主要内容。政务大厅设置的政务信息公开栏，张贴了当日的潮汐、气象以及航行通告，海事局下发的水上交通安全监督管理文件等。政务公开指南等资料免费供船员取阅，真正做到了静态的上墙公开与动态的滚动屏公开相互结合，互相补充。

政务大厅是各分支局政务中心、海事处政务窗口的对外服务场所，海事系统对各政务中心、政务窗口的功能区域进行了统一划分，并对各功能区域的配置标准以及引导指示标识做了详细的规范。如：

（一）规范功能区域

1.咨询服务区（依实际需要配置）

2.政务受理区

3.政务公开区

4.客户休息区

（二）规范各功能区域的配置标准

1.咨询服务区

（1）咨询服务台

宣传普及海事法规

（2）办理窗口分布指示牌（依实际需要配置）

（3）网络自助查询计算机（依实际需要配置）

（4）排队叫号机（依实际需要配置）

2.政务受理区

（1）背景墙面设置醒目、美观的局徽和“中国海事”标识，背景墙与政务受理柜台留有一定距离。背景墙材料采用立体浪板，并根据面积大小分别采用大波浪板或小波浪板，做到与环境相协调。

（2）放置窗口名牌，对外明示窗口所办理的业务。

（3）政务受理柜台：高度不超过1米，材质采用大理石或人造石，台面颜色为深色。

（4）政务操作台：为电脑操作台，高度应低于受理柜台，颜色为深色。放置工作人员桌卡。

（5）设置服务满意度评价器。

（6）每个受理台前视情况放置供办事人员坐的椅子。

3.政务公开区

（1）政务公开架：放置《政务公开指南》手册、一次性告知单、办事卡片、监督投诉方式和全国统一的水上搜救电话、协查通报、海事法律法规等书面资料。

（2）墙面合理位置对外公开：海

事行政执法人员守则、海事系统执法行为的“八项纪律”、海事行政许可项目名称、海事行政许可收费项目名称和标准及收费许可证有效文本的复印件。

(3) 配备电子触摸屏（或电子显示屏）：静态海事政务内容：机构名称及部门设置、管辖范围、基本职责、执法人员证照、搜救及监督电话等；动态海事政务栏：海事法规公告、安全信息、便民承诺、航行通（警）告、航道状况、气象水文情况、险情或事故通报、违法或处罚通报等；其他需要公开的内容；重大海事活动宣传片（或图片）。

(4) 设置可供行政相对人填写申请文书的书写柜台并提供格式性申请文书填写样本。

(5) 本窗口获得的荣誉（可直接悬挂荣誉奖牌或采用数码照片集中展示）。

(6) 意见箱或意见簿。

4.客户休息区

(1) 墙面醒目位置张贴“禁烟标志”。

(2) 休息用椅子或沙发。

(3) 饮水机、药箱等。

(4) 报架、报夹等，免费提供交通行业报刊的阅览。

(三) 规范引导指示标识

1.对外设置单位铭牌，采用不锈钢材料，在设计制作时应考虑便于作息时间的调整。

2.设置引导灯箱。

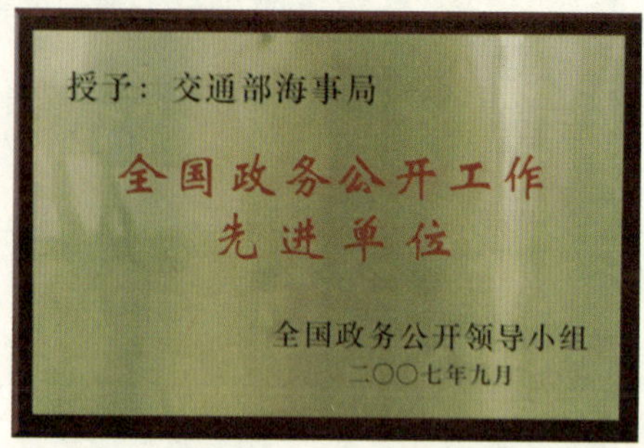

交通部海事局获全国政务公开先进单位荣誉

①许俊强：《论海事国际法的适用》
②2007年．中国海事年报
③2007年．中国海事年报

三、物质文化践行

当那些冰冷、毫无生气的建筑或者实物被人类的智慧拂过后，它们顿时熠熠生辉。正如自由女神被赋予美的意义、万里长城被冠以守国保边疆的第一道防线后，它们背后的文化韵味油然而生，它们所宣扬的形象气质不感而知一样，海事系统在实物建设上，也经历了“自然而然”到“人化自然”的过程。从看似简单的航标到庞然大物巡逻船艇，从规范化的政务大厅到标准化的建筑物，每一处都超脱了单纯的“物质实体”的定义，而拥有了文化的气息。

文化需要载体，物质需要内涵，在承载文化的同时物质本身也成为文化的部分，那就是物质文化，它缤纷灿烂、绚丽多样。

物质文化体现了海事系统内在的价值理念，展现了海事系统外在的形象。它是海事机关为实现其职能，按照国家有关的法律、法规，通过公平执法、依法行政，在工作、生活、文化、娱乐等方面创造的物质要素总和。其主要包括海事系统实物建设、技术装备、统一标识和外部形象等。

作为海事文化重要的组成部分，物质文化不同于核心层的精神文化和中间层的制度文化，位于外层的物质文化更多的是海事与外界交融互动的形式，在这一过程中，追求具体的实物或形式背后承载的精神气质与所表达出来的文化信息，从而体现究竟何为物质文化，物质文化之于海事文化有何种关联等。

海事文化的对外、对内宣传既离不开给社会大众的“第一印象”，如海事系统的实物建设、标识装备等，也离不开给系统内部职工的“第一感觉”，如海事系统图书影像等文化创作活动以及体现精神风貌的文娱活动。海事系统的实物建设、标识装备等都是以“物”为载体，在对“物”进行了人化，赋予其海事人的智慧并寄予海事人的某种信仰与观念后，它们才由实体物质转化为承载着精神气质、彰显着形象的文化载体。海事文化中的物质层至此被延伸到了文化的范畴，我们也旨在认知海事系统实物建设、标识装备等表象的过程中探寻支撑它们的那些背后的文化根基。

（一）多种多样的实物载体

最近几年，海事发展迅猛，在实物载体方面也有很多突破，在西藏也有了巡逻艇，那可以说是中国海拔最高的巡逻艇了。而且，有的海事管理机构还有了飞机，极大地促进了海事监管工作的开展，体现了海事不断进取的文化。

巡逻船艇

海上巡逻船艇是海事系统进行海上安全管理的主要交通工具，海上巡逻船艇设施的完善、巡逻制度的先进程度不仅涉及能否有效履行安全监管职能，同时也是国家海事形象的象征，在很大程度上是中国国力昌盛的宣告， 是对中国主权的维护。今天的中国海事不仅拥有一支现代化船艇队伍，还有一支训练有素的海空立体搜救队伍。

在“十五”期间，海事系统建造2艘千吨级巡视船、1艘60米巡逻船，45米和30米巡逻船16艘，30米以下巡逻船96艘，航标船和测量船12艘，摩托艇及其他船艇55艘。

2007年，海事系统拥有巡逻船艇近千艘， 这不仅仅是单纯的数字统计，从船舶外观、性能和技术状态上也有了很大的提高，其中“海巡21”和“海巡31”是最值得骄傲的。中国海事船艇已建成维护水上安全和国家主权的威武之师。

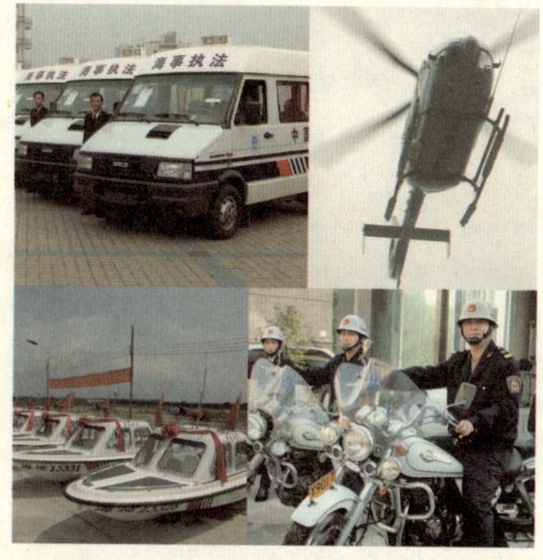

海事车、艇、飞机

30米级海巡艇

海巡31——“中国海事第一船”

“海巡31”船于2003年3月开工建造，2004年6月下水，2004年11月试航。2005年2月22日正式列入中国海事船艇序列。

“海巡31”排水量达3000吨，是迄今为止我国海事系统最大吨位、装备最为先进的海上巡视船（此前我国的海巡船吨位一般在1500吨左右），有着“中国海事第一船”之美称，也是我国海事系统第一艘最先进的适航无限航区的国际航行船舶。作为行政执法船，“海巡31”主要用于南海海区的巡逻、海上安全监督管理、海上交通事故调查处理、海上搜救和污染监测活动及履行国际公约等，因为船上配置了直升机，“海巡31”同时还将作为广东海事局的“旗舰”，组织、协调、指挥海上搜救。

与国内常规海巡船不同之处是，“海巡31”集各种高科技于一身，堪称目前国内之最。其先进的导航通信系统及自动化控制系统，使得在无人驾驶的情况下能让船身自动避开往来船只；船上装有先进的安全报警系统、损管系统，即使其中一舱进水，也可做到主动力系统正常运行，不会沉没。

“海巡31”船是全国海事系统第一艘拥有直升机起降平台、直升机库和飞行指挥塔等全套船载系统的海巡船。

“海巡31”船第四层后甲板有一个八字倒梯形的飞行指挥塔台。塔内安装了当时最先进的设备和仪器。超短波电台、GPS显示器、电罗经分显示器、自动电话、声力电话、MF/HF无线电控制器、气象分显仪、中波归航遥控

“海巡31”船

盒、电视监视器等各种飞行指挥系统应有尽有，能够满足多种型号直升机在各种海况下起降。

与指挥塔台下面紧连的是直升机库。这是我国自行建造的民用船舶上的第一个专用直升机库。机库15米多长，5米多高，可存放一架EC－135型或海豚系列直升机。库内设有二层平台，用于存放直升机备品备件，可在海上进行50小时内的更换零部件和日常维护。

机库出口向外延伸就是260多平方米的直升机起降平台。这是直升机起降、停放和维护的露天场所。船舶起降平台与陆地停机坪相比，技术要求更高。为了防止航船摇晃给直升飞机起降造成移滑，起降平台表面铺设3毫米厚防滑覆层，湿干态摩擦系数不小于0.8，可确保船舶在横摇±5°纵摇±2°范围内，风速不大于17米每秒的情况下，直升机自由起降；为了防止甲板工作人员失足落水，在起降平台临海的三面设置了全部采用液压系统控制的17段钢铁网架，直升机起降时放倒，船航行时竖起兼做栏杆使用，起放一次时间少于1分钟，完全适应快速反应需要。为了确保夜间或白天能见度较差的情况下直升机安全起降，该船配备了先进的下滑角和横摇角指示灯光系统，可为直升机夜间着船提供正确的航向和下滑角度，还为驾驶员提供母舰横摇姿态角度，以便判断选择最佳着船时机。

该船还有一个特殊的舱室——多功能厅。这是一间面积约50平方米的大会议室，一台50英寸的高精度等离子显示器矗立在正中央，旁边有个操作台，上面有电脑和各种电子设备。这个多功能厅除了召集会议外，一个重要功能就是设立现场指挥部。据“海巡31”船网管员介绍，全船设有一套以太网络系统，现场指挥部还可以通过特殊频点甚高频无线电话与渔政、海关船舶通信联络；通过船上的海事卫星C站系统可接入全国海事网，甚至接入国际海事组织。

“数字海事”是中国海事发展的愿景之一。“海巡31”船是实现这一愿景进程中的一个里程碑！有了“海巡31”，作为海事大国的中国就可以较好地履行国际海事组织A类理事国的使命与义务，并可代表国家参加出访任务以及国际联合演习。

■“海巡31”总长112米，型宽13.8米，航速高达22节（1节＝1.852公里）。

■可以抵抗11级大风，即使在非常恶劣的海况下仍然能正常执行海上任务。

■“海巡31”上配有航行速度高达28节的救助艇，并配备轻潜设备，需要的时候可以空中、海面和海底一起出动。

■“海巡31”的舱室设计人性化，舱高2米，每个房间都有独立卫生间；除了众多宽敞的会议室之外，还配有很大的健身房，设有乒乓球台、跑步机等。

“海巡31”船首访香港圆满成功

受香港海事处邀请和交通部海事局派遣，“海巡31”船于2005年4月20日至22日首次出访香港。港府人员、香港海事处官员和新闻媒体记者200多人登上“海巡31”船参观；“海巡31”船船员参观了香港船舶航行监察中心、水上搜救中心、海事处训练中心和香港港内海上设施。“海巡31”船在出访途中，在香港水域与香港飞行服务队共同进行了直升机在“海巡31”船升降演练。此次“海巡31”出访香港不仅达到了“学习观摩、增进合作、沟通交流、共保平安”的目的，更进一步密切了内地与香港海事部门共同加强珠江口水域交通安全监督管理，维护水上交通安全形势稳定的协作关系。

海测船

VTS建设[①]

VTS是船舶交通管理系统的简称，

“VTS”为英文Vessel Traffic Service的缩写。是指由主管机关设置的对船舶实施监督、管理和控制并提供咨询服务的系统[②]。一般由雷达子系统、VHF通信子系统、信息传输子系统、雷达数据处理子系统、交通显示及操作控制子系统、船舶数据管理子系统、记录和重放子系统组成，有些VTS还安装了AIS子系统。VTS功能包括数据收集、数据评估、信息服务、助航服务、交通组织服务和支持联合行动等六项功能。“VTS中心”是VTS系统的运行中心。它是海事机构依照国家法律、法规，在管辖水域直接行使水上交通安全管理职能的行政管理和执法部门。在这套系统中，有一个监控中心(VTS中心)，有一些监控的基站(雷达站)，如琼州海峡VTS系统有玉包角、新海、白沙门、木栏头四个雷达站。通过基站收集信息，然后将信息传输到监控中心，监控中心将这些信息经过处理后显示在屏幕上。这样一来，监控水域中的各种情况一目了然，可以最快把握各个水域出现的最新状况，有利于及时采取相应措施，协调指挥船舶交通流，最大限度地提高通航效率，将各种损失降低到最低程度。

中国的VTS船舶报告系统的中心设在上海，所有进入中国的船只，都会在VTS信息系统中留下有关的信息，这样，有关该船只的所有信息都被存储记录，下一次再出现的时候，信息系统就可以查看该船只的出入境记录、装载记录、违规记录等等，为更好地进行监管提供了充足的信息。

秦皇岛VTS

最早的VTS在宁波北仑港建立。北仑海事处辖区大部分都在宁波海事局VTS雷达覆盖范围内，只要辖区内发生海事的船舶有回波图像，雷达电子记录回放功能就能精确地再现当时事故发生时，船舶航行的轨迹。该处充分利用电子记录回放功能，很大程度上提高了海事事故查处的质量。2006年至2007年期间，宁波北仑海事处共从VTS调用电子记录13份，从而为海事调查人员查找原因判明责任提供了重要依据，特别是在追查交通肇事逃逸船舶的案件中，更是起到了关键作用。如2007年1月14日发生的“浙奉107”轮肇事逃逸案，就是利用了VTS电子记录，在短时间内就查获了逃逸船舶。

随着VTS改扩建，以及AIS干线网络的建设，VTS的有效覆盖范围逐步扩大，对海事管理和执法的支持作用愈加凸显。

海事系统通过研究和加强VTS内部管理，特别是通过加强VTS工作台面的规范和值守，进一步提高了系统的运用水平，同时，通过举办VTS人员培训班，加大人员培训力度，VTS人员的素质不断提高。

同时，VTS与AIS、CCTV系统（电视监控系统）、巡逻船艇相互配合、交叉，多手段、立体化监管模式已见成效，在组织交通、提供信息、应急指挥等方面发挥了显著的作用。

VTS 值班

2007年，中国海事局新建4个VTS中心，分别是京唐港、曹妃甸港区、泰州港、舟山港VTS中心，目前全国的VTS中心已达26个，其中沿海18个，长江8个，基本覆盖了重点港口、通航密集区、事故多发区等重点水域。全年，各VTS中心共接收船舶报告4 828 756次，完成跟踪船舶2 430 727艘次，提供信息服务1 837 329次，实施助航服务278 789艘次，实施交通组织342 096艘次，纠正违章行为13 619次，避免险情7 336次，支持联合行动9 223次，救助1 564次。制定了《进一步提高VTS监管水平行动计划》、《VTS险情、事故评估规定》和《船舶交通管理系统(VTS)值守人员配备标准》，规范内部管理。组织开展VTS综合评估检查，对全国VTS运行、管理现状进行深入细致调查，对发现的问题提出改进措施，进一步提高了我国VTS有效监管、优质服务水平。

信息系统

随着我国对外开放水平的不断提高，国家综合国力不断增强，水上运输经济活动大量增加，水上运输对人民的生命财产和环境安全的影响越来越大，这对承担保障船舶安全和有效航行以及环境保护职责的海事部门提出了更高的要求。

海事管理具有点多线长、流动性大、业务复杂、专业性强的特点，这对各级海事管理机构的管理工作提出了很高的要求，因此，整合海事核心业务，大力推动海事系统的信息化建设，建立水上安全监督管理信息系统，成为海事系统信息化工作的重心，是保证水上航行秩序和交通安全，保护国家的利益，实现海事管理现代化的必然要求。也是“数字海事”的具体体现。

信息化在海上救助行动中起到了越来越重要的作用。通过将电视监控点覆盖到全国所有重点港口、航道、锚地和通航水域，并且充分运用沿海、沿江的VTS（船舶交通管理系统）网络和CCTV、AIS（船舶自动识别系统）等先进技术，及时提供安全信息，合理安排船舶交通流量，可以最大程度地提高港口、航道的使用率。

利用现代化计算机技术、网络技术和空间数据获取与处理技术，通过船舶交管系统、自动船报系统和工业电视监控系统等信息化系统，实现对船舶的全方位监控，并为快速处置船舶各种事故和制订搜救方案提供科学依据。

完成了船舶管理、船员管理、事故与应急管理等水上安全监督管理业务应用系统建设，其中船舶登记、船舶签证、PSC和FSC检查、船员证件管理、危险货物运输EDI申报审批等系统已在系统内全面推广应用，实现了业务管理数据的上传和下发。

完成了覆盖渤海湾海域的北方溢油应急系统。该系统利用先进的卫星遥感和计算机处理技术，能准确获取船舶溢油信息，为溢油应急反应决策和事故处理提供依据。北方溢油应急系统已在多次溢油应急处理中发挥了作用，在人员救助、油污控制、环境保护等诸多方面都取得了很好的效果，创造了显著的社会和经济效益。

搜救指挥中心

海事信息系统建设的一个重要成果，是船舶“一卡通”建设。从2006年12月18日12时开始，船舶“一卡通”工程在沿海各港口进入全面试运行阶段，“一卡通”工程实现了六大功能，即数据统一化、签证电子化、计费自动化、统计智能化、业务协同化、管理网络化。船舶IC卡实行一船一卡制，这张卡如同船舶的电子“身份证”，具有船舶身份标识、船舶基本信息、证书信息、安全检查等现场监督信息和进出港信息储存、签证管理等功能。该工程全面实施后，船舶代理公司或船员不再需要携带成堆的船舶证书，而用刷卡的形式就可在各海事签证机关办理船舶签证、船舶安检等手续。船舶只需要一张卡，就实现了船舶登记、船舶动态签证、IC卡管理系统等业务管理模块的有效整合。同时，通过船舶动态管理信息系统实现海事管理机构纵向、横向信息沟通，有效地遏制和打击制售使用假船舶证书的违法犯罪行为，使守法船员的合法权益得到更有效的保护，提高海事部门的监管效能。

以前，现场执法人员要检查数量繁多的进出港船舶，很可能会因为船多人少而出现手忙脚乱的情况，现在，在部分港口海事人员可以通过中央电视监控系统、卫星F站、船舶自动识别系统、VTS系统等实现对海上船舶的可视化指挥。在信息化系统的帮助下，执法人员通过自己的笔记本电脑，轻点鼠标，就可以轻松进入执法数字平台，这样船上装载什么货物，码头每条船都在做什么，哪条船需要现场监管，哪条船需要进行海事行政许可审批，都一目了然地呈现在执法人员面前。

数字海事

到目前为止，中国海事局的“海事系统数据库”里存储了国内数十万艘船舶的详细数据。通过海事系统船舶数据库，可以避免航运公司船舶重名的问题，也可以很快查到船舶的相关情况。

航行安全信息播发工作得到规范，服务能力和水平有所提高。目前，大连、天津、上海、福州、广州海岸电台已经开通中文NAVTEX（海上安全信息播发系统），VTS、VHF、AIS以及海事卫星等播发途径，播发航行安全信息已成为航行通（警）告发布体系中的重要组成部分，进一步扩大了安全信息的覆盖面。

航标

航标是人类开发和征服自然的结果，是人类文明进步的重要标志。人类的航运活动产生了航标，而航标从其产生之日起， 就成为人类水上活动的重要组成部分，并从思想和行为上对参与这一活动的人群起到引导、规范、警示、告诫等作用，蕴含了丰富的文化寓意和内容。因此，航标是物质文化的重要组成部分，是人类应用自己的思维和智慧改造环境的产物，是人类精神化、智慧化的物质成果，体现了人类海事活动中的文化内涵。

海南木兰头灯塔

在古代，一块礁石、一座山头、一株树木都可作为物标，被用来助航，谓之“自然航标”。例如早在4000多年前，我们的祖先就利用“碣石”作为“天然灯塔”。而后，天然物标开始向人工航标发展，于是出现了刻石示警、立标指浅、烽火引航、宝塔航标等人工航标。

当然，天然的“碣石”不是文化，一块礁石、一座山头、一株树木也不是文化，但是，当人们将其视作“自然航标”后，碣石、礁石、山头、树木附着了人类的航海智慧，它们便有了文化的意义。同样，烽火引航的行为、建立的宝塔本身也不是文化，但是，当人们把它们作为黑暗中的光明，作为一盏希望之灯后，便被赋予了精神的寄托。这些自然物在人类把自己的生活、信念、智慧等观念的印记附着在它身上后，就不再仅仅以一种自然状态存在，它们经过了“人化”，记载下了人化后的文明，也成为几千年来中国航海历史的文化见证物。

航标的历史发展到现在，已经不再局限于自然航标与人工航标了，随着高科技手段的融入，今天的航标可以被分为三类：即目视航标，包括灯塔，灯桩，浮标，立标，导标；无线电航标，包括雷达应答器、远程无线电导航系统；数字航标。目前，航标已经开始以一种更为科技化、信息化、数字化的方式提供着始终如一的助航服务，正如交通部海事局规划的愿景一样，“让在中国沿海航行的船舶，在任何时刻、任何地点都能享受到完美的助航服务”。为了实现这个愿景，他们不畏艰险、忠于职守，甚至世世代代守着一个孤岛、一盏希望之灯，保卫着航海者的生命安全，并铸就了“燃烧自己，照亮他人”的“航标精神”。

2007年，中国海事局共管理维护各类航标5096座，其中，灯塔177座，灯桩1456座，导标288座，立标144座，灯浮标2576座，灯船19艘，浮标40座，雾号12座，雷达应答器240座，DGPS台站20座，AIS岸台73座，比2006年增加1116座，全年航标正常率99.94%，航标维护正常率99.98%，DGPS信号可利用率99.75%。2007年，中国海事局接收福建沿海、广西沿海、象山港、定海港、岱山水道等重点水域和港口地方航标共计527座。完成了大连港、京唐港、江苏沿海、上海港、浙江北部和中部水域、福建沿海（台湾海峡西岸水域）、惠州港、湛江港、北部湾等重点水域的航标效能改造，完成了烟台蓬－长水域（二期）、珠江口陆岛运输助航标志配布工程，配合连云港15万吨航道扩建、洋口港、上海港、海口港二期、八所新港区码头建设等工程做好航标配布工作，完成岸基船舶自动识别系统(AIS)网络和沿海RBN/DGPS系统补点建设。全年，共审批航标设置行政许可141起，涉及各类航标877座，启动应急预案255次，应急设标162座，进一步增强应急反应能力③。

2007年5月1日，中国海事局开始试运行航测质量管理体系，成立“交通部海事局航测专家委员会”，完成了“航标数据库”的设计并已投入使用，举办航测风险管理培训班。中国航标展馆在2006年整修并重新布展。编辑出版了理论研究专著《航标文化》。

最具人性化的助导航服务

随着经济全球化步伐的不断加快，海上用户需求的发展变化以及自动控制、信息、网络、空间等技术的发展，“数字航标”技术和概念的应用和相应系统的建立，给中国航标的现代化发展带来了新的机遇和挑战。

天津大沽灯塔

船舶的大型化、专业化和高速化趋势对水上安全支持保障系统提出了新的更高的要求。GPS、GLONASS、伽利略等全球卫星导航系统和AIS的广泛应用，以及北斗卫星导航系统的应用，使得沿海干线航行用户对单一视觉信息的依赖程度相对降低，但港内、复杂水域的用户对视觉助航信息的质量和综合信息要求在增加。全球信息化的进展将不可避免地影响并促进航标的发展，将以信息化技术为手段，构筑结合了传统航标和数字化航标的现代综合航标导航系统，提供全方位、全时段的航标信息服务，助导航服务将被赋予新的内容。

人性化的助导航服务，其目标不是

从简单的基本航行安全和经济投入产出比的理念出发，而是完全以服务对象需求为本，从精益求精，最大程度地让航海人员“安全、便利航行”的角度出发提供助航服务。

大型航标船

抛设浮标

航标规划和布局。人性化助导航服务应具有适应航行安全、环境保护和面对各种用户需求的全面的航标中、长远规划、导航发展战略及技术政策，并进行持续的评估和调整。

航标服务的针对性。人性化助导航服务应具有完善的用户识别和用户需求调查制度、与用户及利益相关者的协商——协调机制，及时掌握用户需求，并有严密的航标设置前的论证程序、审查审批制度，保证航标设置的有效性。

航标服务的多样性。人性化航标服务应具有多样性可将保障航海安全的所有系统、装置、设备、设施等都列入了航标管理的范畴，包括与航行相关的潮流与气象信息发布、通航信号的控制与发布、交通组织与服务，以及其他与航行安全有关的相关信息等。

现代助导航系统全面树立“便利航行、人性化服务”的理念，通过对不同服务对象、不同服务区域的需求分析，运用风险管理理论，确定不同的航标服务等级，实现差异化服务；以包括所有航海者在内的，与海上活动有关的社会各方为服务的对象，适应服务对象数量、类型、范围发生的根本性变化的现实形势，提供结合了传统航标和数字航标的全方位、全时段的多元化导、助航服务。提供最易识别，最直观，最有效的服务，营造友好的航海环境。完善和调整信息发布渠道，使用户可以用最简单的方式，多渠道获取所需要的安全信息。

（二）统一齐整的形象标识

海事形象承载着将海事文化的精髓，宣扬传播的责任，因此海事形象的塑造务必作到统一化、标准化、鲜明化。海事形象涉及的标识包括海事局徽、海事局旗、海事局歌、海事服装、“中国海事”字模等，它们是标明海事使命的特殊标志，也是体现海事精神的一面"旗帜"，作为海事通向外界的最直接窗口，这部分建设也是需要格外关注的。

在本书第三章中已经介绍了海事局徽、局旗、局歌相关的情况，在本章，将重点介绍海事制服、海事字模等内容。

海事制服

海事制服的变化也与海事的历史休戚相关。在20世纪七八十年代，刚刚成立港监局，海事人着的是无领章、无肩章的灰色制服，被称作"开港制服"，后来在此基础上又制定了一套同样无领花、无肩章的土黄色的春秋制服。

长江海事局制服演变过程

到了二十世纪八九十年代，海监局成立后，海事人的制服也发生了变化，一种有领章的军绿色制服成为海事人的统一服饰。

随着海事局的成立，海事制服再次由军绿色制服更换为藏蓝色制服，并且有了领花以及海事标识的肩章，但此时的标识并不凸现海事特色。

2002年海事局再次统一海事制服，于是出现了现在海事人身着的深蓝色制服，此套制服不仅领花、肩章齐全，更为重要的是在肩章上镶嵌了海事局徽的拆分标志，并在每边的肩章上加上一个五角星，更加彰显海事局为国执法的责任。至此，海事制服在经历了4次变化和统一后最终确定下来。

海事字模

按照海事局标识使用的统一要求，海事局所辖的各分支局、海事处和办事处的办公大楼要统一使用"中国海事"字模和局徽。大型建筑物如各局办公楼可将"中国海事"字模标识设置于办公楼建筑物的顶部、中型建筑物如政务大厅可将"中国海事"字模设置与正门上沿、小型建筑物如海事处可将"中国海事"字模设置与建筑物墙体明显位置；分支局办公楼和较大面积海事处办公楼"中国海事"设置于办公楼顶部或墙体时，局徽需设置于正门上方；当"中国海事"设置于正门上沿时，局徽可与"中国海事"并置。同时"中国海事"

标识可根据当地的实际，采用金色字体（金属材料）单独设置。统一的字模标识使用使得海事系统拥有整齐划一的对外形象。

“中国海事”字模

（三）形式多样的传播手段

书报杂志：海事人的精神食粮

为了海事系统的内部政令畅通，为了方便海事系统的相互交流，为了展现海事系统广大干部职工的风采，为了反映海事工作的进展，在海事系统内，除了以文件的形式正式交流外，还通过书报杂志的形式加以传播。

海事系统出版了多种杂志，其中最主要的是《中国海事》和《海事研究》。

《中国海事》是由交通部海事局主办的，由天津海事局承办的专业技术性综合期刊，在国内外公开发行。其前身是天津海事局的内部刊物《船舶安全检查内部通讯》（后曾经改名《船舶检查》、《船舶安全与防污》）。从内容上来说，《中国海事》以宣传海事业务和安全文化为主，展示海事系统的新发展和新进步，展示海事系统的新成就和新技术。

《中国海事》

《海事研究》是海事系统的内部出版物，是由中国交通职工思想政治工作研究会海事分会主办的，由上海海事局承办。从内容上来说，《海事研究》侧重于宣传海事系统精神文明建设方面的成果，反映海事系统广大干部职工精神层面的新风貌，引导海事系统广大干部职工树立先进的精神理念。

此外，海事系统还出版了一系列体现海事工作、弘扬海事精神、展示海事风采的书籍。除长篇报告文学《使命与大海同辉—走进中国海事》外，还有《中国灯塔》、《航标文化》、《中国海事行》、《中国航标史》、《孤灯守夜人》等等。这些弘扬时代主旋律、贴

《海事研究》

出版书籍

近海事业务、贴近一线海事人生活的作品，满足着海事系统广大干部职工的精神需求。

网站建设：紧跟时代的步伐

完成了海事系统政务网站的建设，网站内容包括海事公告、海事新闻、履约动态、海事法律法规和规范性文件及相关技术标准等在内的各种海事管理相关信息，所有信息均已实现了网上发布；通过与亚太地区港口国船舶检查数据库的联网，实现了船舶信息的交流和共享；在国际海道测量组织（IHO）和国际航标协会（IALA）网站上建立了中国主页，向外宣传展示我国相关领域的管理和发展动态，提高了中国海事的国际知名度。

灯塔邮票：海事文化的“小型张”④

灯塔文化是海事文化的重要组成部分，人们通过各种方式纪念灯塔，颂扬灯塔。灯塔邮票就是其中之一。灯塔邮票最早是在1891年出现在新西兰，我国的灯塔邮票起步较晚，是从2002年开始发行的，主题是《历史文物灯塔》，在2006年发行了第二套灯塔邮票，主题是《现代灯塔》。

2005年5月18日，我国发行了一套五枚《历史文物灯塔》的特种邮票，这是我国首套灯塔专题邮票。五枚邮票的面值均为80分。邮票中的灯塔分别是上海青浦泖塔（建于唐代）、温州江心屿双塔（分别建于唐代和宋代）、浙江嵊泗县花鸟山灯塔（建于宋代）、大连旅顺口老铁山灯塔（建于1893年）和海南岛临高灯塔（建于1894年）。《历史文物灯塔》图案以素描手法绘就，以淡淡海图作为背景，设计简洁，主题突出，完全展示了作为文物的灯塔的久远历史意境。2006年5月22日，为了配合国际航标协会第十六届大会在上海召开，国家邮政局发行了《现代灯塔》特种邮票，全套四枚，这是我国第二套灯塔专题邮票。四枚邮票的面值均为80分。邮票上的灯塔分别是大沽灯塔、桂山岛灯塔、吴淞口灯塔和木栏头灯塔。

《现代灯塔》邮票首发式

《现代灯塔》邮票在资料照片的基础上采用电脑设计，以连票形式描绘出矗立在夜幕中的四座灯塔，灯塔形象现代，背景隐约可见大海、礁石及闪电，体现出了现代灯塔的技术特征。

除了灯塔专题邮票，国家邮政局还发行过灯塔特种邮票，如《普陀秀色》邮票和舟山市嵊泗花鸟灯塔特种邮票。

灯塔邮票展示了灯塔文化的深厚积淀，也展示了灯塔技术的与时俱进，更反映了海事人的突破和创新。

《现代灯塔》邮票

《历史文物灯塔》邮票

博物馆：海事文化的微缩景观

博物馆历来作为“物”的集合、“文化”的源头而存在，它通过珍藏的实物向人们娓娓道来每一个文物的历史背景与文化价值。因此，“百科全书”式的博物馆往往被人们称为记录某种文化的“小型张”。海事系统也拥有这样的“小型张”，它是海事文化的延展，是对相关海事文化历史的详尽记录。由浙江嘉兴地方海事局主办的嘉兴船文化博物馆、由交通部海事局建设的中国航标展馆以及镇江救生会都大大丰富了海事系统的文化建设，而每一个博物馆珍藏的实物背后所拥有的文化价值，才更是我们应当追溯和捕捉的。

坐落于嘉兴古运河畔的嘉兴船文化博物馆于2003年10月26日建成，建筑面积1800余平方米，是国内首家船文化博物馆。按照“立意新、内容精、知识广、效果好”的原则精心打造，实物与模型相结合，充分展示了江南水乡风土人情和浓郁的文化底蕴。

在嘉兴船文化博物馆中，舟船史话诉说着历史长河中船的故事，水乡船韵展现梦里水乡的诗情画意，舟船邮票荟萃了国内外舟船精品，而博物馆内的大型船舶操作模拟器则可以让游客过把“船长瘾”，游客可选择模拟万吨海轮、集装箱运输轮、快艇等各种船舶，在惊涛骇浪或风平浪静的大海和海港中行驶和停泊。

船文化博物馆

2003年10月20日，来自全国各地的20多位船史专家参观船文化博物馆，中国船史学会副会长、武汉理工大学教授席龙飞给予了高度评价：“首先，博物馆把‘赤壁之战’、‘郑和下西洋’等一个个与船有关的历史故事整合起来，使博物馆有‘看点’；其次，通过一艘艘具有地方特色的船模和橹、网等实物，充分体现了江南水乡特色，许多船模还属首创。而高科技手段的运用则使博物馆展示方式充满现代感，体现现代博物馆的潮流。”

2004年2月19日，国家博物馆副馆长董琦参观后如此评价：嘉兴船文化博物馆融知识性、趣味性于一体，展出的内容做到了雅俗共赏、老少皆宜，真正做到了“贴近生活，贴近实际，贴近群众”，符合博物馆要为全社会提供先进文化的办馆宗旨。弘扬中华船文化意义重大，嘉兴船文化博物馆在这方面开全国各类博物馆之先河。利用废旧船坞建馆，也是当今世界各类博物馆的一种方向，应大力提倡。

中国航标展馆坐落在秦皇岛东山，面向大海与南山灯塔相邻，展馆建于2000年，2006年6月整修。建筑面积1800余平方米，展厅以厚重的黑色和充满激情的红色为主色调，使现代感和历史的厚重感得到较好的兼顾。展馆用大量的图文和实物，展示了我国航标的发展历程，历史的厚重，画面的视觉冲击力，突出了航标给予航海者的关怀和光明。

中国航标展馆

影像资料：多元化的精神风采

海事系统拥有丰富的影像资源，这些影像资料见证了海事走过的历史，记载了海事的每一步发展。如交通部海事局“中国海上安全保障体系”、哈尔滨海事局“海事风采”、达州地方局抗洪抢险纪实、宜昌海事局“峡江和谐海事”等CD资料，关于2005年东海联合搜救演习、“11·16”辽海轮海上救助等纪实报道、关于报道全国“五一”奖章获得者叶中央先进事迹等媒体资料以及画册《中国灯塔》、举办的“海事文化成果展”等，这些宝贵的资料是对海事功绩的记载，是海事人精神风采的体现，多元化的文化建设给了海事文化以更加丰富的展现手段，多元化的精神风采展现了海事人唯一的海事使命与宗旨。

（四）丰富多彩的文化活动

文体活动：挥斥方遒在海事

海事系统的文化建设活动一直蒸蒸日上。从交通部海事局统一组织的“全国海事系统共塑海事新形象”演讲比赛，“我与海事”论文征稿、“全国海事系统海事文化征文活动”、全国海事系统海事精神征集、海事之歌征集、全国海事系统履约论文英语演讲比赛，2006深圳国际海事论坛“高素质海员”等，都得到了海事系统全体职工的积极参与，这些活动是海事文化在海事职工内部的切实宣传，是海事职工对海事文化的积极反馈，这种互动的文化

盐田海事超越号

活动形式使海事系统形成了一片践行海事文化的和谐氛围。

在部海事局的正确指引下，各分支局也组织了不少具有其特色的文化建设活动，如浙江局举办的书画展、摄影展，宁波局组织的思研会等。辽宁海事局将干部职工的摄影、书法等方面的作品摆放在办公大楼的一层进行展示，形成了一个良好的文化氛围。很多海事局还设立了图书馆，提供丰富的图书供干部职工借阅。

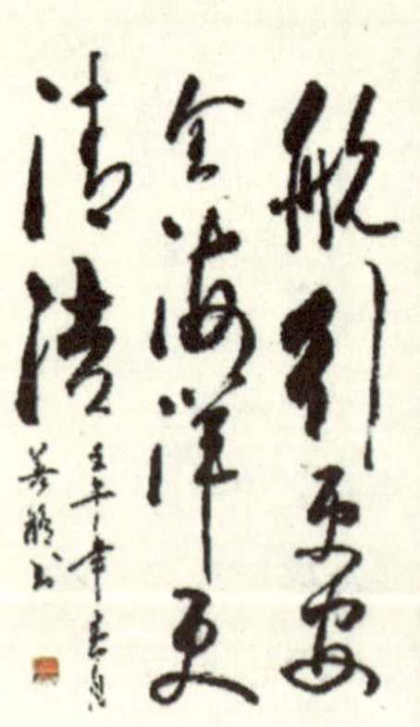

书画作品

广东海事局职工运动会

长江海事局职工运动会

海事系统始终将精神文化活动作为职工工作生活的重要组成部分，文化活动的建设与组织对于内强海事职工素质、外塑海事职工形象都起到了不可小觑的重要作用。

社会活动：情系大众的公信力

海事系统作为公共政府组织，除了责无旁贷的履行自己的神圣职责外，还积极参与各种社会活动。海事系统在河南盖了希望小学——灯塔小学。每年，广大海事干部职工都要给同学们以精神上和物质上的资助，上海海事局还选派志愿者去学校当老师，深圳海事局联合几家海事局一起去湘西认领贫困学生，他们采用“1+1+1”的方式，让“你我+失学儿童+老区教师”携起手来，体现了海事系统广大干部职工对社会的承诺。

除此之外，海事系统还多次参加志愿者活动，将爱心带给全社会。在海事系统组织参与的诸多社会活动中，也有一些具备海事特色的社会活动，如舟山海事局的“船员日”、江苏局的“航海日”、宁波局的“海事开放日”等。广东局2006年开展“热爱祖国、认识海洋、了解海事”主题实践活动，中小学生登上巡逻艇，在管辖的水域巡逻，观看海事干部职工的执法，给他们讲解海事安全知识，使孩子们从小对海事、海洋有了感性的认识。

这些特色的社会活动旨在让社会大众通过近距离地接触了解海事，同时向社会大众宣传海上航行的相关安全知识。这些活动的举办不仅大大提升了海事在社会的公众形象，将海事文化践行的成果向外界展示，同时也彰显了海事系统作为政府部门的公信力。

演习活动：威武与荣誉并重

对于海事系统而言，演习活动在增强应对水上突发事件能力，锻炼应急队伍同时，也是威武与荣誉并重的角逐赛。是对海事这支威武之师和多方救助力量的实际操练，让水上应急队伍更精、更尖，来之能战、战之能胜。演习活动是自我练兵，也是国际交流的渠道。每次演习活动都不仅仅为了战出我们的实力、战出我们的威武，更为重要的是要宣告中国的强大、战出中国的荣誉。中国作为国际航海大国，每次演习活动的成功与否都直接关乎我们在国际上的地位与话语权，因此演习活动更多的是一场荣誉战。

几乎每年中国海事系统都要举行各种演习活动，如2000年的粤港澳联合搜救演习、2001年和2003年的军地联合搜救演习、2004年中国南海搜救演习、2005年有日本和韩国参加的上海东海联合搜救演习、2006年辽宁渤海水域举行客滚船海上联合搜救演习。2007年，演习活动更为频繁。

2007年6月5日，由交通部、河北省人民政府主办的“2007年渤海溢油应急演习”在秦皇岛海域举行。演习首次使用了先进的溢油应急设备，如溢油取样浮标、飞机喷洒消油剂装置、快速布放式围油栏等。

2007年9月22日，2007年长江三峡库区水上联合搜救演习在重庆万州港水域举行，演习紧紧围绕“关爱生命，珍爱长江，共建平安黄金水道”主题，进行了人命救助、船舶救援、船舶消防灭火、溢油应急处置、船舶安保演练、山体滑坡应急处置6个科目演练。

另外，各地也举办了各种形式的海（水）上应急演习，如：海南海上溢油应急反应、消防及搜救综合演习，营口

海上联合搜救演习

认识海洋 了解海事

大辽河水上综合应急演习，连云港“黄海一号”海上搜救综合演习等。

通过这些演习，锻炼了队伍，振奋了人心，增强了荣誉感。

[小案例6]

2005年东海联合搜救大演习

2005年7月7日交通部海事局、上海海事局在东海举行水上联合搜救演习，这是继2004年6月26日南海联合搜救演习之后的又一次海上搜救演习，也是交通部海事局成立以来最大一次海上搜救演习，引起世界各国同行聚焦上海。

7月7日上午10时30分，上海洋山深水港水域旌旗招展，舰船待发，蓝天碧海，白浪滔滔，一场声势浩大，动人心魄的东海联合搜救演习随着总指挥徐祖远副部长一声令下拉开了序幕。

东海联合搜救演习

参演的所有船舶、飞机编队按照指挥命令依次接受了领导检阅，随着三颗红色信号弹腾空升起，在空中划出三道弧线，拖着红红的尾巴落下来，演习正式开始。

选择7月7日这个时间有特殊意义。7月7日离600年前郑和7月11日下西洋相距4天，交通部海事局以实际行动纪念这位航海事业的先驱者，向全世界表明中国正在由航海大国向航海强国迈进，要踏着先驱者的足迹与世界各国友好交往，愿当和平的使者，传递和平的信息，加强海上搜救中心各成员单位的协作，训练搜救专业队伍，提高处置大海难的能力，提高搜寻救助遇险人员和控制、清除海域污染力。保障海上人命安全、保护海域环境，是这次东海联合搜救演习的宗旨。特邀毗邻国日本、韩国参加演习，完全遵守国际海事组织的章程举办这次演习，受到各国新闻媒体高度赞扬。这是中国关爱生命、关注安全、共建和谐社会最大一次海上搜救演习，反映了中国海事的实力。东海联合大演习正是海洋文明的体现：开放、多元、博纳、兼容和进取，为世人所共识。

“海巡31”、“海巡21”独领风

骚，随着刘功臣副总指挥指令，各船艇徐徐起航，参加演习的14艘船艇像天上大雁一样整齐划一，在海上破浪前进，画面壮观、气势磅礴，在场观摩的外宾、记者和观众群情激昂，中国拥有一支装备精良的现代化的搜救队伍，人们情不自禁地报以热烈的掌声。

海上演习惊心动魄，搜救场面十分逼真。

海上搜救演习

站在“海巡31”驾驶室里的副总指挥刘功臣脸色庄重肃穆，两目炯炯有神地盯视着前方，发出一道又一道指令。

镜头之一：上海海上搜救中心与“海铃”轮呼叫：

——“海铃”轮，我是上海海上搜救中心。

——“海铃”轮报告，我轮于14时45分在北纬30度37分东经122度01分与集装箱船“PARKTRADER”轮发生相撞，5名船员落水，燃油泄漏，舱内起火，情况危急，请求救助。

——“海铃”轮，搜救中心收到，我们将立即组织力量救助。

正在巡逻待命的“海巡31”接到上海海上搜救中心总指挥的命令，指定为搜救指挥船，“海巡31”立即奔赴现场救助。

短短5分钟之内，在“海巡31”轮的指挥下，二架直升机起飞，海军“东拖852”、“德意”、“渔政201”、“海巡113”、“海巡21”救助艇和2艘救助艇按平行线搜救法搜寻落水人员。经过紧张、快捷的搜救，5名落水者分别被救往“海巡113”、“海巡21”、“海巡31”上，至此搜救落水人员圆满成功。

镜头之二：11时11分，“海铃”轮发生爆炸，浓烟冲天，火势熊熊，“海铃”轮危在旦夕。

“海巡31”向上海海上搜救中心呼救：

——上海海上搜救中心，“海巡31”报告，“海铃”轮发生剧烈爆炸，请增派力量救助。

——“海巡31”，我中心已经调派消防灭火力量赶赴现场，请你继续组织消防和清污行动。

——“海巡31”明白。

“海巡31”展示了中国海事第一船风采，它驶向“海铃”左舷灭火，粗大的水龙头如巨龙喷水把火势压了下去。

同时发出指令："东海救131"为灭火现场指挥，立即开展灭火行动。"海港19"、"海港28"以最快速度赶到"海铃"轮右舷灭火，火很快被扑灭了。

海上浓烟不见了，烈火完全被水枪喷出的水扑灭。海上发现一片油污，浓浓的、黑黑的，随浪漂泊。

镜头之三："海巡31"得到"东海救131"报告。

——我轮在"海铃"附近海面发现一片油污。

——"海巡31"收到。

"海巡31"立即发出救助指令，"海标21"、"海标32"、"沪东安201"、"沪东安30"1、"沪东安501"奉命赶到现场。

围油栏把"海铃"轮四周溢油海面团团围住，消油剂、吸油棉、消油毡抛向被污染的海面，很快，污油被清除了。

镜头之四：北京中国海上搜救中心向上海海上搜救中心发出指令：据报，恐怖分子在"RARKTADER"轮上安装了爆炸装置，对上海洋山港区安全造成严重威胁，按照《中华人民共和国港口设施保安规则》的规定，交通部已经将上海洋山港区的保安等级升为三级。请你们立即通知该轮，并按照《中华人民共和国船舶海上保安规则》进行处置。

上海海上搜救中心接到指令，立即与“海巡31”取得联系，命令“海巡31”和“海关888”、“海警31025”一起赶赴现场。二架直升机载着排爆专家送往现场。经过专家镇定搜寻，很快发现船上爆炸物，排爆专家以娴熟的技术拆除了爆炸物。

此时，东海联合演习降下了帷幕。

演习并不仅仅为了观赏表演，演习为了实战。实战不仅仅在于显示中国海事的威严，更在于为国家赢得荣誉。

①中华人民共和国海事局：《通航管理》，人民交通出版社，2006
②国际灯塔协会、国际港口协会、国际引航协会：《琼州海峡VTS助航指南》，2002
③中国海事年报，2007
④天津海事局航标文化课题组：《航标文化》，北京，人民交通出版社，2007

第五章　海事群英谱

世有非常之时，然后有非常之人；有非常之人，然后有非常之事；有非常之事，然后有非常之功。但是，海事人在这个和平的年代，虽然没有抛头颅洒热血，轰轰烈烈，九死一生，却也在平凡的岗位做出了不平凡的业绩，兢兢业业，忠于职守，无怨无悔，无愧于和平时代的英雄称号。

目前，全国海事系统有7万多职工，他们忠于国家、忠于人民、忠于法律，昼夜坚守在祖国的江海湖泊上，不顾风吹雨打、不记名利得失，在平凡的岗位上，在艰苦的条件下，恪尽职守、真诚奉献，用青春和人生、情感和智慧筑起了一道道安全屏障，书写着一曲曲动人的乐章。在他们的身上体现的是海事人共同的价值取向和精神追求。

每个人都有优于他人的地方，但是由于篇幅的限制，这里只能摘录海事系统不同时代的先进代表，不同岗位的英雄人物，他们或者在执法过程中一丝不苟地履行国徽赋予他们的神圣职责，或者在危急关头义不容辞地扶危救困，或者倾其一生来奋不顾身地护卫那象征光明与安全的“燃烧自己，照亮他人”的灯塔，但是无论是被大家记住的是英雄还是默默无闻的海事人，他们都有着海事人的共同点，那就是不畏艰难，忠于职守，数十年如一日，在同一个岗位为着同一个目标拼搏、进取；他们也有着鲜明的个性，有严谨如钟伯源，有机敏如李阿兔，有果敢如陈纪如，有高洁如陈义，有坚韧如肖伟如……这些不同时代和不同岗位的杰出代表，为海事文化

海事管理的杰出代表

续写着新的华章，透过他们的事迹，我们不仅看到海事文化所要彰显的精神和力量，同时也能初步领略到海事文化发展的历程。

钟伯源：中国海事的杰出代表

钟伯源，1950年9月毕业于上海交通大学航政系，1951年9月在上海中兴轮船公司“长春轮” 担任实习三副。1952年分配至天津港务局，此后，除了文革期间被扣上“中统特务”帽子的那段日子被迫离开过一段时间外，可谓将一生奉献给了海事事业。历任交通部原天津海监局局长兼监督长；天津航海学会罗经校正部主任；中国贸促会仲裁委员；大连海事大学特聘教授、天津大学分校海运专业联合办学业务指导委员会委员等职务，为我国新时期海事事业迈向现代化发挥了重要的推动作用。

中国海事的杰出代表

作为中国海事工作者的杰出代表，钟伯源的名字在国内外海事界声誉远播。

1979年国际海事组织在德国汉堡通过了《国际海上搜救公约》，公约主要规范国际海上搜救义务和行为。公约要求各国积极合作，在享有对等责任、权利、义务前提下，共同组建全球性海上搜救网络。钟伯源在公约生效之前就意识到，当时我国海上搜救在制度、程序、方法、船舶、设备、指挥、协调等诸多方面和国际海事界已形成的规则差距很大，需要与国际接轨，需要向国际通行的体系规则过渡，因而做了大量工作，他和同事们一起着手国际海事组织的一系列文件包括IMO搜救手册、商船搜救手册等的翻译和出版工作，并主持召开了多次研讨会、培训班。短短几年时间，一大批骨干人才培养出来了，原来国内许多人并不很熟悉的海上搜救体系建立起来了。

钟伯源在推动中国海事履行《海员培训、发证和值班标准公约》（简称STCW78/95国际公约）方面的作用也被业界广为称道。STCW 78/95公约是奠定21世纪国际船员技术标准的文件。钟伯源凭借他一贯的严谨务实坚持不懈的精神，完成了履约准备。由于准备工作充分、履约文件做得好，船员质量得到国际认可，我国成为首批通过IMO审核、首批通过船员质量管理体

钟伯源

系审核，被列入国际海事组织白名单的国家。

钟伯源曾经代表中国海事界多次出席国际会议，参加了联合国亚太经社会（ESCAP）在曼谷组织起草的《与港口相关的立法导则》；参加了《亚太地区港口国监督备忘录》多次准备会议、委员会会议和专家组会议，并负责该《备忘录》第一稿的起草；代表中国政府多次参加IMO会议，参与了ISM规则的起草工作；出席IMO海上安全委员会和船旗国履约分委会（FSI）会议。IMO A.500(XII)号大会决议就是钟伯源同志当年参加IMO会议时代表中国提出，并在工作组中与其他国家合作起草的。

钟伯源利用各种参加会议的机会与国际海事界权威专家学者进行广泛交流，深入了解国外海事管理、行政管理和港口管理的做法。自1984年到1994年，钟伯源一直作为中国代表团主要成员参加亚太地区PSC备忘录组织的主要会议和组织活动。钟伯源根据《巴黎备忘录》开展港口国监督的要求，首先在天津开展了对到港外国籍船舶的安全监督检查，对国内船舶实施船旗国安全检查，开创了中国船舶安全检查事业之先河，后经交通部海事局推广，使我国的港口国监督逐步实现了与国际接轨。正是由于他的远见卓识，中国海事在亚太地区推广船舶安全监督检查的工作中发挥了积极的影响。

钟伯源

1983年第12届国际海事组织大会通过了第466号决议《船舶监督程序》，其主要内容就是当外国籍船舶在到达目的港时，港口国当局对船舶适航、船员适任情况进行安全检查（PSC）。虽然这在当时只是指导性文件而非强制实施，但作为我国出席这次会议的代表团副代表，钟伯源敏锐地预感到PSC和FSC体现出海事管理机构安全监管从单纯行政监督转向行政监督和技术监督相融合的趋势，对海事系统今后的发展将有重大意义。此时国内海事系统对船舶实施的检查主要是临时性和突击性的，没有全国统一的规章、程序，也没有固定的时间和具体标准。因此，我国远洋船舶在国外港口遇到检查时，经常因为存在缺陷而被滞留。钟伯源除倡导天津港务监督率先在全国开展规范性船舶安全检查外，还率先举办多期培训班，以其精湛的学识和全面的技术储备对培训牵头把关，从制定计划、听课指导到最后检查审核都亲力亲为。

进入20世纪90年代，作为交通部海事局派出的专家，钟伯源同志走遍中国沿海港口，对首批开展PSC工作的港监机构和检查官员进行考核考试，不断对有事业心的年轻人进行培训指导，他的学生遍布全国。广东海事局局长汪湘涛回忆说："开始时广东海监局没有PSC检查人员，钟伯源同志就帮助我们开设了第一期PSC检查业务培训班。那一期培训学员现在都成了广东局的处长和分支局局长，成为支撑广东海事'由大变强'的中坚力量。"

经过3年实践经验积累、人才储备和技术准备后，1987年我国开始建立了一整套对外国籍船舶的港口国监督检查制度，并在天津和大连试点。钟伯源在这一年主持出版了内部交流刊物《船舶安全检查内部通讯》(后更名为《船舶检查》《船舶安全与防污》，现为《中国海事》杂志)，重点推广和交流船舶安全检查方面的经验、做法。而后交通部将天津的做法加以深化和推广，并出台了相关规章，为我国海事管理格局的形成奠定了基础。PSC和FSC大大加快了我国的船舶安全检查与国际接轨的步伐，不仅提升了海事部门的威信和地位，也提升了我国在国际海事界的地位。

在钟伯源退休前参加的最后一次国际会议上，会议主席专门请所有代表就钟伯源为该组织所做的贡献发表感言，赞扬他多年来为亚太海事组织推广PSC发挥的重要作用。

对于推动我国海事事业的对外开放与交流、促进我国海事各项制度与国际接轨、把中国海事经验融入国际海事体系建设，钟伯源都起到了无法替代的作用。

多个技术领域的行家里手

钟伯源一生关注天津港的发展，潜心研究适应不同船舶的天津港主航道底宽及深度的计算方法，时过多年，每当天津港主航道拓宽，人们在计算通航宽度深度的时候，还使用钟伯源论述的计算方法。在海事业务方面，无论是PSC、VTS的研究和实施，还是STCW78/95等公约，ISM质量管理体系的引进，以及参与IMO海上安全委员会及分委会的工作……钟伯源几乎在各海事专业的技术和管理领域都有不凡建树。

1984年1月14日凌晨，广州远洋公司旗下的万吨货轮"惠泉"轮在天津新港大沽口锚地锚泊时，第四货舱发生火灾，至05时20分该轮发出遇险求救信号，船员弃船。天津港务监督接报后立即组织施救工作。时任天津港务监督副监督长的钟伯源迅速抵达港监值班室参与指挥调度。"惠泉"轮在灭火过程中多个舱盖先后爆起。当时海上风力6～7级，阵风8级，火借风势不断蔓延，越烧越旺，船体部分烧红且不断发生爆炸，并伴有大量浓烟和有毒气体散出，给消防、救护、拖带等抢险工作带来极大困难，多次喷水、施放化学灭火剂、突击登船灭火均告失败，情势十分危急。钟伯源登上“沪救101”船驶近难船，详细了解货舱载货、各压载舱分布和各空气管的情况，果断做出“几个舱都有火，只有灌水才能灭火”的判断并指示在第二、第三舱的舷侧打孔注水。1月21日“惠泉”轮火灾被最后扑灭，船上所载100多吨轻柴油和600多吨重油没有发生着火和泄露。除“惠泉”轮轮机长不幸落水身亡外，其他船员和救火抢险人员均未发生重大伤亡。

海事调查是海事部门的一项重要职责。在现行海上交通事故调查处理条例的起草过程中，钟伯源根据国际通行做法和海事调查实践，提出了宝贵的修改意见且被采纳。如今我国海事部门已从过去的重调解转向重调查，从调解事故双方的经济纠纷转向维护公共利益。在钟伯源指导下，天津海监局较早开展了海事调查报告书的撰写和航政建议书的制作，较早地把事故调查工作的重心转移到行政调查上来。1998年天津海监局印制了《天津港海事案例选编》，钟伯源作为顾问认真审阅了全书。《选编》包括了自1969年到1996年发生的诸多海事案例，事故调查报告、相关数据、事故原因等都完整清晰。这些资料对提高海事监管水平、预防海上交通事故具有重要作用。天津的海上事故调查、查找肇事船的工作多年来一直走在全国前列。据统计，1969年至1988年天津港务监督查获肇事后隐瞒不报的外轮6艘次。1991年查找嫌疑肇事船事故11起，其中有3起交由天津海事法院处理。1973年塞浦路斯籍“阿波劳沙”轮碰撞“普渔412—10”、“普渔412—9”及“闽渔54—0321”机帆渔船后逃逸的特大事故，1985年日本籍“安德瑞那”轮撞沉“鲁长渔3007”轮后逃逸事故，其肇事船舶都是天津港监查获的。通过对碰撞时间、地点、船舶特征、碰撞痕迹、油漆、航迹等进行现场勘验采样，将木屑、油漆等标本送至南开大学测试计算中心检测等大量基础性工作，肇事船舶得到了应有的处置，海事部门的调查工作也收效显著。

钟伯源心系全系统，对兄弟单位的求助总是有求必应。珠海市政府为发展经济，1994年5月决定在珠海大万山水域开展水上液化气过驳，因当时这种作业国内既无先例又无相应管理规定，引起了一片反对声。为解决这一难题，他们邀请国内海事、危险货物管理专家参加研讨会。作为首席专家的钟伯源认真收集资料，仔细听取情况汇报，查看相应管理规定，还亲临作业水域，登上液化气母船（供应船）“world sky”号和子船（接受船），向船长船员了解安全管理状况。最后经充分论证，钟伯源大胆支持液化气过驳作业，同时提出一系列加强管理的要求，如需要“消拖”两用拖轮、船龄限制、天气限制、作业前船舶协议书等。他指出只要各种保障措施到位，在海上过驳比岸上装卸更安全。由于以钟伯源为首的专家组的支持，珠海液化气水上过驳作业得以顺利开展，当年的过驳量就突破100万吨。珠海的做法得到肯定与推广应用后，华东、华南的液化气水上过驳作业也迅速展开，很好地促进了当地经济与海事事业共同发展。

钟伯源还为多部国内海事相关法律法规、部门规章的制定与颁布倾注了心血。他参与了我国关于海上安全监管的综合性行政法《海上交通安全法》的翻译；他作为水上安全监督手册的主编，参加了交通部组织编写的交通行业最重要的一部综合性辞书——《水运技术辞典》的编撰；他还负责编写并翻译了《中国航路指南》（中英文）；《海员培训、发证和值班标准公约》的修改、翻译和出版，都由他亲自把关。他将自己的专长和毕生经验都贡献给了中国的海事事业。熟悉钟伯源的同志曾评价说："如果我国海事系统再多几个钟伯源同志的话，我们的整体水准就会上升一大步。"钟伯源是海事管理的杰出代表，也是海事文化的奠基人之一。他用自己坦荡的胸怀、宽广的视野、不懈的追求、无私的奉献精神，为海事文化所追求的安全、清洁、服务等理念打下了坚实的基础。

陈义：从团级干部到灯塔管理员

坐落在湛江硇洲岛的硇洲灯塔，是湛江著名的八景之一，它好似巨人一样屹立在离海边不远、海拔81.6米的马鞍山上。硇洲灯塔1898年由法国人建造，至今已经有一百多年的历史了。灯塔上由160块水晶三菱镜组成的水晶镜片组是整个灯塔的灵魂所在，每到晚上6点到次日清晨6点，从灯塔发出的强劲光芒，即使是在26海里之外的船也可以看到。

灯塔的后花园埋葬着一位老守塔人，旁边还建有这位老人的纪念馆和展览室，展览室里摆满了老人生前获得的各种奖章和奖状。在老人铜像的背后，是"灯塔光照大地，革命精神永存"12个大字，概括了老人的一生。

这位老人就是解放前参加革命、解放后毅然放弃城市优越工作生活环境的团级干部陈义。陈义1955年主动要求转业来到硇洲岛灯塔担任管理员，一干就是30年，直到1985年去世。

陈义可能是全国海事系统级别最高的灯塔管理员了。

20世纪50年代的硇洲岛，乱石遍地，荆棘丛生，条件非常艰苦，而且交通不便，物资贫乏，甚至连生活用水都只能从雨水中收集得来。但是硇洲灯塔直面太平洋的海上交通要道，负责指引来往中外船只的安全航行，陈义几十年如一日精心维护灯塔的正常运行，每天至少把灯塔内部和水晶镜片擦拭两遍，除此之外，陈义还积极开荒耕地，发挥自力更生，艰苦奋斗的精神，改善岛上的生产生活环境。

业余时间，陈义常常给附近的小孩子教授知识，给群众宣传党的方针政策；当别人遇到困难时总是热心帮助。20世纪80年代，和陈义一起守灯塔的朱其源有三个小孩，他的爱人却没工作，生活十分困难。陈义便把三个孩子的读书和穿衣费用全包下来，直到三个孩子全部念完了高中。一直是孤身一人的陈义，对生活有困难的同事和岛上的农民慷慨相助，自己却过着朴素的生活。他不抽烟、不喝酒，连手表也没有一块，穿的都是补过多次的工作服，宿舍里只有一张床和两个用木板钉成的箱子。

陈义塑像

硇洲岛支部书记陈学顺曾经和陈义共事多年。据陈学顺回忆，陈义在部队里立过四次大功，1955年复员时，他放弃了在大城市工作的机会，自愿到硇洲岛当了一名灯塔管理员。从上岛第一天起，陈义便全身心扑在灯塔上。在陈义70多岁的时候，组织上多次劝他办理离休手续，好安度晚年，他都不肯。他说：“办什么手续都可以，俺决不能离开灯塔，要义务为它服务一辈子。将来俺死后，请组织把俺埋在灯塔旁，石碑上写上灯塔工人陈义，俺就心满意足了。”80岁高龄时，陈义还说：“俺不算老，俺还要干它十年二十年呢！”

陈义因其杰出贡献多次被评为优秀共产党员、省劳动模范。

1985年8月12日早晨，陈义与往常一样登上灯塔准备关掉工作一夜的航标灯，就在他登上最后一个台阶，准备进入灯笼时，只觉一阵头晕，倒在灯笼口。就这样，陈义走完了他80年的人生历程，离开了他守护30年的灯塔。

根据他的遗嘱，陈义被安葬在灯塔的后花园里，日夜守护着硇洲灯塔和灯塔前那一片广阔的祖国海洋领土。

苏贵聪：红海湾上不落的北斗

苏贵聪是广东海事局汕头航标处遮浪岛灯塔管理员，1976年驻守遮浪灯塔，30多年来，他甘于寂寞、艰苦奋斗；立足本职、默默奉献；认真负责、敬业精业；视灯如命、爱岛如家，创造了灯塔维护正常率和正常发光率100%的记录，2003年，苏贵聪被中共广东省委授予“模范共产党员”荣誉称号。2004年，他作为基层党员的优秀代表，出席了广东省委召开的庆祝建党83周年座谈会，同年荣获全国交通系统“劳动模范”称号，2005年被评为“全国劳动模范”。

苏贵聪

遮浪灯塔高近百米，位于广东省汕尾碣石和红海湾之间遮浪岛上，香港至汕头海上航线的中点，是粤东沿海干线的重要航海标志。遮浪灯塔在苏贵聪手里经历了乙炔、蓄电池、太阳能电池三个照明时代。每一次设备更新换代，对只有高中文化的苏贵聪来说，都是一次挑战。2000年灯塔更换了国际上最先进的仪器，主灯是西班牙的、蓄电池是德国的、太阳能电池板是日本的……同事们说苏贵聪维护的是“联合国的设备”。

有一次，遮浪灯塔主灯的自动换泡机受高温影响发生变形，灯泡不能正常地被换上去。这个问题如果不能解决，主灯就没法亮。这时已快到下午下班时间，打电话请技术员来修，光路程就要三四个小时，肯定来不及了，怎么办？“这可是价值50多万元的洋设备呀，当时我很紧张，但只有试一试了。”这一试还真成了。

这可不是碰运气。苏贵聪平时认真学习灯塔构造原理，利用一切可以利用的机会向行家请教，摸索了一套初步诊断和治疗灯塔小毛病的方法。30年来，遮浪灯塔的任何故障都是在24小时之内得以排除，维护正常率每年都达到百分之百，高出交通部标准一个百分点。

苏贵聪还从单调、枯燥的航标灯养护中“擦”出来一套航标灯养护的规律：按照各种灯具设备不同维护保养的要求制定擦拭程序，固定使用8块不同的抹布，不仅使保养出来的器具达到了“洁、亮、新”的要求，而且延长了设备使用寿命，为国家节约经费近10万元。

灯笼是灯塔的心脏，只有5平方米，这就是苏贵聪常年工作的地方。南方炎热，密闭的灯笼里温度高达四五十度。从地面到灯笼要爬131级台阶，上到灯笼已是汗水湿透，他常常在灯笼里一干就是5个多小时。每年的航标大保养是最紧张的日子，他按程序高要求，使遮浪灯塔连续十几年夺得航标大保养优秀奖。近年来，上岛检查和参观的领导和同志们较多，为保持设备洁净，防止腐蚀，他制定了一条铁规定：凡是进入灯塔的人必须洗手、换鞋。2003年6月，汕头市直属机关党工委的领导参观灯塔，苏贵聪要求他们洗手，并解释：从海上乘船上岛的人，手和脚上难免会沾上海水，如果不把海水洗掉，在触摸航标设备时，就会把盐分留在上面，腐蚀设备。由于他的精心保养和维护，创造了灯塔31年维护正常率和正常发光率100%的记录，为这条重要航线31年无船舶航行事故做出了自己的贡献。

苏贵聪有130多本灯塔日志，记录了31年的守灯塔工作中遇到的各种情况、收到的文件、领导的部署以及周围发生的事情。

像几乎所有的灯塔管理员一样，苏贵聪也要面临两样不可回避的困难，一是环境艰苦，一是寂寞难挨。1976年，18岁的苏贵聪来到这个面积只有0.1平方公里的小岛。当时岛上不仅没有路、没有淡水、没有电，只有蚊子、老鼠和大蛇，两间50年代部队修建的旧房子就是他们的灯守房。渔民有句顺口溜是“三个老鼠一麻袋，四只蚊子一盘菜。”岛上的蚊子又大又毒，一旦被咬了，又痛又痒，抓破就会感染。

最难受的还是生活单调、寂寞。18岁的苏贵聪正是年轻小伙子。孤岛上根本谈不上文化娱乐，没有电视、没有收音机。刚开始，他与同事还可以说说自己的经历和故事。一段时间后，该说的话都说完了，该讲的故事都讲完了。只能白天看大海，晚上数星星，在房间里就只能是你看我，我看你，大眼瞪小眼。为了消磨工作之余的时间，他们想了很多办法，用积极的乐观主义精神战胜寂寞和精神压力。

苏贵聪有一条小船，它是遮浪岛联结外界的唯一纽带。多年来，孤岛上的工作用水、生活用品、器材和设备等，都是用这条小木船从岛外运来的，日复一日，年复一年，他摇着这只小船从大陆到小岛，再从小岛到大陆，几十年来，摇船往返距离相当于绕地球2周！1979年的8月2日，12级强台风正面袭击汕尾市，系在海边的小船在风浪中漂摇，如果不及时把它拉上岸，就会被大浪卷走。当时苏贵聪只想快点把小船拉上来，拼命跑到小码头，跳进水里，把小船拖上岸固定好。就在这时，一阵龙卷风把他卷起后抛到礁石上，顿时头破血流，不省人事。后来，还是海洋局的同志把他送到医院抢救，他才在整整昏迷了21天后醒过来，留下了明显的脑外伤后遗症。

还有一次，苏贵聪与同事完成保养工作后，划着小船回灯守房，没想到，才走了一半，一阵狂风巨浪打来折断了小船的木桨，小船没办法控制方向，任凭风浪摆布，很快就被推向外海……天越来越黑，风越来越大，浪越来越高，气温越来越低，情况越来越危急，真是叫天天不应，叫海海不灵，这时不远处驶来一条机帆船，由于天已黑得伸手不见五指，苏贵聪他们的船又太小，机帆船压根就看不见他们，紧急中，苏贵聪脱下工作服，把保养设备剩下的半瓶酒精淋在衣服上，点燃后用手摇晃做求救信号，机帆船上的人终于发现了他们，把他们救了起来。

一心扑在灯塔上的苏贵聪多年来对家庭欠下了大笔的亲情债，其中最让他感到内疚的是愧对妻子。女儿2岁那年发过一次高烧，直烧到深夜12点还不见退。苏贵聪的爱人急得团团转，无奈之下，抱着孩子冒着大雨朝8里外的村卫生所跑。到了卫生所，妻子已经浑身湿透，分不清哪是雨水，哪是汗水，哪是泪水。第二天，苏贵聪听说后赶到卫生所，妻子一见就扑到他怀里放声大哭。抱着委屈疲惫的妻子，看着病床上的孩子，苏贵聪感觉心好痛。

“灯塔就是我的家，我要像爱护眼睛一样守护着它。”这是苏贵聪发出的肺腑之言。

陈纪如：九江壮歌

陈纪如，高级工程师、高级政工师。1968年从武汉河专毕业，先后在长航上海轮船公司、九江港务局工作，1991年调入九江海事局工作，历任党委书记、局长兼党委书记、局长，2005年改任九江海事局调研员（正处级）。

在从事海事工作十几年时间里，身为九江海事局主要领导干部，他带领着九江海事局全体干部职工奋发图强，积极树立以人为本的科学安全观念，围绕水上安全监督管理这个中心工作，注重加强九江海事局“三个文明”建设的协调发展，不断开创海事工作新局面，有效地确保了长江江西段水上交通的安全畅通。在他的带领下，九江海事局连续四届八年获得江西省“文明单位”称号；连续两届被江西省委、省政府授予江西省“文明行业”称号。

说到陈纪如，不能不说1998年的那场洪水，不能不提那场洪水下的九江城。

1998年8月7日中午12时许，距九江市中心城区仅4公里的九江长江干堤4号至5号闸口堤段出现了大面积管涌。在这段大堤后面，是寄托着九江跨世纪发展希望的经济开发区。

13时10分，大堤防洪墙下喷出一股手指粗细的泡泉。13时30分，这眼泡泉变成了直径3米的大水柱。五六分钟后，防洪墙下冲出了一个六七米宽的大洞，喷出了6米多高的浊流。一条条棉絮堵不住，一袋袋碴石压不住，换用水泥块和块石仍然无济于事。正当人们奋力排险之时，13时50分，防洪墙突然塌陷，惊涛裂岸，洪水如孽龙一般撕

研究沉船堵口方案（左2为陈纪如）

咬着九江城防大堤，决口很快达到10米宽，长江洪水以400立方米/秒的汹涌之势倾泻而出，滚滚泻入九江西区。

决口迅速扩展，很快形成一条宽50米左右的溃口。洪水滔滔，向九江市区蔓延，局面一时无法控制。16时35分，大水漫到九瑞公路。上千名抢险人员也被大水困在了堤坝之上。能够用来堵口的物资和器材都用上了，连九江市委大院的土都取完了，用来堵口的一些编织袋中装的是大米、稻谷和煤炭，甚至包括一辆卡车、一艘过路的水泥泵船，但卡车被洪水冲走了，泵船刚近决口，便被漩流冲向堤外，将决口对面的一座厂房撞塌。

接到大堤决口的报告后，当时的九江市委书记刘上洋、代市长刘积福等市领导纷纷赶到现场。时任中央军委主席江泽民、国务院总理朱镕基、中央军委原副主席张万年都打来电话，时任国务院副总理的温家宝赶到九江现场指导抢险。接到防汛指挥部命令后，陈纪如乘坐港监042号艇火速赶到现场。代市长刘积福立即登艇，指示不管花多少代价，都要找一条大吨位的大船来堵口。陈纪如很赞同他的沉船堵口方案，同时补充了意见，即堵口的船必须要重载吃水深，这样才能挡住洪水；船身要长，要大于决口的宽度，才能横跨在决口上。他们乘坐042号监督艇沿江而下，在决口处一公里附近发现了一条大船——甲21025号，长达75米，宽3米，吃水深2.5米，更巧的是船上还满载着1 600多吨煤块，正符合堵口的两个条件。

21025号煤驳是中国长航集团武汉长江轮船公司的大型运输船，正为扬子石化运煤，从武汉开往南京，7月20日到达九江，准备在九江换拖。27日长江封航，只好在九江停泊滞留。他们在不远处又找到了两条动力船——奉港501号和鄂襄阳012号，用来牵引和推动21025号煤驳。

这时决口处的江水已形成了一个巨大的漩涡，水流湍急。沉船堵口稍有不慎，吨位达1600吨的煤船就会冲进决口，撞塌堤坝，后果不堪设想。

“抛锚，慢慢让大船靠向决口。”当煤船接近决口时，陈纪如果断命令拖轮抛锚，拉着煤船缓缓地横着向决口靠近。50米，40米，30米，巨大的煤船离决口越来越近了，终于在10米外停稳，正好横堵在决口处。现场堵口指挥部迅速调来6条小驳船和一条拖船，分别沉在煤船的两头和外侧。顿时，决口水头明显降下来，但江水仍然从船底和沉船之间的间隙涌进决口。抢险大军接着在大船两侧将3条60米长的船先后沉底，上千军民抓紧时机往沉船附近的江里抛石料。最后，决口处一共沉下7条船，才将洪水的凶猛势头遏制住。

21025号煤驳沉堵成功，一是大大减缓了洪水的流量，为群众尤其是城西数万群众的安全转移赢得了时间，二是使决口不再扩大，为封堵决口创造了有利时机，三是为部队构筑第一道围堰提供了坚实的平台和依托，四是为以后构筑钢木土石坝提供了稳固的支撑，五是极大地鼓舞和坚定了广大军民封堵决口的信心。这条大煤船不愧为九江的“救命船”、“再生船”，而献出煤船的船主和在封堵决口中沉着指挥的陈纪如都将被九江人民永远铭记在心。

陈纪如

在以后连续15天的堵口战斗中，陈纪如和九江市代市长一起，每天指挥120余艘船舶运输抢险物资，直到最后决口合拢。为了表彰他在抗洪抢险斗争中临危不惧、沉着冷静、无私无畏的精神，国家防总、人事部、解放军总政治部联合授予他“1998年全国抗洪模范”荣誉称号，全国总工会授予他全国“五一”劳动奖章，作为抗洪英模代表参加了全国抗洪抢险总结表彰大会，受到党和国家领导人的亲切接见。

李阿兔：海测土专家

2004年6月18日，上海海事局开展“远学许振超，近学李阿兔”活动。2004年10月和11月，《中国水运报》和《中国交通报》分别报道了李阿兔的先进事迹。

李阿兔，上海海事局海测大队测量队的电测组组长，在海测大队里，上到大队领导，下到普通职工，都尊敬地喊他一声“阿兔师傅”。

1974年，李阿兔从南京航务工程学校毕业，进入单位从事的就是测量工作，到如今已超过30个年头。在30多年的测量工作中，他努力实践着“尺幅千里，追求卓越”的精神，把最好的青春和年华奉献给了海测事业。

在这30年中，为了自己深爱的测量工作，李阿兔曾在珠海三灶的一个无人小岛上，冒着中剧毒的危险，走过被碗口大小的彩色蜘蛛覆盖着的小路；也曾在近40℃的酷暑下，为了测量一个数据，在一个直径仅为一米的灯标上一动不动地站了数小时；还曾经在冰天雪地里连续工作六天六夜而不眠不休。他像爱护自己的孩子那样爱护设备，即使没有外部作业，他也认认真真、一丝不苟地做好保养工作。

30年里，每次遇到紧急任务，阿兔师傅不管手边有多重要的事情都通通放下，第一个收拾妥当准备出发。2003年6月19日，重庆地区长江航道内发生两船相撞的特大水上交通事故，“涪陵10号”轮当场沉没。交通部急电通知天津、上海两家海测队赶往重庆勘测。为了及时找到沉船位置，领导要求扫测小组紧急赶赴现场。

那天正巧是双休日，阿兔师傅准备帮着妻子搬新居，这是他工作了30多年，企盼的心愿。然而手机响了，局领导要他马上带领海测组奔赴重庆。他老妻不满意了，老头30年来就没有好好休息过，好不容易挤出个周末，却又有新的任务。李阿兔知道事情的严重性，没有办法，只好跟老妻说一声对不起，拎起小包跨出了家门。

李阿兔（中）

李阿兔没有辜负上海海事局领导对他的期望，连续工作了48小时后，第三天上午10点钟，阿兔找到并准确定位了沉船的位置。

说李阿兔是土专家，有两层意思，他大名阿兔，上海话土兔同音，不再叫他“阿兔”，而叫阿土。另一层意思，专家前面加一个“土”，表示他是自学成才，没有上过大学，没考过硕士、博士，也没有出国留洋，但他的海测技术又是一流的，连那些洋博士、洋专家、大教授都测不到的东西，他阿兔能测到，而且准确无误。在重庆事故扫测现场，很多其他单位的人员听说阿兔是沉船扫测方面的专家，都有点惊讶，他们很难想到，这个像农民的小老头竟然是海测专家。

李阿兔做事认真、仔细，不怕苦不怕累，能连续作战。他开始学习英语的时候，已经到了不惑之年。李阿兔有自己的“死办法”：在英语旁边注中文，戴着老花眼镜跟电视上老师学英文，打开收音机听英文，早上起来背英文，连上厕所也不忘背英文。就这样死记硬背，他掌握了英语。虽然无法说流利标准的英语，但是他笔译进口科技说明书绝对一流，英语达到专业八级的大学生也要甘拜下风。1986年，海测大队从美国引进了全新的微波定位仪，厚厚的几本操作说明全是英文，领导把研究使用方法的重任交给了阿兔师傅，他放弃了所有休息时间，用了不到2个月的时间，就能熟练地操作这台“洋设备”，并用它完成了杭州湾航道测量、厦门港全测工程等。

阿兔师傅有20本厚厚的笔记本，里面工整地记载了从事测量工作以来，阿兔师傅所接触的每一台仪器的中英文对照操作程序。

2001年6月，美国专家到海测大队进行新型便携式多波束系统的安装、调试工作，此前制定了2套换能器安装方案，然而在实际操作中都遇到了问题。安装工作就此搁置。还是阿兔师傅琢磨出的方案解决了难题，而且既方便了换能器的安装和拆卸，又保证了安装位置的唯一性，安全可靠且非常实用。美方专家查尔斯博士还将“阿兔”方案作为了多波束系统安装经典实例之一在讲学中应用，特别强调了这是理论知识和实践经验的成功结合。

现在，阿兔师傅的这些笔记都成了“传家宝”，同事们总爱翻着看，他们说，这些都是阿兔师傅从实践中总结出来的，实用、易懂。

阿兔师傅的徒弟多是出了名的。很多人都愿意到电测组来学习，因为这里不仅有海测大队最好的仪器设备，而且还有一位会把自己知识毫无保留、倾囊相授的阿兔师傅。徒弟们都说跟阿兔师傅学东西，实用性特别强。他会把自己从实践中总结摸索出来的规律，全盘传授给徒弟们，使他们少走很多弯路，少跌很多跟头。

徒弟们说，阿兔师傅批评人也是从不留情面的。据说他带过的所有徒弟，都挨过他的骂。学习态度不端正要骂，不长记性要骂，操作失误要骂……遇到谁不爱惜设备，他更是骂到你抬不起头来。但是没有人记恨阿兔师傅，因为阿兔师傅不管做什么，都是以身作则，这个榜样树得正，站得直。

光阴荏苒，一晃就是30年。阿兔师傅说：“既然选择了把海测作为自己的终身职业，就必须要有所担当。”这不是什么豪言壮语，但却铿锵有力，因为，这是阿兔师傅用30年的时间做出的证明。

张铁军：青年专家

大海虽然广阔，却不允许船舶任意地徜徉，而必须沿着既定的航线小心行驶。说到这里，就不能不提到海事测绘，没有周密、细致的海事测绘，海图就不存在，没有海图，驾驶员就无法准确地找到航线。海事测绘，是以航海安全保障为目的，研究和测量地球表面水体，包括海洋、江河、湖泊，以及水下地貌的一门综合性测绘科学。

为实现交通部“沿海航标亮起来，通航秩序好起来、水上事故降下来”的目标，海事测绘为通航管理提供服务的广度和深度在逐年加大。应用丰富的测绘信息和海事管理信息，海测部门开发了大量专题海图和电子海图，这些资料供各级海上搜救指挥中心、船舶交通管理服务和船舶引航使用，促进了海事管理水平的不断提高。

现场测绘“张铁军”（前）

天津海事局凭借先进的技术手段和良好的技术素质与敢打硬仗的顽强作风，圆满完成了大连5.7空难飞机残骸与黑匣子定位、长江三峡库区航路扫测、小浪底“明珠二号”沉船探测定位、黄河有始以来第一次规范的航路扫测等急难险重任务，彰显了新时期中国海事的风采。

张铁军就是海测队伍中的优秀一员。

张铁军，天津海事局海测大队副大队长，1990年毕业于武汉测绘科技大学，一直工作在海洋测绘生产、科研和管理第一线，2005年，被人事部和交通部评为全国交通系统劳动模范。

在多起重大的海难事故中，我们都可以发现张铁军和他的天津海测大队的身影。

在进行黄河小浪底“6·22”沉船扫测时，水下淤泥有40多米深，沉船深陷泥中，为淤泥所包围，形成了一层“保护膜”，这使得扫测工作变得异常艰难。张铁军带领扫测组运用多种扫测手段，精心分析各种数据，终于在淤泥中找到了沉船。由于定位准确，潜水员捞起了8具遗体。

寻找重庆涪陵“6·19”沉船是天津海测大队首次在长江作业。作业环境与海上有很大区别。长江水情复杂，事故段水流湍急，水质浑浊，而且漩涡众多，测量船的航向不易控制，很容易被水流冲击得东摇西摆，而漩涡又非常影响声波在水中的传播质量，导致扫测的结果出现偏差。面对巨大的挑战，张铁军带领的天津海测队从容应对，与上海海测队员们一起，圆满完成了扫测任务。

2004年10月31日晚，天津新港由于船舶碰撞导致25桶糠醇落海。糠醇是一种无色易流动液体，与皮肤接触或吸入蒸汽有害；其蒸汽与空气形成爆炸性混合物，遇明火、高热或与氧化剂接触，有引起燃烧爆炸的危险，遇无机酸和某些有机酸可能引起爆炸。在危难之时，张铁军率领海测人员星夜赶赴事发现场，组织扫测。在测扫声呐连续作业近8个小时后，发现了一个可疑浅点信号，据分析是碍航物。但经过加密测量与潜水员下潜后，证明不是危险品糠醇桶，现场人们一片茫然。下一步该怎么办？采取什么措施？张铁军同扫测组认真分析情况，决定变更方案，在扫测的第二天进行全覆盖测量。测量船在港区往返穿梭，船上张铁军镇定自若，和队友们认真判读寻找可疑浅点。就在当日下午，确定了第一个落水糠醇桶的位置，于傍晚打捞出水。而后，糠醇桶被陆续发现并打捞，任务圆满完成。

2004年“11·21”包头空难事故发生后，黑匣子的打捞成为众人瞩目的焦点。在连续三天打捞未果的情况下，11月23日下午，交通部调派天津海事局海测大队到事故现场搜寻黑匣子，张铁军又是领头人。24日上午，仅用了4个小时，两个黑匣子相继被成功打捞出水，为空难事故的善后处理和分析事故原因做出了重要的贡献。

张铁军说：“应急扫测不仅仅是技术上的问题，更多的体现在国家最需要时，发挥关键作用，对国家对人民负责。”

张铁军本是学陆地测量出身，但凭着一股刻苦钻研的精神，通过十几年的工作与学习，已成为我国海洋测绘领域的学术带头人之一。他将GPS技术成功地应用于沿海港口基础控制网的建立和海洋测绘，显著提高了我国海洋测绘生产效率和精度。他负责的沿海23个差分基准台站在WGS－84世界大地坐标系中精确位置的测定，经国内权威专家鉴定，测量结果达到了国际先进水平。他三次负责全国RBN－DGPS系统的陆海测试工作，测试数据得到了国际海运界的认可和高度评价，1999年获第六届国家工程勘察金奖。

张铁军主持完成了全国沿海地区不同大地坐标系统之间转换参数的计算和测试工作，统一了全国海洋测绘基准，为出版WGS－84海图、促进国际海图交换奠定了基础。从1995年开始，张铁军主持多波束、侧扫声呐、磁力仪、浅地层剖面仪等海洋综合探测设备的引进、测试、开发和推广工作，这些设备的成功使用，提高了海事测绘队伍的整体实力和快速反应能力，并在港口航道测量、通航尺度确定、碍航物探测等方面发挥重要作用。2001年起，张铁军主持完成了北方海区14个沿海港口GPS高等级控制网的更新改造工作和北方海区所有灯塔灯桩的精确定位。

张铁军还先后主持完成多项海洋测绘新技术的研究开发项目，综合应用GPS、GIS、RS的最新成果，先后主持完成了“数字港口模型建立”等多项海洋测绘新技术的研究开发，适应了测绘技术数字化、信息化的发展要求，提高了我国航海保障技术水平，使我国航海保障技术水平又有新的跨越，为“数字海事”建设做出了突出贡献。

2005年，张铁军被评为全国劳动模范，作为IHO海道测量信息系统需求委员会（CHRIS）的中国代表，他深感责任重大：他希望为建设海事信息化、建设海洋强国，做出更大的贡献。

周秀高：最小边关的海事处长

同江海事处前身是黑龙江航运局同江港监站，成立于20世纪60年代中期。同江市就是一个边关小城，海事处远离市区，靠近松花江和黑龙江交汇的三江口，是水路一类开放口岸，与俄罗斯下列宁斯阔耶市隔江相望。从事国际航线运输的船舶从这里进入界江。这里前面是辽阔的松花江，身后是无边的旷野，一片荒凉。冬天的温度最低可以达到零下38度，滴水成冰。一到夏天，蚊子、小咬特别多，走路时双手要抡着两条毛巾，停下来就会被成群结队的蚊子叮咬，打一巴掌，满手是血。

独特的地理位置，艰苦的工作环境，不同寻常的工作任务，维护国家主权的涉外职责，让周秀高和他的同事们有了平凡而又感人的人生经历。

服务地方经济

同江海事处辖区内聚居着我国人口最少的民族——赫哲族。几年前，不少赫哲人在黑龙江上经营起旅游船，有许多不规范的船只。为了维护正常的运营秩序，他们严格执法，取缔“三无”船，杜绝非法载客和无证驾驶。为了不使少数民族船民产生抵触情绪，周秀高带着监管人员，带上相关文件，走进赫哲人的家里，在炕头上讲解我国海事有关的法律法规。一讲就是3个多小时。真情感动了赫哲人，他们拿出自家的酒，一定要跟他喝酒。现在，赫哲人见了他都以大哥相称。他们还帮助赫哲族船民解决了许多具体问题，配置了救生、消防设备。尽量让他们少花钱或不花钱。赫哲族是一个讲义气的民族，他们说自己“吐出的唾沫都是钉。”如今，他们主动接受海事处的指导和监管，使旅游船合法、安全地运营。黑龙江海事局局长说：“周秀高的人格魅力，使得船主都不忍心违法。”

随着黑龙江省沿江经济的发展和对

周秀高（右）利用冬季组织对海巡艇进行检修

外开放的力度增大，水上交通运输呈现越来越大的需求。同江海事处着眼于同江市委市政府希望他们做的事情，广泛建立了与地方政府的协调沟通机制，主动为地方政府分忧解难，拓展服务领域，提升服务水平。

同江市是黑龙江省重点开放口岸。2006年，政府为加大黑龙江非通航期江上过货量，实施了同江东港和俄罗斯下列港之间搭建横跨黑龙江的浮桥工程。周秀高他们主动靠前服务，积极向当地政府提出合理化建议，并协调验船师深入建造现场，不分节假日，常驻在那里，加大现场检验力量，为浮桥建造严格把关，对不符合规范的要求及时整改。在办理浮桥用船舶登记、安检过程中，他们顶风冒雪坚持在寒冷的现场，登船办公，缩短办证时限，简化登记手续，较短时间内完成了组建浮桥所需的30艘浮船的登记查验工作，为抢在黑龙江流冰期到来之前浮桥完工并投入使用赢得了时间。

团队建设

同江海事处共有7名执法人员，平均年龄超过52岁，最早的是上世纪70年代来的。30多年的光阴，伴随他们的是艰苦和寂寞、繁忙和琐碎。他们像那里的农民一样，每天日出而作，可又与农民不一样，日落还要值班、巡查，冬天北方的农民都躲进屋子里猫冬了，他们却要在冰雪中值班，在这边陲小城，忠诚地履行着海事职工的职责。

他们最爱唱的一首歌是《中国海事之歌》："云水间铸造忠诚，风浪里尽显本色，我们就是江河湖海的魂魄！"。夜深人静的时候，在巡回的路上，这歌声可以给他们壮胆，天寒地冻的时候，在江边值班，这歌声可以给他们取暖，他们的心中永远有一个坚定的信念，那就是：我们是镇守边关的海事职工。

在同江海事处，周秀高既是领导，也是普通一兵。分管的具体工作一点都不比别人少。同大家一样，办理船舶登记、签证、出现场，做例行的安全检查。在海事处，他把自己放在年轻人的定位上，遇事往前站。炎炎烈日下，刺骨寒风中，哪里有困难，哪里有危险，哪里就有他的身影。海事处有一个9米高的旗杆，每年6月松花江枯水期都要升挂提醒船舶签证的信号旗。因为设备简陋，每次挂旗都得有人爬上去。一遇大风，就很危险。这件事，周秀高从来不让别人做。原因很简单：这事危险。对于比他年老的，他说："你腿脚不如我灵活，我来。"对于比他年轻的，他说："你不如我熟练，我来。"总之，多年来，挂旗的工作被周秀高"垄断"了。

为了安排家在外地的同志探亲，周秀高替他们昼夜值班。老职工曹立明的妻子得了脑血管梗塞，生活不能自理。他立即安排了她老伴的住院事宜，还请了当地名医参加会诊；前几年，老船长胡祥因为儿子的事急需1万元，他立即从家里拿钱借给胡祥，解了燃眉之急；还有一名老职工，购房款凑不齐，眼看就要耽误大事，他找到自己的亲戚朋友借钱，为老职工凑够了房款。

在执法过程中，有时遇到暴力抗法，周秀高总是冲到前面，保护自己的同事。其实遇上大事，他也有腿软的时候，也有害怕的感觉。可是，他必须顶住。他的角色不容许他退缩。"退缩了，就是给海事人这洁白的制服上抹黑。这是打死也不能干的事。"

一年夏天，他一个人在三江口值班，连续一个星期，白天黑夜，面对着数不清的等待签证和现场检查的船舶，吃饭和睡觉的时间都被打乱了。后来，他也不记得自己睡过觉没有，吃过饭没有。到了第7天，他感到自己精神恍惚，大脑不灵了，腿脚麻木了，但是他一直坚持到来人接班，这是他经历的一次极限挑战。

上级曾经考虑过把在同江海事处干了20多年的周秀高调到条件好一些的地方去，周秀高没同意；党校的一位同学要帮他调到南方条件较好的单位也被他谢绝了。他说："我就是三江口的人，退休之前，哪儿也不去。我舍不得离开我和几代人曾经付出心血和努力共同建设的三江口，这里也离不开我。"

同江海事处是由20世纪50年代建造的两排砖瓦房围成的小院。每到夏天，院子里满是红红绿绿的西红柿、黄瓜、辣椒、包谷和鲜花，这既营造了一个优美的环境，又解决了吃菜的问题。这是周秀高他们亲手种的，这些蔬菜瓜果不施化肥、不喷农药，绝对新鲜，是真正的纯天然、纯绿色蔬菜。每每有上级领导来这儿，还都能一一品尝得到。

周六是海事处的劳动日，不管条件多么恶劣，都要进行劳动。他们修整庭院、平整路面，栽树种花、种菜锄草。看似平常的劳动其实是为了锻炼队伍，磨炼成员的意志，培养大家不怕困难、战胜困难的精神。每年最炎热的时候，同江海事处都邀请部队派干部对他们进行军训，培养团队成员间的协同能力，周秀高先是提高大家的个人素质，激发每个人的“潜力”，最终形成强大的“合力”。他们开展了大练兵活动，在具体工作项目中，各工作项目间开展竞赛活动，例如利用航线巡检深入港区、航段对各类船舶进行违法行为的查处，比谁能发现问题，谁先发现违法。在具体工作中，比谁的失误少、比谁的工作规范，比谁的创新多，形成了良好的积极进取的工作氛围。他鼓励大家开放交流，加深了解、增强信任。他们每月开展一次工作人员失误点评活动，不定期组织交叉互检，都是挑毛病、找缺陷，大家都能够正确对待批评意见，虚心接受建议，建立了良好的沟通渠道，形成了全员参与的良好氛围。

同江海事处是一个洋溢着浓浓亲情的大家庭。每到周末，三个办事处的监管员，都会聚到三江口吃饭，每个职工的生日都会有一次欢乐的聚会。每年夏天，周秀高都会把家属们请来搞一次联谊活动，让家属们了解丈夫的工作性质。现在，监管员不能按时下班回家，绝对没有家里的电话催促。

同江海事处连续15年被黑龙江、佳木斯海事局评为先进集体、优秀党支部；获得过地方政府授予的“文明共建先进集体”、“支持地方对外贸易经济建设先进单位”等荣誉称号。2000年被交通部海事局命名为“全国海事系统文明执法示范窗口”，成为我国海事系统在东北边疆的一支品牌团队。周秀高本人先后被评为“明星站长”、“文明职工标兵”、国家人事部和交通部联合授予的“全国交通系统先进工作者”，“全国海事系统先进个人”等称号。

执法如山

同江口岸是我国对俄罗斯开放的一类口岸，是中俄各类船舶进出黑龙江的咽喉要道。海事执法工作者每年要对所有进出界江的中、俄船舶依法进行检查，查处违法行为，维护水上交通秩序。而每年的11月和3月，是黑龙江和松花江气垫船国际客运的特殊时期。这期间，气温常常在摄氏零下30多度。海事处的职工到现场检查，经常会遇到特别恶劣的风雪天气——“大烟炮”，空旷的江面上，西北风夹带着大雪一路狂吼。那种雪花是无孔不入的，不知道从哪里就钻进了衣服里面。“烟炮”打到脸上就像刀割，在风雪中坚持现场监管的同志们，脸和鼻子常常会被冻伤。但是，保障安全是海事人员的天职。无论气候多么恶劣，对于气垫船的检查一艘也不能漏掉。为了控制旅客超员，排查事故隐患，保障气垫船冰上快捷、畅通，常常一天要在江面上坚持工作十几个小时。

同江海事处辖区内的同江港和哈鱼岛新港是两个主要对俄开放港口。由于受到了航道水深的限制，大量的大吨位俄罗斯货船需要在同江港周转。他们经常深入港区、锚地，对俄船的航行、停泊和作业进行现场监督管理，对他们违反我国法律法规的行为，严格取缔，维护国家主权和形象。2006年7月的一天，在同江港锚地航行检查时，发现俄罗斯一推轮将我国国旗挂反，周秀高立即找到船长，严肃指出这是一种违反我国有关船舶悬挂国旗规定的违法行为，必须立即纠正。俄方船长马上道歉，并亲自将我国国旗按照规定重新悬挂。这一维护国旗尊严的行动，更赢得了俄方的尊敬。

2007年是中俄友好年——“俄罗斯年”，作为海事人，更要为中俄友好做出贡献。同志们在对俄船进行有效监管的同时，做好服务工作，在不违反原则的情况下，尽可能为俄船提供方便，以实际行动展现海事服务宗旨，助推友好年的顺利开展。在办理进出口岸手续时，不拖、不推、不靠、不等，并坚持24小时值班在岗。为了保障界河水上交通安全，他们通过外代与俄方同行取得联系，通报相关情况，征求他们对船舶安全监督管理等方面的意见和建议，共商中俄界河安全之大计，既保证了辖区界河双方船舶的安全，又增进了双方的友谊与合作，赢得了俄方同行的好评。

2006年3月23日，同江口岸哈鱼岛和俄罗斯下列宁斯阔耶之间气垫船运输开通前一天，下起了大雪。40多公里的路程，厚厚的积雪下面是尚未融化的坚冰。为了气垫船运输准时开通，周秀高亲自驾车去做船舶的安全检查。完成工作后返回同江时，汽车翻进了三米深的沟里，所幸他还活着。

不断学习，不断进步

黑龙江海事局实行电子“一卡通”签证和收费系统以及查验工作的报表和数据统计的电子报表之初，同江海事处的同志没有因为年龄的原因放松对自己的要求，他们把业余时间全用在了学习上，从汉语拼音学起，他带领同事们打起了一场“数字”攻坚战。初春季节，没有暖气的办公室像冰窖一样。他们的学习几乎进入了忘我状态：手冻麻了，用力搓几下；腿脚冻僵了，到外面跑几圈……佳木斯海事局一位领导看到这种情景，给他们特批了两台电暖器。谁知耗电大得让职工们心痛，电暖器成了摆设。如今，同江海事处的每一个职工都能够在电脑上熟练地完成船舶登记、造册和文字录入。同江海事处又向“数字海事”迈进了一步。

海事处还根据辖区工作特点，开展了学习俄语活动，把《中俄河运人员会话手册》作为教材，并在海事事故处理、联合工程监护和联合安全检查中交流实践，使得同志们的俄文应用水平不断提升。

2006年7月，交通部长李盛霖来到同江海事处。在简陋的平房前，部长充满感情地对周秀高说：“你在这里干得很好，工作20多年，一直在海事执法工作的最前沿、最基层。你在这里镇守边疆，这么长时间。我看了你的事迹，很感动。你是我们交通海事系统最基层的干部，既是黑龙江省交通战线的先进人物，也是全国交通战线的先进人物。这次到黑龙江来看望你，感谢你给我们全国交通系统树立了榜样。我看你带的这支队伍也非常好，也是多年的先进单位，我代表部党组问候你，以后我们还要要求全国海事系统的领导干部都向你学习。”部长的鼓励给了他极大的鞭策，周秀高说，自己一定要更加努力的工作，为海事系统这座大厦添砖加瓦，为保卫和建设祖国边疆贡献全部的力量。

肖伟如：阳光海事践行者

“阳光海事”的本意是通过海事系统广大干部职工依法行政、有效监管、文明执法、优质服务，体现执法为民的本质和目标。它要求海事人在执法过程中，秉承公正透明、廉洁高效、文明规范的原则，而广东东莞海事局执法大队大队长肖伟如是数万海事执法工作者当中较有代表性的一位。他不仅做到了公正、廉洁、不徇私情，而且通过耐心细致的解释、沟通，争取到船公司、行政相对人的理解和支持，让海事执法的意义——维护水上交通安全、保护船企及个人利益——如阳光照亮行政相对人的心底，从而赋予阳光海事更丰富的含义。

肖伟如1995年跨入海事执法岗位，创造了一年之内摸透一万多艘在册船舶的状况、摸清了650多公里航道及1200多公里海岸线通航环境的记录，从一名水上安全监督工作的新兵成长为一名业务骨干，人称沙田海事处的“活海图”。他“把工作当事业来干”，勤奋学习、业务精湛，依法行政、文明执法，在平凡中追求卓越，多次被评为“先进工作者”和“优秀共产党员”，2003年被交通部海事局评为全国海事系统“十大文明执法标兵”。2006年被授予全国“五一劳动奖章”。

在肖伟如心中，安全责任大于天，他时刻践行作为一名海事人所肩负的沉

肖伟如

甸甸的责任。

有一次，肖伟如带队在沙田港区巡航，在检查中发现沙田杨公洲对开河面停着一艘油船，行迹可疑，按常规那个水域平时是很少锚泊油船的，他们马上靠泊上船检查。但检查完各种证书和人员情况后，没有发现什么问题。难道是判断出错？他再次将船舶的现有吃水情况与航海日志、油类记录簿的记录，以及GPS上的显示船位一一进行对照，分析推断该船可能已卸下了部分油品。经过对船员的仔细询问和进一步的调查，船长终于承认了未经批准，利用夜间偷偷进行危险品水上过驳作业的严重违章行为。最后，按照规定对该船进行了处理。

20世纪末以来，东莞经济快速发展，建筑市场十分繁荣，建筑材料供不应求，一座座砖瓦厂应运而生。这些砖瓦厂一般没有规范的码头，用老破旧船甚至是“三无”船运输建筑材料，船工大部分没有船员资格证书，超载营运十分普遍，对海事监督“你进我退、你来我避、你走我运”。有的甚至直接对抗，拿砖头砸巡逻船，巡逻船的挡风玻璃都被砸坏过几次。

1998年5月的一天，肖伟如正在沙田辖区巡航。突然接到总值班室通知：在沙田河口对开河面，有一艘货船在航行中出事，整条船翻扣在河面上。肖伟如和同事开着快艇第一时间赶到现场，迅速把落水的船主夫妇救上了快艇。但是，惊魂未定的船主妻子指着沉船大哭大叫：“我的3个小孩还在船舱里呀！”肖伟如和同事再次跳下水，扒开阻塞的杂物，将困在船舱的3个小孩一个个抱了出来。可惜的是，由于溺水时间太长，3个孩子永远地闭上了眼睛。小孩的父母捶胸顿足抱头痛哭。肖伟如的心情非常沉重，更加深切地感到，作为一名水上安全监督的执法人员，必须时刻以维护辖区安全为使命，以保护人民群众生命财产为神圣职责！

2003年，海事系统进行执法模式改革，东莞海事局作为试点单位，成立了执法巡查大队，负责全局的动态执法管理和应急处置的协调指挥工作。肖伟如作为执法大队的大队长，工作任务更加繁重，责任更加重大。手机是24小时待命，经常在晚上甚至半夜接到总值班室的紧急电话，立即展开应急处置，确保辖区每宗险情都得到及时的处理和化解。

海事执法人员手中掌握着国家和人民赋予的执法权力，只有正确对待和使用好手中的权力，才能确保水上安全监督的责任落到实处，才能维护好海事部门的形象，否则后果不堪设想，自己也很容易走上歧路。

有一次，肖伟如一个朋友的亲戚的船因违反航行管理规定而被执法大队查扣了证书。这个朋友找到肖伟如说："大家平时工作都很忙，难得见面，下班后叙叙旧、吃个饭"。肖伟如当然明白朋友的意思，直截了当地跟他说："如果没有你亲戚被查扣证件的事，这顿饭应该吃，而且是我请你。但因为今天这个情形，这顿饭我是不会去吃的。"看到朋友面有难色，肖伟如耐心地跟朋友解释："船舶安全不是小事，如果我们执法不严，发现安全隐患不纠正不处理，那就是渎职，甚至是犯罪。我想你绝对不愿意看着你亲戚的船冒着危险跑运输，也不希望我这个朋友犯错误吧！"

进入海事队伍以来，肖伟如经常碰到类似的说情，他始终坚持原则，以向人民生命财产高度负责的态度断然拒绝，因此，有人说他是不顾亲情的"死古板"。但他坚信：最严格的监管才是船舶安全的保证，才是对亲朋好友的真心爱护，而徇私枉法是对船员、对社会最大的不负责任，甚至是犯罪。

肖伟如经常提醒自己；既要严格执法，更要通过自己的努力，为船员多做好事实事，为船舶安全航行提供优质的服务。

2005年，市政府决定对东莞水域进行炸礁疏通航道，这在一定时间内将给东莞水道的通航安全带来较大的影响。当时正是东莞水道的枯水期，尽管施工前采取了一些有效措施，如组织有关船公司开会宣传，把水道实行交通管制时间、方式、注意事项通报给他们，希望船舶绕道航行或调整船期，减少东莞水道的交通流量，减轻通航安全压力。但炸礁工程开始后，仍然发现有部分的运沙船航经东莞水道并发生了搁浅事故，对船舶安全航行造成了威胁。虽然在现场多次对他们进行了宣传讲解，但收效甚微。部分船员甚至不理解，认为绕道航行会增加运输成本，减少收入，因此铤而走险。为了解决这个问题，肖伟如他们找到了这些船舶的船公司，然后跑到广州黄埔与这几个有关船公司的管理人员进行座谈，向他们详细通报了东莞水道的有关安全情况和管理部门的具体要求，建议他们的船舶在炸礁期间尽量绕道航行，以保证船舶的安全。他们对肖伟如把安全工作送到家的做法既感动又感激，船公司的经理对肖伟如说："你们海事部门真有心，主动跑这么远给我们做宣传教育工作，这是我们的福气啊！我们一定教育船员按规定航行。"

这件事使肖伟如认识到，当行政相对人有违法违章行为时，自己要依法行政，但当他们遇到困难，或在特殊情况下对有关的规定要求不理解，有疑惑时，只要自己能将心比心地及时帮助他们解决困难，做好宣传解释服务工作，提高行政相对人的安全意识，把海事部门和行政相对人的两个积极性调动协调起来，就会使自己的监管工作取得事半功倍的效果，真正实现局党委提出的"服务港航，做船员的贴心人"的目标。

从事水上安全监督工作之前，肖伟如当过十几年的船员，培养了个人作风严谨、意志坚强的同时，也对船上工作的艰苦和当船员的艰辛深有体会。因此，工作中，肖伟如会想方设法主动为船员服务、多做实事，尽量为他们排忧解难。

2001年大年三十，35 000吨级的"宁安16"原计划在沙田华润水泥厂卸货后休息一天再去日本。但因船期紧，船东临时要求该船卸完货后当晚离港。船长和代理一时都犯难了，因为很多港口部门当天下午基本放假了，哪里能找到人办理离港手续？代理抱着试试看的心态打电话给肖伟如。肖伟如二话没说，当即赶到场进行离港前检查。一个多小时后，顺利查验完毕。船长准备了一顿丰盛的年饭，肖伟如婉言谢绝了，过意不去的船长又拿出准备好的年货和"红包"。肖伟如一边表示感谢，一边诚恳地说："我只是做了我们海事人应该做的事。你的心意我领了，东西我不能收！"

不知不觉中，肖伟如已在水上安全监督工作岗位上战斗了12个春秋。12年来，他认真履行职责，努力在平凡的岗位上追求卓越，完成了从一名普通船员到一名合格海事官的转变。

肖伟如有严苛的一面，那是他进行安全检查的时候；也有宽容的一面，比如年三十放假了他也给船做离岸检查；有他温情人性的一面，那是他跳水救人的时候；也有铁面无私不讲人情的一面，这些互为矛盾的个性特征统统出现在肖伟如身上就不再是矛盾的了，它们互为补充，构成了肖伟如严格执法、卓越服务的海事人形象。

叶中央：灯塔世家

叶中央祖孙四代都是灯塔工，堪称"灯塔世家"：祖父叶荣宝从清光绪年间（1883年）就在白节山灯塔做守灯人，是中国第一代灯塔工；父亲叶阿岳也做了一名灯塔工，在叶中央5岁那年，父亲为保护守塔用船，在与大风浪搏斗中不幸捐躯；19岁那年，叶中央接过守塔的接力棒，一干就是40多年，直到2000年退休；儿子叶静虎现在又接了他的班，继续做着灯塔工。这个灯塔世家为守灯塔献出了3条宝贵的生命：父亲叶阿岳、妻子和一个年仅4岁的女儿。

那是1971年春节前夕。因为叶中央至少有20年没有回家过过春节了，所以叶中央的结发妻子带着4岁的女儿想在岛上与他团聚，却不料在上岛的途中母女双双遇难。面对失去母亲的一对小儿女——9岁儿子、7岁女儿的哭泣和极力反对他再上灯塔岛的母亲，回家办丧事的叶中央陷入了深深的痛苦之中。还是深知叶中央心思的岳母说了一句："孩子我来带，你去吧。"叶中央潸然泪下，办完丧事后又重返岗位，直到退休。

叶中央

叶中央守护的白节灯塔位于舟山群岛白节峡水道的白节岛上。白节岛是上海港通往南方诸港的必经之路。这儿的白节峡，暗礁林立、风大浪急，历史上曾经发生过多起严重的海难事件。白节灯塔是船舶往来白节峡水道、进出长江口的重要助航标志。

岛上的生活很艰苦。白节岛距航标区机关所在地——镇海有59海里，往返一趟需要12小时，补给是个问题，十天八天吃不上蔬菜是常事，水果更是奢侈品。1993年秋天，由于连续刮了几天台风，补给船靠不上白节岛，岛上仅剩下一只约5公斤重的冬瓜。"这台风看来还得刮上几天。大家忍一忍，咬咬牙就过去了。"叶中央一边说一边给每个人碗里盛上一勺酱油汤，里面漂着十几片冬瓜。时间在一天天过去，汤里的冬瓜片也在减少。等到补给船送上食物来后，大家扳着指头一算，一个冬瓜被5个大男人吃了一星期。

岛上没有淡水，吃的用的全靠雨季汇集在蓄水池里的雨水。这雨水蓄得太久了易生菌，喝多了极易生病。此外，常年在岛上潮湿的环境里生活，叶中央身上风湿病、心脏病一大堆，还有严重的骨质增生，虽然在33岁那年动了大手术，却没有根除，一旦疼痛发作，就要在床上躺上好几天。为了不影响工作，他一直忍着没有再去看病。直到2004年，叶中央才到宁波113医院再一次动手术。

比缺吃少喝更难熬的是岛上生活的无边寂寞。灯塔工上岛工作一待就得3个月，基本处于与世隔绝的状态，叶中央的住所只有十平方米大小，房里除了一张床、一张写字台和一个小箱子之外，别无他物。为了抵御令人恐惧的孤独和寂寞，叶中央常常能把一本书看上几遍甚至十几遍。唯一能称之为乐趣的是过往船只拉响的那一声声汽笛——那是水手们对叶中央这些灯塔工人深深的敬意。夜深人静的夜晚，看见有大客轮驶过白节峡，他就会唤同伴一起来欣赏。客轮上层层耀眼灯光，舵手向灯塔工致敬鸣笛，成了灯塔工们夜晚的一种享受。

叶中央

白节灯塔是1883年建造的。历经百余年的风吹雨打，铁铸的塔身已经破烂不堪。1987年6月，为了节约维修费用，叶中央和同伴们主动承担了这座百年铁塔的大修任务。六月的天气，骄阳似火。年近半百的叶中央身先士卒，顶着烈日爬上10多米高的脚手架。大修所需的黄沙、角铁、油管等物重达25吨，叶中央带着岛上4位小伙子，肩扛背驮，硬是将它们搬到了施工现场。为了给灯塔换一块玻璃，需要把100多个螺丝卸下又重新安上，这些在平地只需要半天就能完成的活，他们要在10多米的高空，在太阳的暴晒下连续工作20个小时。经过23天的苦干，白节灯塔的大修任务终于提前完成了，百年老塔焕然一新。台风袭来时，叶中央不是躲到房子里，而是带领工人们系上绳子在狂风中爬上灯塔……

1993年7月，叶中央的第二任妻子曹秀恩被诊断为晚期直肠癌住进了上海中山医院。手术后不久，她的刀口还未完全愈合，当时交通部正在镇海航标区进行全国性安全检查工作，叶中央待不住了。善解人意的妻子悄声说：“咱们回家吧。”就这样，叶中央把妻子一人留在岱山接受化疗，自己赶回了白节岛。

白节岛面积仅0.44平方公里，有灯塔工9人。如何让其他8名灯塔工也安心在灯塔上工作，成了叶中央心中的一块沉甸甸的石头。白节岛上9名工人吃住都在一起，谁探亲归来带点好吃的都让大家共享。这点，是叶中央自己带出来的“家风”。他说：岛上的生活本来就很单调，9个人要像一家兄弟一样，只有把岛上这个“家”搞好，大家才能安心工作。

姜新：大桥卫士

作为一名始终驻守在大桥建设第一线的海事执法人员，姜新的工作获得了交通部部长李盛霖、江苏省委书记李源潮、省长梁保华等的高度评价，他本人也连续三年获得了“江苏海事局先进工作者”的称号，被全国总工会授予“全国五一劳动奖章”，被交通部海事局评为“苏通大桥施工期通航保障工作先进个人”，在2007年6月18日召开的苏通大桥施工期通航保障工作总结表彰会上，受到隆重的表彰。同年又被交通部海事局评为优秀共产党员。

姜新是一名普普通通的海事执法人员。在举世瞩目的“世界第一桥”——苏通大桥开工建设的4年时间里，始终战斗在全国唯一的江心海事处——南通苏通大桥海事处，履行着“大桥卫士”和“水上交警”的双重职责，用自己的忠诚和奉献，实践着“像爱护自己眼睛一样保护苏通大桥建设”的誓言。

苏通长江公路大桥是国家沿海高速公路跨越长江的节点工程，也是江苏省高速公路网主骨架的重要组成部分，对完善国家沿海干线公路网、促进长三角区域均衡发展，缓解过江交通压力、改善黄金水道航运条件、加快区域文化融合等都具有十分显著的作用，被国内外誉为“太平洋西岸的黄金走廊”。自2003年6月大桥开工建设以来，南通海事局组建了全国唯一的水上海事处——苏通大桥海事处，并且提出了“像爱护自己的眼睛一样保护苏通大桥建设”的严格要求。几年来，姜新与他的同事们殚精竭虑，想方设法实践着这个庄严的承诺。

海事处办公地点就设在施工水域附近的一艘趸船上。这里属于长江下游著名的风浪区，水文气象条件恶劣，上下游江面开阔，水深流急，一日两潮，最大潮差达5.6米，并时常伴有涌浪；一年中风力达6级以上天数有179天，台风、寒潮深度影响达10多次。2005年台风“麦莎”袭击苏通大桥水域时，直径50公分的缆桩就被拉开了一个很大的口子。现场没有水和电，冬天更冷、夏天更热，工作环境相当艰苦。数九寒天，被江水打湿的甲板上结了厚厚的冰，锚链上、栏杆边挂着一尺多长的冰凌，大桥海事人笑称为“冰凌海事处”；高温酷暑，趸船甲板白天被太阳晒得烫脚，被晒死的苍蝇、蜻蜓铺满了甲板，夜间为了减少机器磨损和节约燃油，发电机常常在21时停机，监督员只能在袭人的热浪中度过一个个不眠之夜。

苏通大桥集四个“世界第一”于一身，主跨径达1 088米，主塔高度300.4米，单根最长斜拉索577米，主桥墩群桩基础达131根。但对海事人来说，苏通大桥还不止四个世界第一，通航环境复杂程度也是世界第一，水上安全管理难度在世界桥梁建设历史上同样前所未有。苏通大桥施工水域平均每天船舶流量达2 700多艘次，高峰时多达5 000多艘次。日均有100多艘次万吨级以上海轮、40多艘次5万吨级以上海轮通过，最大海轮已达30万吨，日均过境货物达200多万吨，其中危险品超过30万吨。而桥区航道宽度仅700米，可供大型船舶通过的深水航道则只有400米，尤其是每日涨潮期间，在2个小时左右的时间里，均会有1 000多艘船舶通过，船舶通航密度之大世界罕见，形成现场监管难度极大的高峰流。经过这里的船经常会发生险情，一旦船舶失控撞上建设中的桥墩，后果不堪设想。

2005年11月19日中午，一艘长220.7米、吃水7.2米的5万吨级希腊籍重载货轮“爱普洛天使”号，航行至苏通大桥施工主墩上游方向1500米处时，舵机突然失灵，失控的巨轮顺着落潮水直逼苏通大桥主桥墩钢吊箱施工现场。一旦施工中的主桥墩被撞坏，大桥将被迫重新选址，损失不堪设想。正在密切监控着桥区船舶航行情况的姜新见状立即启动了水上重大险情应急处置预案，迅速赶到事故现场，果断指挥其紧急抛锚，同时调集南通中远船务、南通港口集团和常熟电厂的大马力拖轮全速赶来救援，经过数小时的紧急施救，险情解除了。像这样的抢险行动，姜新组织参与了126次，救助遇险船舶153艘，救助遇险人员319人。

姜新是个干一行爱一行的人。2003年6月27日苏通大桥水上工程开工之时，正是长江江苏段船舶定线制规定实施之初。为了使船舶定线制的成果尽快地、更好地为苏通大桥建设服务，姜新每天深入现场调查研究，仅巡航每天就超过10小时，同时广泛听取建设施工单位和过往船舶的意见，相继形成了全天候巡航制、“一桥五方”安全例会制、上下游驻点卡口制、施工船船员培训制、拖轮值守制、应急待命制等9项创新举措，把好施工船舶准入关、过境船舶维护关、人员技能提高关、事故险情防控关，提醒督促通过桥区的海轮检查主机、辅机、舵机等关键设备，有针对性地解决了桥区通航和施工安全问题。2005年9月，台风“麦莎”袭击南通时，江面风力达12级，由于姜新和同事们组织施工船舶和施工人员撤离及时，苏通大桥所有施工作业船舶及设施未受任何影响，有效实现了“不沉一船、不伤一人、不损一物”的目标。

姜新

姜新常常顶着风雨，冒着严寒高温，跨船帮、登甲板、钻船舱，不漏过一个角落、一个缺陷。他们对通过大桥水域的超大型船舶、危险品船舶实行重点维护，并根据大桥水域船舶航行规律，在潮汐“两涨两落”、船舶高峰流量的时间段重点高峰上岗、科学布点卡位，对船舶交通流进行有效的疏导和组织，确保施工通航“两不误”，无数过往桥区水域的航行船舶，通过甚高频表达了对姜新和同事们出色维护的谢意。“大庆432”轮每次航经大桥时总是赞不绝口：“在苏通大桥这么复杂的水域航行，只要有海巡艇在，安全就有了保证，心里也就踏实了！”

四年来，姜新共立案查处违章行为512起，深入大桥施工现场开展宣传、检查、培训900多次，培训大桥施工人员1400多人，成功参与50次长江有史以来历时最长、规模最大、调用资源最多、影响面最大、涉及面最广的水上交通管制。大桥建设过程中，姜新和同事们开展了特大型桥梁维护标准、超大型船舶过桥区安全、桥区防碰撞等4项课题研究，并作为主要力量参与制定了《苏通大桥建设期间通航安全维护方案》、《苏通大桥施工期通航管理规定》等4个规范。在苏通大桥交通管制时期，姜新埋头在并不熟悉的施工技术领域，对施工方案进行认真的研究和分析，结合通航专业知识，充分运用实践经验和研究成果，改进大桥建设工艺，使每次交通管制时间缩短了5个小时以上，为近10万艘船舶节约运输成本达4亿多元，极大地缩短了大桥建设的工期。到2007年6月28日苏通大桥顺利合龙，海事部门创下了500万艘次船舶通过苏通大桥“零碰撞”的记录。

苏通大桥水下施工期间，几十甚至数百人在水面以下进行桥墩浇注作业，一旦发生过往船舶和施工船舶碰撞桥墩的事故，极易造成群死群伤。为此，姜新和同事们邀请引航站国家一级引航员、资深汽渡船长及一批航运界专家，为苏通大桥施工单位安全技术人员讲授大桥水域的水文、气象等自然条件、航行环境、航行安全等知识，并组织千人签名安全活动。逢年过节，姜新和同事们主动登船提醒安全工作注意事项。姜新立足本职，全心践行“三个服务”的精神风貌，体现出一名优秀的基层海事执法人员牢记海事宗旨、高度负责的责任意识；满腔热情，不骄不躁的高贵品质；扎根基层，爱岗敬业的奉献精神；不事张扬，淡泊名利的思想境界；任劳任怨，脚踏实地的工作作风。

陈维：巾帼不让须眉

外贸开箱查验不同于内贸，集装箱一旦经海关放行确认，就等同于出关，开箱查验有否认对方之嫌；对于码头方，开箱查验会造成反复倒箱，可能影响船期。若是没查出“问题箱”，轻则成为众矢之的，重则要被一纸诉讼告上法庭——开箱查验要有十足的把握，万万莽撞不得。上海海事局外高桥海事处有个经验老到的“80后”女执法官陈维，查验准确率达到78%，处于全国海事系统前列。不过，陈维的这手开箱查验的功夫可是得来不易。

2003年5月28日，一例海损事故深深地刺痛了陈维的心。

“华顶山”轮在驶往广州黄埔港途中，装有以“氧化铁”名义出运的“保险粉”集装箱，自燃引发火灾事故并导致该轮沉没，财产损失以千万元计。

更令陈维不安的是，一段时间内，国外海事部门发函致我国外交部通报瞒报案件的调查情况，一些外国口岸纷纷加大对中国出口货物的查验密度和力度，部分船公司拒绝承运我国出口的危险货物，我国海运出口贸易的国际声誉正受到严重影响。

谎报瞒报危险货物，成为既威胁船舶安全又严重损害中国商誉的“毒瘤”。

“自己每天的工作，不正是杜绝严重航运事故吗？”陈维顿感肩上的担子沉甸甸，“那一刻，对我震动很大，觉得这份工作值得去做并要做好。”

从此，陈维对自己的职业有了新的认识，“尽职用心工作”，成为她的人生追求。

盛夏，太阳总是不遗余力地尽情挥洒热量。上午11时，集装箱堆场的水泥地地表温度已高达46℃。远远望去，一股似有似无的朦胧热浪在蒸腾着向上弥漫。陈维与综合执法支队的同事，正在对涉嫌瞒报危险品货物的集装箱进行开箱检查。空旷的堆场，无遮无盖，任由火辣辣的阳光曝晒炽烤，汗流浃背……

不达目标不放弃的精神气儿，往上喷发。

陈维开始走访海关、货主、货代、订舱单位、船公司，调查船载集装箱危险货物谎报瞒报行为，分析海运外贸出

陈维

口货物托运流程，研究违法行为形成的各个关键环节。EDI（船载集装箱货物订舱预配信息查询系统）的启用，迅速跃入了她的视线，一举成为打击违法行为的突破口。EDI查询系统可查到每一条从外高桥出口的箱货信息，陈维将EDI中的货物信息与《国际危规》中近万个品种的危险货物进行对照，逐一查询，逐一比对，嗅出谎报瞒报的蛛丝马迹。

上海各大图书馆、书店，都有陈维寻找相关资料留下的足印。她发现许多日常生活中的用品也属于危险品，像湿棉花、香料、食品添加剂等，她开了眼界。而每年，全球新的化学合成品不断增加，它们是否属危险品？陈维不断地到上海化工研究所请教专家，自己掏钱买专业书看……在工作中学习，在学习中工作，她的业务能力日渐出挑。

2007年1月的一天，一家货代公司集装箱积载的乐果乳油，单证上用英文标名，却故意漏写一个字母。“这种化学品危险级别不低。”陈维凭着刻苦钻研的专业知识，马上做出判断。随后通过2个多小时的比对查询，确认是“乐果乳油”，再经上海化工研究所检测，其主危险为3类、副危险为6.1类。船代公司人员在事实面前，心悦诚服地接受了处罚。

此事震慑了有过谎报瞒报行为的托运人，使他们都意识到谎报瞒报对海运的巨大危害，纷纷开始主动进行货物申报或咨询，谎报瞒报现象大幅度降低。

一张张产品说明书也是陈维的老师。她留心收集各种产品说明书，每有空隙就拿起来翻阅。由于新的化工合成品不断出现，它们是否属于危险品，属于几类危险品，陈维将这些“花花绿绿”纸片中的信息，抽空输入电脑的数据库，反复研究、琢磨，向有关专家请教。新知识像润物细无声的春雨，洒在陈维的心田里，不断爆出工作能力的新芽。

一次，陈维在检查一艘集装箱班轮危险货物积载情况时，发现货单上的化学品属危险品，而船代公司没有申报。当陈维询问船代公司的一位业务员时，他拿出生产企业的产品说明书理直气壮地说：这些不是危险品，不会发生爆炸。陈维拿过说明书，一看分子式，马上判别出是对二邻苯。如果包装破裂，人的皮肤、口腔都能吸入并严重中毒甚至危及生命，属于6类危险品。陈维立即按照有关规定处理，杜绝了可能发生的严重事故。

2007年初，陈维总结开箱实践经验，开创性地提炼出了“外贸集装箱货物三步查验法”：第一步通过EDI预配信息系统进行预查；第二步调阅堆场收据进行实查；第三步通过出口EDI申报系统进行核查。凝聚着陈维3年探索实践心血的“外贸集装箱货物三步查验法”，成为上海海事局执法的独创先进操作法，随后又被推广到全国海事系统，成为海事人执法为民、主动服务的共同财富。

哲人说过：“只要热爱工作，就会出现奇迹。”热爱自己岗位工作的陈维，创造了奇迹。

作为综合执法部门的一名成员，陈维先后负责过政务受理、现场管理、危防管理。工作繁杂，节奏快。她始终牢记：“服务国民经济和社会发展全局，服务社会主义新农村，服务人民群众安全便捷出行”的海事执法工作宗旨。有位同事看到陈维，每天对熟悉还是不熟悉的货主、货代、订舱单位、船公司申报人员的反复提问，都同样微笑认真解答，就对她说：“你可以开‘114查询台’了。”虽是一句玩笑话，但包含着对她业务扎实，知识全面，待人热情的褒奖。

按规定，被查出谎报瞒报的集装箱要暂扣，在整个案件处理完毕后才放行。有时一扣就是好几个月，不仅货主要缴纳额外的堆场费、滞箱费，还要赔付高额违约金，甚至还要承担退货的风险。经过调研和听取各方意见建议后，2006年末，在陈维的建议下，上海外高桥海事处“担保放箱制”正式出台。海事部门在调查取证后对相应证据进行保全，货主若对违法事实没有异议，提供有效担保后可将集装箱货物提走，按危险货物进行装箱申报后重新出运，使得原来处理过程需要两周的时间骤然缩短为两天，最大程度减少货主的损失。

由此及彼，发散性思维，在陈维脑中再次激活。在工作中更多地做有心人，不断地琢磨梳理业务后，她建议并在上海外高桥海事处推出了提醒服务制、跟踪监督制、黑名单制度、相互通报制、奖励举报制等一系列服务于行政相对人的举措，不仅提高了行政相对人对危险货物安全运输和自律守法意识，而且最大程度地减少了当事人的损失、确保船期正常。

2008年1月，长期托运危险品的上海高华实业有限公司，给陈维和她的同事们送来了一面锦旗，上面有这样两行字：“阳光海事，热情服务”。这正是对陈维的日常专业、热心服务工作的真实、中肯赞扬。

陈维撰写的针对性强的工作论文，如《通过对单证的检查加强危险货物的监督管理》、《船载危险货物谎报瞒报管理对策》、《深入开展外贸集装箱货物开箱工作，积极探索船载集装箱危险货物长效管理机制》等，为在新的形势下，提升执法能力，提高服务水平，增强综合实力，提供了新的思路。

黄骅海事局：海事执法的一面旗帜

为国家水上交通事业服务是海事生存和发展的根基，服务交通事业，服务发展经济始终是海事系统的第一要务。黄骅海事局在全力服从并服务于本地水上交通事业发展过程中，以海事应有的作为、应有的贡献，谋取海事应有的地位并追求更好更快的发展。

海事管理机构作为承担国家水上安全监管的公共部门，具有服务人民、服务经济和社会发展的本质属性，而执法，特别是严格执法在本质上也是服务——只有严格执法，维护水上交通安全，才能最大限度地减少事故，维护航行安全，从而保护赖航行而生的企业及个人的利益。黄骅海事局，成立于2000年12月6日，现有职工77人。几年来，黄骅海事局坚持科学发展观，认真践行“三个服务”，大力支持黄骅港的建设和发展，为促进沿海经济发展做出了突出贡献，受到河北省、交通部及部海事局、沧州市委、市政府的高度赞扬，并获得省、部、市各级授予的多项荣誉称号。其中，2003年10月被河北省委、省政府文明办评定为“三星级窗口文明单位”；2003年，被交通部授予海事系统第三批“文明达标单位”；2006年被交通部海事局党委授予先进集体；2007年被交通部海事局党委授予先进基层党组织等荣誉称号。

严格执法 保护多方利益

黄骅港2001年11月16日开港运营以来，每年吞吐量都有大幅度的增长，从2004年的4 000多万吨大幅提升至2007年的8 000多万吨，成为我国东南沿海5省1市能源供应的重要港口，直接关系北煤南运畅通的“生命线”。

黄骅海事局辖区内自然条件恶劣，通航环境复杂。渤海沧州海域经常出现突发性阵风（当地人称为“突风”），最大达10级以上，持续时间从数小时到十余小时不等，对港口生产、船舶运输和渔业生产威胁较大；航道防沙堤口处经常出现“花流”，极易导致进出港船舶搁浅；黄骅港是边建设、边生产的港口，2003年10月12日，一场大风使黄骅港航道回淤了两三米，为此，神华集团启动了构筑防波堤的工程，总投资16亿元，最繁忙的时候，航道上每天有300多艘施工船舶、100多名潜水员、七八条大型挖泥船疏浚作业，水域内各类施工船、交通船、补给船云集，与电煤运输船争抢航道和随意抛锚的现象时有发生；黄骅海域的南排河是一个规模很大的渔港，进出南排河港的渔船有数百条之多。渔民法律意识淡薄，存有“抢过大船头，一年不用愁”的传统观念，经常在航道上下网捕鱼或抢越船头航行，与运输船舶的矛盾很大，影响着通航环境，给海事监管带来了很大困难和诸多挑战。

为了保障工程安全顺利进行，黄骅海事局进行科学管理，实施了多项安全监管和服务措施：组织施工船舶人员培训；要求建设单位与施工单位之间签订施工安全协议，并明确违反安全规定处罚条款，同时监督严格落实；规定施工船舶不得随意穿越航道；禁止渔船在航道港池航行；监督各施工单位落实安全责任制；组织海事人员和武警边防战士及港务公司安全部门联合开展海上执法等，保证了外航道整治工程顺利进行。2005年9月9日，像两条“巨龙”似的防波堤终于建成，没有发生一起人员伤亡和安全事故，创造了中国大规模建港史上安全监管的奇迹!

针对黄骅港容易发生“突风”的特点，黄骅海事局加强对“突风”天气情况的观测和总结，摸索“突风”规律，制定一系列应急预案，及时调整水上交通秩序，使“突风”中船舶有效避免事故的发生。

针对渔民工作，黄骅海事局想出了一个集中开会的土办法，主动联系渔民最集中的南排河镇政府和新村乡政府，商议构筑一个港、渔双方，面对面的对话平台，协调解决生产中的矛盾。黄骅海事局的想法得到了地方政府的大力支持，2005年11月29日，由黄骅海事局组织召开了“港渔共建恳谈会”，神华黄骅港务公司、开发区管委会、南排河镇政府及渔民代表二十多人参加会议。港方介绍了黄骅港航道的特点、导助航设施、防波堤的情况及其渔民捕捞作业过程中应注意的情况；地方政府及渔民代表介绍了黄骅港附近的传统养殖区和习惯捕捞区的分布情况。各方就渔业捕捞区及渔船穿越航道等问题交换了看法，达成了共识，增进了相互之间的了解和理解，从而使渔船扰航问题得到了极大的改善。

开发《黄骅港船长、船舶综合评估系统》，是黄骅海事局的一项监管创新。该局交管中心把港口引航员和所有来港船长登记造册，记载他们的工作特点、技术水平、船舶操控能力等情况，建立黄骅港船舶数据库，掌握每条船舶主机及主要设备情况；对黄骅港海域环境做科学的分析。在此基础上，他们将驾引人员操作水平、船舶操纵性能、通航环境等影响船舶航行安全的因素一一列举，按每个因素对船舶安全进出港影响程度的大小赋予一定的权重，进行评估，得出综合分值，根据分值采取相关安全措施。目前，搜集了近百艘到港船

在恶劣气候下确保电煤船舶安全

舶的数据及其船长的相关资料，并录入到人——船——环境——管理软件中，建立了船舶及船长资料数据库。《黄骅港船长、船舶综合评估系统》的应用有效提高了船舶进出港安全管理的科学化、系统化水平，提高了安全管理及规避风险的预控性。

“三提醒”、“两询问”制度，是黄骅海事局的又一项监管创新举措。黄骅港航道狭长、易发生搁浅事故，2005年8月，黄骅海事局推出了保障自引重载离港船航行安全的“三提醒”措施，即当船舶航行至航道转向点和口门时，由交管中心值班员以提醒自引船船长注意转向、注意航道口门的乱流、注意加强与护航拖轮联系并及时得到护航拖轮的帮助为主要内容的告警式信息服务。

2006年8月，进出黄骅港船舶连续多次发生主机故障险情，黄骅海事局又推出了“两询问”新举措，即在船舶离港前由交管中心值班员询问船舶航海仪器是否全面检查过，有无缺陷；询问船舶主机、舵机运转是否正常。“两询问”对存在明显技术缺陷的船舶发生搁浅事故起到很好的预防作用。

从2005年年初以来，黄骅海事局依靠沧州市地方政府，联合数十家港航单位，从人、船、环境入手，打造“三根链条”（安全管理链，安全责任链，信息协调链），保障了黄骅港航道的畅通，建立了黄骅港的安全长效管理新机制，形成了一种新型的海事公共管理模式：共建模式。黄骅海事局共建黄骅“安全、畅通、文明”航区工作也成为一个品牌，饮誉海事系统和港航单位。共建活动开展三年来，黄骅港航道畅通无阻，为港口带来了显著的经济效益，在狭长的人工航道安全监管上创造了一个奇迹。

不遗余力 服务地方经济发展

黄骅海事局以服务地方经济发展、建设沿海经济强市为己任，在海事管理过程中，时时处处想到沧州市经济发展大局、想到沧州人民群众的安全便捷出行，赢得了沧州市委、市政府领导及港航企业高度赞扬，真正践行了“执法为民，服务社会”的海事宗旨。

2004年，随着沿海渔业资源的逐步枯竭，沧州沿海6万多渔民中，有

35 000人在寻求新的出路。能否将渔民转成船员？即如何引领渔民走上致富路？黄骅海事局领导班子联合当地水产和县、市、开发区及乡镇政府，对沿海渔区作了长达两个月的调查。在摸清渔业生产状况、港口和运输业的人才需求后，提出了帮助渔民转产的思路，逐步展开对沿海渔民的海上安全和船舶驾驶知识和技能培训，使渔村富余劳动力加入到海运事业中来。2004年下半年，黄骅海事局联合秦皇岛船员培训中心及原黄骅港开发区和乡镇政府，制定了详细的培训计划，利用现有场地、教师和培训条件，对2 000多名渔民进行了初级培训。之后，又选送条件较好的渔民到秦皇岛和天津进行二次培训，使其成为更高层次的船员。为减轻渔民负担，黄骅海事局没有收取任何费用，主动为参培人员联系价格低廉的教室和宿舍，并用局机关车辆接送培训人员上下课。除利用本局业务骨干为渔民授课外，黄骅海事局还从秦皇岛船员培训中心和有关院校聘请教师为学员授课。2004～2006年，黄骅海事局共举办沿海渔民船员培训班11期，其中，基本安全培训班6期，施工和船舶船员安全培训班2期，小型船舶船员培训班2期，丁类高级船员培训班1期。此外，还分别联合天津海员学校、秦皇岛海员培训中心等培训机构在值班水手、值班机工培训班上为沧州沿海渔民培训了100多名船员。2006年3月，河北海事局提出开展“惠农工程”战略目标后，黄骅海事局又配合河北海事局和沧州市政府在沧县职教中心建立沧州渔民转产培训实习基地，河北海事局提供价值400多万元的设备、设施予以资助，海事执法人员亲自上课。目前已经有400多人结业，取得了船员证书，均找到了工作。新村渔民丁文浩，一家五口人就靠父亲在海上打鱼维持生计，日子过得很是艰难。黄骅海事局领导得知后，主动安排他参加船员培训，并在其取得了船员资格证书后，帮助他联系到工作，有了稳定的收入。一年以后，丁文浩家中翻盖了房子，娶了媳妇。他父亲感激之余，逢人便讲：“海事局真是我们渔民的‘致富星’”！

黄骅市滕庄子乡刘月庄村是黄骅海事局的对口扶贫对象。2006年上半年，黄骅海事局出资5万元购买22台品牌电脑，为该村建立了“海事育英电教室”。连续三年春节，局领导分别带队携钱、带米、带油专程到村慰问贫困户。

2003年11月18日，以黄骅海事局为主筹建的沧州市海上搜救中心正式成立，从此，黄骅海事局被当地群众亲切地称呼为“海上保护神”，12395海上搜救电话也被当地船员、渔民们亲切地称为“海上的救命热线”。沧州市海上搜救中心成立至今已经组织了50多次搜救行动，救助遇险人员300多人，直接挽回经济损失2.6亿元。

2007年3月3日，渤海湾遭受了1969年以来最大的风暴潮袭击。3月4日，凌晨2点，黄骅海事局兵分三路，在局领导带领下，冒着9级大风和罕见的雨雪，一个码头一个码头、一条船一条船地检查指导，直至天亮。使十多艘船舶避免了走锚和沉船事故发生，在港的180多艘大船和诸多小船，无一遭受损失，码头设施安全无恙。

几年来，黄骅海事局全体干部职工风雨同舟，守护着一方水土的平安，初步形成了黄骅海事局的精神特征，这就是："执法为民、心系民生，始终如一地坚持为经济社会发展和航运企业实现卓越服务的主动服务精神；身处艰苦的生活工作环境，依法行政、恪尽职守、有效履责、确保安全的勇于负责精神；主动应对水上安全监管工作中的各类困难和挑战，积极作为、锐意进取，不断提高监管效能和水平的管理创新精神；同心同德、艰苦创业、公正廉洁、成就个人的和谐团队精神；爱岗敬业、埋头苦干、忘我工作、不计得失的自觉奉献精神"。黄骅海事人以自己的热血谱写着新的创业赞歌，铸就着新的海事辉煌，一面海事执法的旗帜正在高高飘扬！

防城港海事局：光荣属于我

广西防城港市位于祖国大陆海岸线的最西南端，南临北部湾，西南与越南接壤，大陆海岸线总长584公里，岛屿海岸线222公里，边境线以北仑河为界，有7个乡镇与越南山水相连。防城港是广西第一大港，也是全国沿海主枢纽港之一，曾是著名的"海上胡志明小道"始发港。2001年5月，在原防城港监的基础上组建了中华人民共和国防城港海事局。6年来，他们精心守护着这片海域，用忠诚和责任履行了海事人的神圣职责，成为西南边陲的"海上卫士"。

防城港虽然吞吐量不大，大型运输船舶不多，但辖区海域的交通安全情况比较复杂，有"三多三差"："三多"一是渔船多，管辖的海域作为北部湾渔场的组成部分，有5个作业区，浙江、福建、广东、广西和海南四省一区的渔船都来这里打鱼作业；二是越南边贸船多，这些边贸船从越南沿海经过该海域到北海、钦州、防城三港口岸，有的在海中过驳；三是台风多，每年都有1～3次台风经过北部湾。"三差"一是渔船、边贸船技术状况差，有的边贸船只有几吨，或由渔船改装成运输船，助航设备简陋，海上险情时有发生；二是救助能力差，该局只有1艘老旧巡逻船，1台甚高频无线电话，专业救助力量远在北海；三是协调能力差，没有海上搜救协调机构，信息不灵，指挥不动。所以，遇险人员只能听天由命，不少渔民遇险后因无法报警而遇难。面对此种状况，他们破除消极等待的思想，积极向市政府汇报情况，提出建立防城港市海上搜救中心的建议，终于在2003年12月成立了广西沿海首家海上搜救中心——防城港市海上搜救中心，搜救中心值班室设在防城港海事局，承担搜救中心日常工作。从此，海上遇险求助电话“12395”成为船员、渔民熟记的号码，防城港海事人也成为他们信赖的“海上卫士”。

北部湾海域是中越划界分管的海域，两岸隔海相望，水域相连，但两国之间的协调机制尚未建立，船舶遇险后施救不便。2002年10月6日，一艘载有128名中国游客的越南籍高速客船在临近防城港的越南芒街海域搁浅遇险，通过外交部才与越南海事管理机构取得联系，化解险情。这件事情使防城港海事局认识到，要提高辖区的海上救助成功率，必须建立中越两国海上搜救合作机制。2003年下半年，随着防城港至越南下龙国际海上旅游航线开通，海事局抓住机遇，协助市政府及时提出建立中越区域性搜救合作机制的建议，得到了外交部、交通部的支持。2003年9月至11月，他们派员随同市政府有关部门与越南有关方面进行了三次会晤，最终

救助遇险渔民

签署了《中国防城港至越南下龙高速客轮航线搜寻救助合作协议》。目前，防城港市海上搜救中心已经与越方开展搜救合作12次，成功救助遇险船舶6艘，救助遇险人员162人，开创了广西跨国海上搜救合作的先例。

为了提高搜救能力，防城港海事局提出了成立“海难救助基金”的设想。这一设想得到了广西海事局和防城港市政府的高度重视和大力支持。2005年5月20日，由防城港市海上搜救中心、防城港市红十字会联合设立的“海难救助基金”正式启动。

从2003年以来，防城港海事局队伍总量没有增加，全局在编人员53人，除了局机关，还有3个海事处，人手严重短缺。自海上搜救中心成立以后，明显感觉到人手太少、工作更忙、压力更大了。一方面随着港口经济发展和吞吐量增长，海事业务量越来越大；另一方面，船员都知道有了海上搜救中

心，一有险情就拨打“12395”电话，甚至连船民间发生纠纷也打“12395”电话求助。一年365天，无论什么时候接到遇险信息都要出动，节假日从局长到办事员，都要排班。搜救中心成立四年来，共组织搜救行动64次，成功救助船舶（设施）58艘，救助遇险人员451人，救助成功率达99.6%，挽回直接经济损失5110多万元。

在防城港海事局荣誉室里，挂着社会各界赠送的匾牌、锦旗9面，其中有防城港船公司送的“水上卫士 海上救星”，有22名海上遇险获救者共同送的“果断出击智指挥 危急时刻定平安”，有越南ND1298全体船员送的“中越友谊长 危难见真情”，还有越南海防0419号船送的“浪涛之中显身手 抢救船员风格高”，等等。每一面锦旗的背后，都记录着一起惊心动魄的海上险情，都铭记着海上搜救中心一次成功的救助。

2007年7月5日，对防城港海事局来说是一个难忘的日子。台风“桃芝”在防城港市东兴沿海一带登陆，防城港沿海海面风力达10级，阵风12级以上，出现了8至9米高的巨浪。风狂雨骤，白天如同黑夜。这一天，搜救中心共接到5起险情报警，共有3艘船舶、13名船员及9名岛上施工人员遇险。由于搜救中心组织协调及时得力，在搜救各方的共同努力下，遇险22人全部获救。

海事人为了工作，忍受了很多常人难以想象的困难，一些在常人看来很普通的事情，对于他们来说，都是一种奢望，尤其是对防城港海事局江山和企沙两个海事处的执法人员来说更是这样，他们远离都市的繁华，默默无闻地工作、生活在环境偏僻、条件艰苦的半岛上。

企沙海事处设在偏僻的企沙半岛企沙镇上，距防城港市区35公里，5个人挤在一间15平米的房子里办公。相比企沙海事处，江山海事处条件更艰苦。该处设在距市区40公里的白龙半岛的白龙村，是一个半农半渔的小村子，没有商场，没有娱乐设施，晚上只有大海的涛声。办公室是两间各为15平方米的小平房。全处6名执法人员由于家在外地，都住在租来的民房里。他们做饭和喝的是带着咸味的井水，经常停电，电视机长期没有信号，空调也因电力不足而无法运转，成了摆设。尤其难受的是，一遇上连续几天停水停电，痛痛快快的洗个澡也成为“奢望”。即使在这样艰苦的环境里，他们依然乐观而坚强。他们没有轰轰烈烈的英雄事迹，也没有什么豪言壮语，年复一年、日复一日地在这里办理船舶签证、安检、巡航和负责搜救工作，默默无闻地干着平凡的事业，默默无闻地守护着祖国南疆这片海域，把美好的青春年华献给了海事事业。

在坚守岗位、默默奉献的同时，他们也没有忘记海事人的社会责任。按照交通部党组提出的“三个服务”要求，他们通过向贫困乡镇渡口库区赠送救生设备，减免乡镇渡船船员培训费用，主动上门培训等形式，有效地改善了偏远地区的渡船安全状况，以实际行动支持了新农村建设。几年来，他们积极响应广西海事局党委的号召，先后支援农村扶贫点6个，与其他单位一起援建学校2所，通过干部职工捐款资助贫困学生6名，扶贫助学捐款达10多万元，受助村党支部给他们赠送了“兴村富民，利在瑶寨，功在千秋”的锦旗，还获得防城港市支教先进单位和先进个人荣誉称号。被誉为西南边陲的文明之师、海上卫士。

盐田海事处：数字海事的先锋

深圳市盐田港是一个国际化、现代化的港口，90%以上的船舶来自发达国家，年集装箱处理量达千万标箱。仅有17名执法人员、平均年龄34岁的盐田海事处，拥有全国海事系统四项“第一”的桂冠：全国第一家与海关、码头公司电脑联网，实行信息共享，共同打击集装箱装载危险货物谎报瞒报等非法行为；集装箱单港处理量从1994年的1.2万标箱到2007年的1000万标箱，名列全球第一；年规费收入1.7亿元，人均年规费收入1000多万，为全国海事处之首；第一个组建防污染联防体，让码头配备防污设备，实现资源共享……

此外，盐田海事处最早开发“船载危险货物集装箱安全管理信息系统”和“集装箱智能分析系统”，成为名副其实的数字海事的先锋。

在海事工作中，危险货物管理的难度是很大的，2003年的“意实”轮有机过氧化物集装箱着火、2004年的“中远汉堡”轮可移动罐柜危险品泄漏、2005年的“海陆彗星”轮怀疑氰化钠泄漏，一系列事故，让盐田港海事人有了危机感。

经过深入的讨论分析、调查研究和反复论证，他们决定由危险品管理团队主导开发一套可以“把人解放出来的”电脑系统。一个崭新的构思要变成现实，并非容易的事。危险货物管理涉及数种法规，如何将复杂的文字表述转化为计算机语言，如何将4000多条隔离要求写为计算机规则，他们的危险品管理团队，白天正常上班，晚上继续加班，轮流编写和核查。这就是后来的“船载危险货物集装箱安全管理信息系统”。

盐田港每天有1万多票舱单数据，一个熟练精通《国际危规》和相关法规的审批人员，即使1分钟核查1票货计算，也需要10个人24小时不眠不休，才能核查完一天的舱单数据。而运用该系统的自动审核和筛选功能，只需1

喜获全国先进

个人10分钟就可以准确解决同样的问题。该系统成功地让盐田港海事人从复杂繁琐的事务中抽离出来，以更充沛的精力投入到其他服务中。该系统的开发成功被多名国家海事专家评价为“具有里程碑式”的划时代意义，认为其“较好地解决了当前船载集装箱危险货物审批以及安全管理方面的部分难点问题，具有很强的应用价值”，“建立了危险货物管理数字化模型，建立了识别危险货物和审核船舶危险货物积载隔离情况的数学模型，为实现危险货物数字化监管奠定基础”。

2007年7月2日，这套自主开发的系统得到了检验。当时，停靠在盐田国际码头9号泊位的法国籍集装箱班轮“CMA CGM FIDELIO”轮集装箱发生泄漏，事故箱周围白烟弥漫，稍有延误或者哪怕一个错误的处置步骤，都会导致班轮爆炸，后果不堪设想。紧急时刻，“船载集装箱危险货物安全管理信息系统”初试锋芒，只需几个命令，一个全面准确的仿真模型就出现在了指挥中心的大屏上。事故箱的装货情况、泄漏情况、周围集装箱的货物情况，以及每一个步骤可能产生的结果一一显示，为整个应急行动提供了准确的决策依据。

近年，盐田海事处又开发出了一套集装箱智能分析系统，实现了由计算机实时审核船舶载运集装箱的积载隔离情况，有了这个系统，他们可以遵循早发现、早纠正的原则，提前对船载危险品信息进行审核，查处了多艘外籍船舶违规行为，并做了及时纠正，避免耽误船期。由于审批及时准确，2007年共有30艘次在上一港进行了整改，保证了船期和码头作业秩序，保障了船方和港口的利益。

盐田海事处在创新监管手段方面所作的努力和成绩远不止这些。他们提质提速方便港航，率先推行了船舶信誉管理，对所有抵港船舶进行综合评估并分级，根据船舶状况分别给予免检、抽检和重点检查；使用计算机网络开展"国际航行船舶进出口岸审批"、"危险货物EDI审批"等，实现了审批从"微笑服务"逐步向"远程服务"的深化，提高了海事监管的针对性和效率； 完成了"盐田海事管理与国际接轨"课题研究， 以实现" 便利运输，有效管理"为目标，从信息化建设、船舶监管模式等多个方面对照国际通行做法深入调研，找差距，在监管手段和措施上进行更为大胆的探索和创新，并逐渐转为生产力。

油污清理，是海事服务中的另一项难点。为了能够及时发现和处理油污事件，他们在码头上设立了盐田港区溢油监控预警系统和水上溢油监视系统。有了这两个系统，当第一滴油开始泄露的时候，系统就会现场即时报警，同时通过GPRS网络向值班员手机发送报警信息，让他们能够在第一时间赶过来处理。在报警启动后，油膜监测设备还可以自动启动联动的摄像机，对准受污染区域，拍摄可疑肇事船舶以及油污扩散情况，准确锁定目标船，大大提高防抗油污染的能力。2007年5月，系统发挥了威力，盐田国际一号泊位刚出现漏油现象，海事人就赶到了现场，及时进行了处理。

盐田海事处采用的全天候实时监视系统在海事管理中应用也属首次，这个系统有效提升了他们的应急能力和服务水准，而他们以高科技武装起来的远程查验申报系统，则是让行政相对人体验到非同寻常的高水准服务。申报系统通过互联网，实现了船舶进出口岸查验、危险货物申报、安全作业备案全部无纸化操作，行政相对人足不出户，一台上网的电脑，一个业务人员，就可以办理船舶进出口岸的相关业务。

盐田海事处在盐田港树起一面文明高效的旗帜，创建一个对外展示中国海事形象的文明窗口，离国际一流海事管理机构的距离也越来越近。

达州海事局：生命铸就忠诚

达州位于川东北大巴山南麓，全市近650万人口，属川陕革命老区。境内州河、巴河、渠江等干流汇入嘉陵江，与浩浩荡荡的长江黄金水道相连。全市866公里通航里程，232处渡口码头、2400余艘各类船舶，融入滩多、浪急、漕窄、湾险的崇山峻岭之中，蜀道难的自然地貌，决定了达州海事面对的工作条件非常特殊，工作环境极其艰苦。但是，达州海事人用自己的行动，彰显出全国海事系统文明执法示范窗口标兵的时代风采。

2005年7月8日凌晨5时，几十万达城人被阵阵凄厉的防洪警报从梦中惊醒，经历过2004年“9.3”特大洪灾指挥全局抢险的强兴国局长意识到，持续30多个小时的超强暴雨，达州将第二次遭受洪水肆虐。

果不其然，当最高洪峰到达达城之前的14点20分，时任达州市市长李向志在灾情特急报告中获悉：达州河上游一只巨大油罐飞速向下游冲去！李市长火速下令海事局“要不惜一切代价将油罐拦截，确保城区及下游五座公路、铁路大桥和金盘子电站大坝及船上人员安全。”在暴雨如注，洪水陡涨的危急时刻，担任拦截油罐的勇士，明知凶多吉少，有去难回，他们没有儿女情长，只有争分夺秒投入战斗。

川海巡27号快艇奉命起航，在城区洲河大桥下游实施拦截！

洪水已上涨至17.2米，快艇不时被巨浪抛起又跌落。离最高洪峰到来不足一小时的时候，一个黑乎乎的油罐出现了，也就一眨眼的工夫，油罐冲至距洲河大桥仅100多米，如果油罐撞上桥墩，大桥难以保住。情况万分紧急，海事股长熊小平大吼一声“冲上去”，快艇加大马力，三次撞向油罐……所有应急机制全部用上，经过殊死搏斗，终于将这个庞然大物降服，油罐成功拦截，两岸上万人一片欢腾，快艇上的三位勇士与死神擦肩而过。当事后问及面对危险想的是什么时，他们的回答是“用生命保卫大桥，死而无憾！”“关键时刻，发挥了关键作用”，是四川交通厅长吴果行发出的肺腑之言。

2007年7月，特大洪灾第三次肆虐达州。达州海事各级党组织带领广大党员冲在前，做到了哪里最危险，哪里最需要，共产党员就在哪里出现。渠县航道段安全股长、共产党员胡重阳当时已是重病在身，但当他得知李渡乡街道数百名群众被困于洪水、危在旦夕时，还是不顾家人和领导劝阻，登上快艇，同抢险队员向李渡乡驶去。

李渡乡早成了水乡泽国，树上、房顶上、楼上到处是大人小孩的呼救声。深感头晕站立不住的老胡与战友们同猛涨的洪水争时间，抢分秒，一个个背上快艇送往安全地带。一个小时、两个小时、三个小时……735名群众全部脱离危险。返回家时已是深夜，老胡连动步的力气也没有了，还是战友们搀扶他回家，一头便倒在床上。

老胡义无反顾地抢救群众时，他下岗的妻子开的日杂店内几万元的货物被洪水洗劫一空，这可是一家人几十年的心血呀，现在留下的是家人的泪水和无尽的埋怨。“难道我们抢救的735条鲜活生命比不上自家几万元的损失吗？”这句掷地有声的话，让家人从悲伤中醒过味来。老胡认为，家中虽遭重大损失，但是一千个值！一万个值！因为人民的利益高于一切、大于一切、重于一切。

达州市宣汉县江口库区，乃川东北大库区之一。2007年7月8日，宣汉上空惊雷滚滚，电光闪闪，中河、后河流域洪水猛涨。江口库区出入库流量高达1.5万立方米/秒，其水位已超过警戒线3.5米。宣汉县地方海事处船检股副股长何秉山等救下2艘货船和1艘吸沙船、正准备返航时，突然听到码头上有人吼叫，原来是河中间一漂浮物上有一个老人。海事处副处长吴仕均、员工牟西舟和何秉山开着监督艇，向老人死死抓住的木架冲去。快艇在波峰浪谷中沉下去又被抛起来，几十个回合过去，三个人脚手被拉伤，鲜血直流，仍然无法对老人施救。眼看老人被大浪推向库区主流，直朝汉口电站大坝冲去。大坝已开闸泄洪，一旦卷进闸门无疑葬身坝底。当快艇离老人只有1.2米时，他们正要去抓老人的手时，一个浪头打来又失败。在这千钧一发之际，何秉山和牟西吼了一声，纵身跳入水中，游向老人的木架。驾艇的吴仕钧以最快的速度靠近木架，抛出绳索，终于将已经在洪水中漂流了40公里长达3小时的老人罗建池救起。

达州三次特大洪灾，全局共出动抢险人员1 400多人次，抢险船400多艘次，营救船舶1 200多艘，在风口浪尖中营救生还者70多人，转移群众24 000多人次。为群众抢回经济损失5 000多万元。

洪泽地方海事处：惊魂6小时抢救

中华人民共和国洪泽地方海事处是代表政府对洪泽县、洪泽湖水域水上交通安全和船舶污染防治统一实施监督管理的主管机关。先后获得交通部文明执法达标单位、江苏省文明单位、建设洪泽县有功单位等荣誉称号，多次受到省地方海事局和地方政府的通报表彰。

多年来， 洪泽地方海事处始终

围绕打造“三个海事”、建设“三支队伍”、实现“三个追求”的目标，按照“船舶适航、船员适任、安全畅通、有效监管、优质服务”的海事工作要求，坚持“立足系统、融入江苏、保持特色、提高效能，争当江苏海事排头兵”的发展定位和“改革立处、人才强处、以制治处、和谐兴处”的工作思路，认真实践“执法为民、服务社会”的海事宗旨，不断提升洪泽海事安全监管和服务经济发展的能力，积极为港口繁荣和航运经济发展提供安全保障和优质服务。

2007年3月4号凌晨，受强冷空气和黄海气旋的共同影响，洪泽湖掀起滔天大浪，7时20分，洪泽地方海事处接报：洪泽湖西线航道15～16号标水域有一个轮船队遇险。省交通厅和省地方海事局领导对此高度重视，立即指示洪泽地方海事处做好营救工作。

10分钟后，洪泽所有值班人员集结完毕，14名海事人员临危受命上艇，“苏海巡H－11”号、“H－19”号松开缆绳，奔赴泱泱大湖。

此时风力8级，浪高近3米，海巡艇抗风能力达到极限。凌晨能见度较低，巨浪掀过，视线不明，经验、探测雷达、GPS卫星定位成了指引前行的救命绳索。联系，一次、两次、三次电话打不通，海事人员将海巡艇与上级联系的高频信号调试到船民惯用频率持续

马浪港地方海事破冰引航

30分钟喊话……终于听到了船民急切的呼救声，掌握到遇险船队具体位置。

20分钟全速行驶后，两艘海巡艇到达洪泽湖安河口船队遇险所在地。此时，22名船员正与巨浪展开生死拼搏，两艘近500吨的驳船已沉，另有10艘驳船在风浪中挣扎。

洪泽地方海事处副处长刘海青与马浪港海事所所长张健商议，14名海事人员分两组展开营救。海巡艇分两头靠上后，海事人员跳上摇曳的船舶，用缆绳在小艇和船队之间拉起了生命之索，船民和海事人员连在了一起，生命有了依托。

按照抢险营救方案结合现场实际，14名海事人员分工明确，首先开展对22名船员的救助。11名妇女、儿童及年长者被转移到较大的海巡艇“苏海巡H－11号上，防寒的毯子和热水送到了他们的身边。

留下的“苏海巡H－19”号继续在现场执行抢救，考虑到湖区风力较大，

且轮船拖队已有4艘驳船沉没，海事人员与船队负责人紧急磋商，决定拖轮留守8人，其余14人全部转移至洪泽。整整6个小时，经淮安洪泽地方海事处救助，22名遇险船员安全脱险，现场无人员伤亡，船队遇险损失被降到最低，5 000吨货物也保留住了。

2008年1月29日，洪泽湖出现大面积冰冻。江苏省洪泽县地方海事处加大巡航、护航力度，对重点送达物资实施优先登记、优先放行、重点护送等措施。

洪泽湖航道冰冻已完全融化，航道通行正常。从1月28日洪泽湖出现冰冻至目前湖区冰层融解，为了湖区破冰护航，洪泽海事处共投入295人次，出动海巡艇29艘次，巡航里程1 634公里，护送船队57个（其中电煤船队13个），护送单船758艘。保障14.4万吨货物（其中4.8万吨电煤）、旅客210人次安全过湖。

四川省地方海事局：打通水上交通生命线

2008年5月12日14时28分，一场里氏8.0级的特大地震袭击了我国四川。灾情发生后，党中央、国务院高度重视，迅速指挥调集抢险救灾部队挺进灾区实施救援。此时，受地震影响，都江堰通往汶川的公路已全线阻断，按照四川省委、省政府和交通部“中间开花、两面夹击，多头并进”的部署，省交通厅的道路工程抢险队伍正夜以继日地进行紧急抢修。灾情就是命令，时间就是生命，早一秒钟进入灾区，就能多救助一名受灾群众。在全力抢通公路的同时，迅速打通都江堰与漩口镇之间的水路救灾“生命线”，通过几公里的山路，直达核心震区映秀，营救受灾群众，已刻不容缓。

14日凌晨1点，倾盆大雨仍在继续，省交通厅抗震救灾工作会议刚刚结束，四川省地方海事局根据省交通厅抗震救灾指挥部统一部署，立即展开了一场打通都江堰紫坪铺到汶川漩口水路交通生命线的紧急战役：正在南充嘉陵江航电枢纽现场的四川省地方海事局贺晓春局长，焦急的向值班室的同志询问前往紫坪铺库区的船员调度情况；李永林副局长紧急连线泸州市、成都市地方海事局，分别调集海巡艇和冲锋舟；300多公里外的广安市，年逾6旬的退休老专家代朝忠在大雨中连夜赶赴紫坪铺，参与现场踏勘；夜幕中，两辆载着海巡艇的卡车从泸州启程，泸州市地方海事局局长邹强和十来名同志星夜护送海巡艇，赶赴紫坪铺……

清晨6点过，30多名省局的同志就从成都出发，赶往紫坪铺库区进行实地踏勘，研究具体的实施方案。紫坪铺水库是一个以灌溉、供水为主，结合发电、防洪、旅游等的大型综合利用水

海事执法人员护送护士进入地震灾区

利枢纽工程，水库大坝附近由于安全运行需要并没有码头或其他靠泊设施。如果按照常规的工程建设需要，建设临时靠泊点，需要多种大型的工程设备，可是此时建设需要已经刻不容缓，现场的同志们不等不靠，用简易的手工设备硬是从白沙滩上抢修了两个临时靠泊点。16时，刚刚运抵的三艘冲锋舟从紫坪铺水库大坝向汶川漩口驶去，通往汶川映秀的水路救灾“生命线”及时打通。

从紫坪铺到漩口，水路有16公里，沿库区两岸由于地震和伴随的余震影响，山体垮塌，泥土滑坡，水面漂浮着大量的树枝和杂草，严重阻碍了通航。如果在平时，没有谁愿意也不敢让船在这里航行。面对灾情，船员们没有谁提出哪怕是一个条件，“先救人，其他不管了”。

从早晨7点到晚上7点，整整12个小时，一船接着一船，船员们甚至连准备的盒饭也没有去吃，没有人喊苦，没有人喊累，大家只有一个信念：多送进一名抢险队员，群众就多一分获救希望；多运出一名受伤群众，就多一分获救机会。天色已晚，冲锋舟没有照明装置，水面大量的漂浮物将严重威胁航行安全，在现场调度指挥的同志要求冲锋舟“晚上不能再出航了，有危险！”可是，船员们纷纷请战，全部要求再努力一次，海巡艇的船长梁贵全说道：“天还没全黑，我们自己会小心，让我们再发一次航吧！”7时30分，海巡艇和冲锋舟再次出发。

截至5月17日19时，省局在紫坪铺

库区投入的船艇完成运输559个航次，运送抢险人员3220余人，抢救伤员及受灾群众2740余人，并随船运输了大量的道路交通抢修设备和食品、药品等生活必需品。另外，5月16日和17日连续两天，翁孟勇副部长、王宁副省长和高烽厅长等部、省、厅领导多次乘坐海巡艇前往核心震区映秀镇，视察灾情，指导道路抢修工作。翁部长在艇上表扬道：四川交通和海事的同志，打通了通往汶川映秀的水路救灾“生命线”，为抓紧抓好抢险救灾工作做出了贡献!

大震过后，天气喜怒无常，14日开始，紫坪铺库区气温突然升高，5月15日中午，烈日当空，受伤群众和灾民不断从映秀镇涌向漩口，还没有摆脱地震惊恐的灾民，又困又饿，看到冲锋舟前来，不顾一切往前涌，为确保灾民和受伤群众安全，在漩口现场指挥的杨小宁副局长毫不犹豫站上临时靠泊点，充当起临时管船员，面对灾民不断的拥挤，杨小宁副局长一面耐心的解释，安抚大家排队上船，一面协助受伤灾民，在那里就地休息。烈日之下，一个小时过去了，两个小时过去了……汗水不断从他脸上流下来，他卷起袖子擦掉汗水，继续搀扶受伤灾民。从早上8点开始，12个小时过去了，杨小宁副局长硬是一步也没有离开，暴晒在烈日底下。第二天一早，脸已被晒得黝黑，开始脱皮的杨小宁副局长又站在了临时靠泊点。

14日、15日那两天，从漩口回来的重伤员特别多，为了紧急疏散伤员，临时靠泊点上所有的交通海事人都紧张地忙碌起来。除了船员和调度指挥人员，现场十几名作为机动的同志，只要一看到冲锋舟驶回，就立刻冲上去，用担架把伤员接下来。临时靠泊点设在一处白石滩上，滩上都是大大小小的石头，一天来回走上一两百次，所有同志的脚底都磨出了水泡，磨出了血。

天若有情天亦老，人间正道是沧桑。我们交通海事人，没有伟岸的身躯，也没有什么惊天动地的豪言壮语，在抢险救灾的斗争中，有的是要在关键时刻发挥关键作用，对交通海事事业的无限忠诚，有的是为了国家和人民的利益，无畏艰险，敢于牺牲的赤诚之心。余震在继续，抢险救灾在继续，通往汶川映秀的水路救灾“生命线”也将继续……

第三篇　海事文化发展指导篇

海事文化建设是一项系统工程，艰巨而复杂，任重而道远。目前取得的成就只是有了一个良好的开端。要良性有效地发展海事文化，需要精心组织，周密安排，扎实推进，实践深入人心的文化理念。

目前，海事文化建设已经取得了阶段性成果，这些成果是海事文化历代传承和逐步提升的发展过程，是海事精神理念形成和发扬的基础。

在新的历史起点，交通运输部海事局将在巩固现有成果的基础上，进一步加大海事文化的建设力度，积极探索海事文化建设的新途径，新方法，使海事核心价值观得以传播，海事文化内涵得以丰富，形成以先进价值理念为核心、具有鲜明海事特征的海事文化体系。

第六章　海事文化建设背景

进入21世纪，中国海事步入发展最快的阶段。"十一五"期间，国家将关注的目光投注在中国的海洋上，我国要从航运大国向航运强国转变，海事发展面临着新的机遇和挑战，海事文化建设也将按照新的发展趋势不断的探索前进。

一、海事文化的建设环境

文化是环境的产物，文化需与环境融合，新的形势要求文化有新的改变，进行新的适应，以实现与时俱进。

在"十五"期间，经济社会发展对海事工作的要求越来越高，特别是在水运经济持续全面发展以及水上交通运输快速增长的背景下，中国海事在体制改革、依法行政、安全监管与应急反应、基础设施特别是信息化建设、服务经济社会发展的能力、开展国际交流合作以及队伍与行业文明建设等各个方面取得了长足进步，社会形象和在国内外的影响得到了显著提升，积累了丰富的发展经验。①进入"十一五"时期，中国海事在更为开放、更为有利的宏观环境下，全面稳定深入地推进文化建设。

2007年交通部海事局党委书记梁晓安在基层视察

1.全面建设小康社会目标的提出

全面建设小康社会使航运事业迎来新的快速发展期。近几年，水路货运量、水路货物周转量在全社会综合运输体系中所占比重在不断增长，水路运输为我国国民经济和对外贸易快速发展起到了重要的支撑作用。航运事业的快速发展，要求海事系统必须具备相应规模的保障能力。同时，全面建设小康社会目标的实现，使人民生活更加富裕。生活水平的提高，人的生命价值、环境价值越来越高，水上交通事故造成的人员伤害和环境的代价越来越高，安全和环保问题成为社会和公众关注的焦点，并成为衡量和谐社会的重要因素。因此，要求海事管理机构建立健全水上交通安全应急救援体系，提高水上遇险和船舶污染事故的预控能力和应急处理能力。

2.保障水上安全，维护国家主权的任务更为迫切

当前世界发达国家都在加快海事发展步伐，海事队伍已成为发达国家保障经济安全、水域清洁、人命安全、反水上恐怖和维护国家海洋领土主权的重要力量。建立我国安全、便捷、可靠、经济、可持续的水路运输支持保障系统，是实现我国经济发展战略目标的重要保证。通过履行海事“保障水上安全，保护水域环境，维护国家主权”的基本职能，提高海事服务的能力；加快达到中等发达国家海事监管水平的步伐，开展专项整治，推进安全监管和应急反应能力建设，防止船舶污染水域，培育水上安全文化；履行国际海事义务，提升我国港口安全信誉和船公司、船队、船员的国际竞争力，维护好国家主权。

3.巩固现代市场体系和对外更加开放

随着我国社会主义市场经济体制的逐步完善，市场在资源配置中将发挥更大的作用。以市场为主导的船员流动格局已在全国逐渐形成，私人船艇、民营公司、跨国公司和港口跨地区经营均呈明显增加趋势。由于监管对象趋于多元化，海事监管工作的难度加大，传统计划经济的管理方式不适应现代市场体系，要求改革执法监管模式，改革管理方式，提高工作效率和服务水平。

4.依法治国方略的真正落实

国务院《全面推进依法行政实施纲要》的实施，标志着依法治国方略在政府行政中开始真正落实，并为我国行政法治建设和完善提供了基本思路和框架。政府体制改革的深化将使海事的工作职能更加明确，外部关系更加理顺。满足履行公共服务职能的需要，要求海事管理机构依法行政、民主行政、科学行政。按照统一执法的要求，涉海执法管理部门的统一既是一种必然趋势，更是提高执法效能、降低行政成本的必然要求。海事管理机构要在法规体系、队伍素质、监管能力、履职和履约水平等方面发挥不可替代的作用。

5.科技进步日新月异

科学技术的日新月异促进技术融合和新型服务的产生。海事技术装备更新换代将不断加快，持续应用最新技术装备和最先进的管理理念，对于提升监管能力和服务水平，为促进航行更安全、水域更清洁、航运更便捷提供了保障。信息技术使海事管理机构与政府、口岸单位、航运公司等更加融合，服务手段更加丰富。信息技术的发展将使执法行为更加透明、更加规范和更加高效。

6.交通文化建设的不断推进

为加强交通文化建设，提高交通职

工素质，增强交通行业的凝聚力和影响力，树立交通行业良好社会形象，促进交通事业又好又快发展，根据《全国交通行业“十一五”时期精神文明建设工作指导意见》，交通部制定了《交通文化建设实施纲要》。部海事局按照交通部关于加强交通文化建设的要求，制订了《海事文化建设纲要》，如火如荼地开展了海事文化建设活动。

二、海事文化建设的发展趋势

在社会更为开放的有利宏观环境下，经济发展更为迅速的物质条件下，国际交流更为频繁的国际大形势下，海事文化未来的发展趋势体现在四个方面：文化类型的改善；价值理念的发展；管理水平的提高；物质文明的提升。

第二届职工计算机应用大赛

（一）文化类型的改善

1.和谐海事文化

和谐海事是和谐交通、和谐社会的重要组成部分。加强海事文化建设，必须要在构建和谐海事上下功夫。海事的和谐分为两个部分。一是海事系统内部的和谐，包括人与人之间、单位与单位之间以及各项工作之间的协作与和谐；二是外部的和谐，即对外开展海事管理与服务工作的和谐，包括与管理相对人、相关部门、地方政府等的和谐。

海事系统内部的和谐主要体现在实现“三个追求”上，就是要通过坚持以人为本，使民主得到充分发扬，公平和正义得到充分的维护和实现；人与人之间相互尊重、平等友爱、融洽相处；广大职工安定有序，生活富裕；海事管理机构之间，各海事管理机构内部部门之间，各部门不同岗位之间，互相支持、优势互补、共同提高、共同发展。

外部的和谐主要体现在海事管理的20字方针上，即“船舶适航、船员适任、安全畅通、有效监管、优质服务”。把一个负责任的海事管理机构展现在管理相对人、相关部门面前，让航行更安全，海洋更清洁，港口更发展，城市更繁荣，并在全社会形成良好的道德和诚信氛围。让管理相对人、相关部门不但要在社会规范层面上认同并接受海事机关执法工作，还要在情感层面上

跨海区巡航

尊重海事工作，从而构建成一个和谐的海事执法文化环境。

2.海事团队文化

团队氛围的文化是建立在“诚信友爱”基础上的。团队的业绩来自每一个成员的个人成果，形成集体成果，这就要求团队成员具有牺牲自我、协调一致、团结战斗去完成团队的共同任务与目标，形成人人为我、我为人人、协同合作、宽容对方的海事团队精神。海事团队精神的最高境界应是全体职工的向心力、凝聚力在海事工作中得到充分的释放。

海事团队精神应追求这样一种氛围：不断地释放每一个职工潜在的才能与技巧，奉献个人价值，为团队形成共同成果；在团队内让每个职工深感被重视、被珍重，有一种集体荣誉感和个人自豪感；团队内部和睦相处，公平竞争，相互补台，形成合力。

（二）价值理念的发展

1.忠于国家、国家利益至上

海事系统具有执法性和涉外性，这就要求海事系统在工作和发展中务必忠于国家，以国家利益至上，维护国家主权，其行使的执法权力也是在维护国家利益的基础上，最大化地保护广大人民群众的利益。

崇高的使命

2.服务至上

寓管理于服务中，管理是为了更好地服务。倡导服务文化，以全心全意为人民服务为宗旨，使每个海事职工都把服务作为履行职责和工作习惯，在服务中收获快乐，在服务中实现自己的人生价值。

3.加强廉政建设

这是海事系统建立健全惩治和预防腐败体系的基础。做到全系统都以廉为荣、以贪为耻；海事管理机构及其工作人员在行使职权过程中应处事公道正派，廉洁高效，执法为民；海事干部职工要树立爱岗敬业，诚实守信，遵纪守法的廉洁职业道德和纪律文化。

4.植入环保观念

海事工作与环境保护密不可分，将环保观念植入每一位海事职工心中，是当今世界发展大环境下的需要，也是实现海事使命的要求，更是海事职工关心人类生存环境的现实要求。

5.提高审美素质

海事职工审美素质的提高能够使海事职工在工作中得到身心的愉悦，美化工作环境、陶冶美好情操、塑造美好形象，不仅有利于工作效率的提高，同时也有利于职工通过自身素质与审美要求的提高，更加积极、主动地推进海事文化建设。

（三）管理水平的提高

1.创新管理。采用先进的高科技设备、科学的管理手段、科学的管理理念、科学的管理制度来推动各项海事业务工作的顺利开展。

2.提高领导力。发挥领导在海事组织管理、海事文化建设中的领头人作用。

3.健全机制。形成完善的管理制度、工作机制、考核与激励体系。

（四）物质文明的提升

1.实现水上交通安全监督管理的统一格局；达到政令统一、布局统一、监督管理统一；通航水域实现动态管理，立体监控；初步建立污染事故应急反应机制；提高水上搜救组织协调能力和处理国际海事的管理能力。

2.发展和完善信息化监管和服务VTS、AIS、CCTV、VTMIS以及“12395”救助电话系统，不断提高服务水平和能力。

3.从管理形象、服务形象、外观形象三个方面加以提升。管理形象是海事管理部门作为政府职能部门的外在形象，海事管理工作具有权威性和涉外性，管理形象贯穿于日常各项工作的开展上，塑造一个良好的管理形象尤为重要；服务形象是管理职能的要求，在现代海事管理工作中，服务与管理有了一个相互融合的发展，这对服务形象的建设提出了更高的要求。政务承诺制度、公开办事制度等，还有体现诚信、友爱的工作语言，都是服务形象建设的良好方式和展现；外观形象尤其是在统一海事标志、服装、网站、船艇、飞机的外在标识等方面具有鲜明的海事特色，这对强化和树立海事形象非常有益。

整装待发

①杨光. 中国海运业进入繁荣期. 中国交通报. 2007.7.4

第七章　海事文化建设模型

海事文化的精神层、制度层、物质层从微观上为我们呈现了海事文化的深刻内涵和具体内容，这是文化自身在海事长期的实践活动中，朴素的、自发的积淀过程。目前海事文化已经从自发状态走入一个有意识的、自觉的建设过程，需要系统的思维。

一、“三位一体”体系

明确价值，重视管理，传播文化，三者从互相影响、互相渗透走向互相融合。

根据海事文化的精神层、制度层、物质层三个层面的内容，“三位一体”体系成为建设海事文化的方法模型。所谓“三位一体”，就是指海事文化通过海事文化价值体系、海事文化管理体系、海事文化传播体系的互相作用，逐步形成一个内部循环：

在海事形成一个完整而又有层次的海事文化价值体系后，文化价值体系又对海事文化管理体系形成影响，即对海事的制度规范、文化考核与监督等工作的制定与形成进行指导，对职工的行为形成指导与约束。这些在海事文化管理体系中发生的改变都是对海事整体形象的不断改善与提升，也需要传播体系采用适当的途径与方法，把崭新的海事文化价值体系向服务对象和社

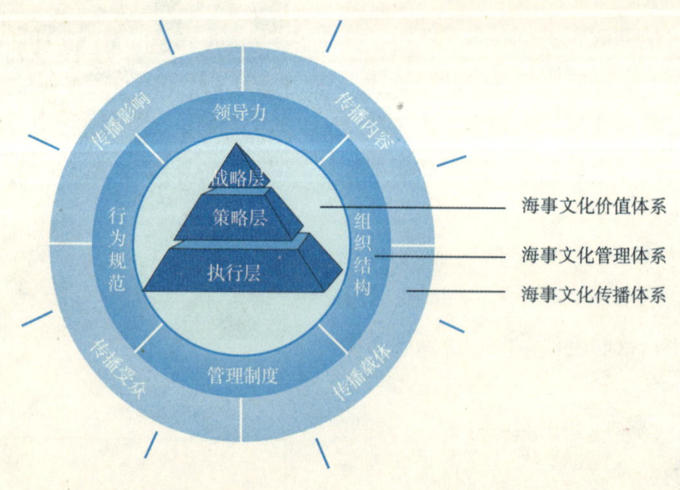

“三位一体”体系架构图

会大众进行有效的传播；反过来，海事文化管理体系又会为海事文化价值体系和海事文化传播体系在海事内部的推进、在不同外部环境下的变革提供保障和依据；而海事文化传播体系又作为一个“窗口”，为海事文化价值体系的宣扬和管理体系的进行起到了上传下达、宣与人知的作用。

通过这个循环，形成了海事文化的自我调节与自我完善的过程，同时也使得海事文化价值体系、海事文化管理体系、海事文化传播体系三位归为“一体”。“三位一体”体系的架构关系如图所示。①

① 王吉鹏.《企业文化理念体系构建实务》.北京：中央编译出版社.2005

二、海事文化价值体系

海事文化价值体系是海事文化的本质体现，是海事工作在价值层面的本质规定，是指引我国海事工作前进方向的精神旗帜，是维系海事工作者精诚团结的精神纽带。海事文化价值体系是以“一主多元”为指导思想，以“金字塔”作为理论模型而建立的。

（一）“一主多元”的指导思想

“一主多元”既是海事文化的发展现状，也是海事文化建设的指导思想。所谓“一主”，是指海事文化的统一性，即共性；所谓“多元”是指海事文化的差异性，即个性。海事文化的统一性是海事灵魂的统一，是海事系统内部的重要纽带，没有统一性的文化建设要求，就不能形成统一的海事文化氛围、统一的海事形象。但海事系统各管理机构遍布大江南北，各自的规模特点、所处环境和地位作用也不尽相同，必然存在着明显的文化差异。因此，在保证海事文化统一性的要求指导下，应允许各地海事机构探索和培育具有地方特色、更具操作性和适应性的特色文化，在主文化的引领下，尊重海事文化的多样性。

海事文化建设遵循“一主多元”的指导思想，是由我国海事管理的现状所决定的。

1.海事四级垂直管理模式决定了上级海事部门与下级海事部门在管理方式上存在巨大的差异。例如交通部海事局以宏观管理为主，而基层海事处则是实行现场管理。

2.各地海事机构执法所面临的自然环境差异大。例如海洋和内河、湖泊的自然条件迥异，这就要求各地在落实具体管理理念和执法理念时的侧重点不同。

3.由于港口航运功能的差异，各地海事机构所管理的对象不尽相同。有的港口以集装箱运输为主，有的港则以散杂货为主，有的面对国际班轮，有的面对内河小型船舶，监管对象的巨大差异要求海事人员在具体践行海事文化时要有各自的办法和落脚点。

4.航海保障单位，航标、测绘和海上安全通信等单位和部门由于业务工作特点、管理与服务方式的不同，多年来也有很多优秀的文化元素得以传承和提升，在遵从海事文化建设统一性同时，要结合不同的专业特色开展文化建设。

5.各地区的经济和人文差异较大。当地的经济发展水平和文化特点不可避免地对海事人员的思想和文化观念产生重大影响，因此在推进海事文化建设的过程中要因地制宜，合理引导。

"一主多元"的指导思想具体体现在两个方面：

1.以海事核心价值体系为主，各地的执行理念多元化

以统一的海事使命、海事愿景、海事精神和形象标识规范海事文化，保持海事文化内部的统一性。海事核心价值体系是整个海事系统应当共同遵循的一条主线，任何地域特色的海事文化建设不能与核心价值体系相违背和冲突，各地海事部门倡导的理念都必须围绕海事文化核心价值体系来开展。在核心价值体系统一的基础上，各地海事局和航海保障单位可根据自身的实际情况，提出具有自身特色的管理理念、服务理念、执行理念等，这是海事文化核心价值体系与各地工作实践的结合。

2.海事文化建设方向保持统一，但表现形式和文化载体可以多元化

海事文化建设的大方向和总体路径要与交通部海事局的要求保持一致，但各地海事部门具体的实施手段和表现形式可以多样化。比如航标管理部门可以用航标作为文化载体，开展文化建设；海测单位可在此基础上，挖掘具有海测特点的文化元素，形成海事测绘文化，各地海事局也可以利用海巡船作为宣传载体，凸现我国海事管理的文化特色。在具体文化建设措施上，可以根据不同地域环境、不同时机、不同载体以多种形式开展，各单位可以根据自身的特点有所侧重。

在多元统一的海事文化体系中，核心价值体系始终是海事文化的根基，只有依靠对核心价值体系的认同，中国海事才能真正形成强大的凝聚力和向心力，中国海事的文化建设才能不断地发展、进步。

（二）"金字塔"理论模型

"金字塔"可以作为分析海事文化建设的理论模型。在建设方法上，要求海事系统各个成员机构必须统一使命、愿景、精神和形象标识，在满足上述四种要求的统一下，海事系统内部允许执行层根据实际情况实施不同的执行理念、内部制度和文化建设手段，以便在

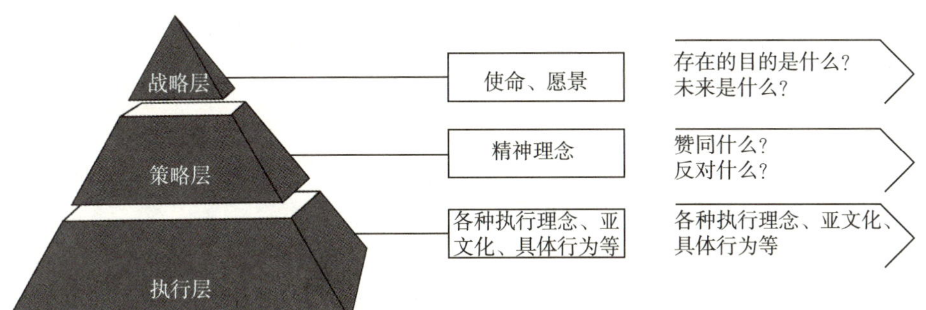

"金字塔"模型

文化建设方面做到具体问题具体分析，谋求更好的、全系统的共同发展。

"金字塔"模型分为三个层次，即战略层、策略层、执行层。战略层中，使命和愿景决定了海事未来的发展方向，明确了其存在的目的以及海事要在未来一段时期内将要完成的使命；海事精神作为一种倡导，是对海事工作前进方向的一种激励，这是策略层需要完成的任务；执行层中，各种执行理念、亚文化和管理制度是在海事的使命愿景和价值观的指导下，在海事具体工作和实践过程中形成的，它们寓于执行过程中，也是执行的成果。[①]

海事文化建设以"一主多元"为指导，"主"体现在战略层、策略层的使命、愿景和核心价值观上，"多元"则体现在执行层的文化建设具体实践中。海事文化价值体系就是要归纳海事系统统一的使命、愿景和核心价值观，这是对海事文化建设中"主"的阐述；而多个实践主体则可以根据其所处地域、社会环境的特殊性对统一的使命、愿景和价值观进行解读，实施不同的执行理念、内部制度和文化建设手段。

①乔安妮·马丁. 《组织文化》. 上海：上海财经大学出版社. 2005

三、海事文化管理体系

海事文化管理体系是紧紧围绕海事文化建设提炼的核心价值观，将各项管理制度建设、层级沟通、决策监督、机构设置以及领导力等诸多与管理相关的事项综合在内，目的在于通过管理体系的建构，为核心价值观的贯彻与落地提供相应的组织保证。

海事文化管理体系主要包括海事文化建设的领导者、组织机构、管理制度以及行为规范四个方面的内容。

（一）领导力的保障

在组织中，领导力在很大程度上成为领导者管理组织和团队的必要手段之一。海事系统的领导力是领导在系统内部的管理、文化建设等过程中体现出的影响力，体现在领导者通过一种影响力，使得海事职工能够超出常规和质量去完成国家所赋予的职责，在服务国民经济发展中发挥更大的作用。领导者作为文化建设的导入者和推动者，对海事文化的形成、发展和提升有着重要的意义，对海事文化管理体系的建设同样具有至关重要的意义。

首先，领导力具有令人信服的表率作用。海事领导者作为导入者和推动者，在文化建设过程中能够身体力行、带头示范，积极践行海事文化倡导的各项内容，形成文化建设活动人人有责，制度面前人人平等的良好氛围，从而使制度的激励约束作用落到实处，促进海事文化建设活动的落地。

其次，领导力具有令人信服的精神力量。精神力量源于良好的个人品质，这种精神力量能够增强海事系统的内聚力，促进海事职工努力工作，更加尽职尽责地完成任务，将自身的水平发挥至最佳状态，从而为海事系统赢得社会和公众的认可和赞誉。

最后，领导力具有令人信服的远见卓识。身为领导者应有超乎一般的远见卓识，他的任务就是告诉海事职工应该如何履行国家赋予的职责、如何做到使人民满意。在必要的情况下，他还应该走在队伍的前面，能使团队士气大振，并凝成一股强大的冲击力和执行力。

（二）组织架构保障

组织架构是组织在职、责、权方面的动态结构体系，其本质是为实现组织战略目标而采取的一种分工协作体系。

全国海事系统各级机构应建立起与组织结构相匹配的文化建设组织机构。这是实现海事文化管理目标和任务的根本手段。

（三）管理制度保障

管理制度是海事文化管理体系中的一个重要方面。这个管理制度不同于海事系统内部涉及对工作、人员等诸多方面的管理体系，而是侧重于保障海事文化顺利推进与实施的相关管理制度。

海事内部管理制度使海事精神、理念通过制度形式表现出来，是海事价值观的具体化。海事系统中的各项管理制度和人力资源管理中的考核、分配、奖励等一系列制度制订及实施的过程，几乎都渗透和体现着海事文化的精神内涵，同时也作用于海事文化的建设。因此，建立保障海事文化建设的管理制度体系，就要着力构建符合海事文化价值体系和海事系统实际的各项管理制度和行为规范，以科学的制度体系规范职工行为，以有效的制度创新提高管理水平，使海事管理步入决策理性化、管理制度化、操作规范化的良性轨道。

（四）行为规范保障

海事文化行为规范的形成是一个将管理制度的执行变成习惯的过程。海事文化的建设要经历从理念到行动、从抽象到具体、从口头到书面的过程，要得到海事人的理解和认可，并转化为海事人的日常行为，形成一种习惯。

海事文化管理制度只是将价值观停留在对海事文化的了解阶段，而海事文化行为规范的形成则标志着海事人对海事文化价值观高度认同，并将其转化为自觉的行为。

四、海事文化传播体系

文化传播需要把握时代脉搏，演奏文化强音，与来自相同的或不同的文化背景的个体、群体或组织之间进行交流活动，以实现文化管理。

海事文化的物质层涉及硬件环境、软件环境、海事形象、海事标识等方面的塑造，同时，它还在相当大的程度上，发挥着传播和载体的功能，不断地把海事建设、海事形象及标识在海事内外部传播，以使社会公众对海事的整体形象有更多的了解。物质文化在打造内外环境、塑造形象等方面确实起到了十分重要的作用，但是在向外宣传与传播方面还有不足。因此，为了让海事系统做的每一件事、海事整体的每一处改变都能与系统内外的人发生互动，海事文化需要一个更为全面的系统介入，这就是海事文化传播体系。

传播本是一种信息共享的活动，它在一定的关系中进行，是一种双向的社会互动行为，也是一种过程，一种系统。从实质上讲，海事文化的传播是海事文化核心价值观的传播。因此，面临海事系统在传播和宣传上的状况，海事文化传播体系需要更为系统化地建构与其相适应的体系，这就需要了解受众的心理，使得海事系统的每次传播都具有针对性；同时，还要了解不同传播媒介的特点，以便提高传播效率和效果。海事文化传播体系可以通过以下模型体现出来：

（一）传播对象

1.受众为政府。海事系统是交通部下属的部门，海事文化也是交通文化的亚文化，海事文化的塑造首先要与国家的大政方针相一致，还要与交通文化的精神相符合。海事文化是国家大政方针及交通文化理论精髓在海事系统的再塑造，因此，海事文化本身就承担着向上一级部门反馈的责任；另外，海事系统在工作中需要争取上级部门和政府的支

海事执法人员走进直播间

持和理解。从这两个意义上来说，政府及上级部门成为它的受众体。

2.受众为社会公众。海事部门为公众服务，为人民的安全出行保驾护航。它需要让公众了解部门自身的职责，也需要向外宣传海事形象，以提高海事在社会公众的美誉度，从而获得社会公众的认可，并在工作中得到公众的配合、理解和支持。

3.受众为外国同行。在全球化发展的当今世界，中国需要让外国同行知道中国的海事、了解中国的海事。因此，海事的职责、海事的工作和发展、海事服务的信息、中国海事特有的文化，都成为向外国同行传播的内容。

4.受众为行政相对人及其他利益相关部门。海事系统需要向行政相对人及相关部门告知海事执法的相关信息和标准，明确为他们提供服务的方面，并增加他们维护海事管理相关法律法规的自觉性。这些将有利于海事工作的开展，有利于海事形象的塑造，也有利于海事与行政相对人及其他部门之间的融洽。

5.受众为海事系统的内部职工。海事文化的作用是需要由内向外推进的，海事职工首先要对海事文化认知和接受，才能更好地推进海事文化建设，积极主动地提高自身素质，为打造良好的海事形象而努力。同时，内部职工对海事文化的接纳也有利于解决系统内部人员思想不统一、文化观念不一致等问题。

（二）传播体系的内容

1.知识内容的传播。海事工作具有极高的专业性和技术性，这就需要海事职工不断地汲取最新专业知识，学习前沿的科技手段，掌握船舶及其相关技术的发展状态和趋势，了解国际海事及相关国际组织的动态和发展，并让海事管理的基础知识在海事系统内部普及。

2.制度规则的传播。无规矩不成方圆，内部管理制度和行为规范是为了实施更为有效的管理和文化建设活动。海事系统的干部职工应该加强自律，自觉地维护和遵守海事系统的相关规定。同时，加强政务公示，告知公众和相对人管理制度和规则，有利于公众和相对人的合法合规经营与出行，更有利于降低海事部门的执法成本。

3.海事形象的传播。通过海事文化的塑造，已形成的“公正执法，文明服务，敬业奉献，廉洁高效，开拓创新，团结和谐”的海事文明新风尚和良好的海事形象，需要在海事系统内部、外部传播。内部的传播有利于海事职工对海事文化建设形成积极的评价和主动推进建设的热情，外部的传播则有利于海事在民众心中形象的提升，增强海事机构的社会公信力和认知度。

4.海事文化建设目标、理念的传播。这是海事文化建设的一个必要手段，否则海事文化塑造出来而不经传播、不为人知，则无法发挥文化的作用。

（三）传播体系的载体

1.机构载体。通过这一载体，主要向外界展示单位名称、局徽、单位环境、人员穿着仪表等最外化、最直接的表层形象。因此，这一载体可以最直接、最迅速地给公众留下第一印象。如文明窗口单位、博物馆等。

2.单位行为载体。由于海事工作的行业特点，主要行为包括管理行为（行政执法、航标管理等）和公共行为（水上搜救、水上安全信息播发、发布航行警告通告以及单位和个人参加的社会公共活动等）。还涉及一些生产行为（海道测量、海图印刷出版等），这些行为过程本身以及行为的结果往往是海事部门的社会形象、管理形象和职工形象的展示。社会公众通常会通过单位行为和整体活动作为考量整个海事系统的因素。

新闻通气会

3.媒介载体。通过报告会和讲座向公众和社会传达海事文化的效果是有限的，这就需要大众传媒运用舆论、报道等来传播。这种载体对海事整体的宣传更为鲜活、传播的层面更为宽泛，是更为现代化的传播手段之一。

4.实物载体。巡逻船艇、航标、执法窗口、服务窗口等实物设施在外观上是否统一、内部环境是否清洁，也都在无形地向外界传达着海事形象以及海事部门实际工作的相关信息。

此外，海事职工的言行举止、精神气质，职工与社会大众的口碑相传，系统内部流程文件的传递，应急机制的完善以及公共关系的维护，也都是传播海事文化的隐性载体。

（四）传播体系产生的影响

按照传播学的五要素分析，传播体系产生的影响应当是按照主体→内容→媒介→受众→效果这样的方向进行的。在海事系统中，海事文化传播体系正是融合了这五要素。由传播体系的主体海事人，针对受众所需选定传播内容，而后选择适当的媒介向受众传播，最终在社会和海事系统产生预期效果。在这一影响方向中，主体要素和效果要素是不变的，无论海事人向什么样的对象、选择什么样的媒介、传播什么样的内容，最终目的都是为了推进海事文化建设，使海事文化在海事系统内外发挥积极作用，提高海事人素质，提升海事形象在社会的认知度，从而实现海事文化的使命和愿景。但是在这一方向中，由于内容、媒介和受众的不确定性，需要海事文化主体灵活地进行内容分析、媒介分析、受众分析，从而取得最好的效果。

受众、内容、载体、方向四个方面为海事文化开辟了一条系统的传播体系，这个传播体系的形成对内将有利于海事文化建设的推进，防止由于宣传、传播不到位，而造成系统内部文化建设步调不一致、系统外对海事无认知度的状况；对外则有利于丰富交通文化的内容，更好地完成国家赋予海事的职责。

第八章　海事文化建设路径

建设先进的海事文化，引导职工树立正确的世界观、人生观、价值观，促使职工养成与海事发展要求相一致的行为方式，是一项系统的工程，需要长期的过程，更需要可行的方法，找到适合的路径。

一、文化的“落地”

海事文化的理念在经过前期的塑造、完善后，要为海事工作带来实际效用，文化建设在“起飞”后还要“落地”。海事文化落地的过程，是海事管理机构将确定下来的价值观大力宣传、推广并转化为职工自发自觉行为的过程。这一阶段可以分为宣传、沟通反馈、培育、行为转换、长期建设五个阶段来推进。

（一）宣传阶段

海事文化在组织中形成与巩固的过程，实质上就是有关海事文化的种种信息、符号在组织成员之间的沟通、传播与加深体验的过程。为了增强海事文化宣传的力度和效果，可以采用组织符号体系传播、理念故事化或故事理念化两种方法。

组织符号体系指的是一个组织的成员通过这些符号的使用，能够让自己对组织中固有的无意识的感情、形象和价值观得到理解。这里所说的符号有三种类型：言语类包括神化、传说、故事、标语、笑话等；动作类包括聚会、饮食、休息活动和习惯等；物质类包括标志、成果作品、标识物、奖励品、徽章等。每一类符号都对海事文化在组织内部的宣传发挥着特殊的功能。由于这些符号表达的是海事文化的基本特点、思想意识和价值观，因此，这些符号的使用对于海事文化被职工理解和接受能起到很大的释义和教化作用。

文化理念在向职工行动的转化过程中，采取强行导入的方式往往收效甚微，甚至引起职工的抵触，但如若将理念故事化或者故事理念化，则会得到不一样的收效。故事理念化是在海事组织的长期建设中，对先进人物的评选和宣传以理念为核心，注重从理念方面对先进人物和事迹进行提炼。这一方面可以让全体职工都明确地知道他们为什么是先进，他们做的哪些事情是符合海事文化的。这样的宣传为其他职工树立了学习的榜样和旗帜，同时也使得海事文化的推广变得具体而生动。

政务公开

（二）沟通反馈阶段

海事文化理念要得到职工的认同，必须在各个沟通渠道上进行宣传和阐释。海事内刊、各种会议、研讨会、局域网都应该成为海事文化宣传的工具、沟通的渠道，而除此之外，沟通反馈阶段还可以将正式沟通与非正式沟通两种方式考虑在内。

正式沟通是指在组织系统内，依据一定的组织原则所进行的信息传递与交流，它的沟通渠道一般是自上而下的遵循权利系统的垂直型网络，如传达文件、召开会议、上下级之间的定期信息交换等。这种正式的沟通效果好、约束力强，可以使信息沟通保持权威性，一般重要的信息都会采用这种方式。

非正式沟通渠道是指正式沟通渠道以外的信息交流和传递，它不受组织监督，自由选择沟通渠道。实际上，非正式沟通是对正式沟通的有机补充，它往往能够更为灵活迅速地适应事态变化，获得正式沟通渠道难以获得的信息和职工真实的思想动态。因此，在海事文化沟通反馈阶段，正式的与非正式的沟通渠道应当相结合，这有利于为职工提供良好的海事文化理念信息来源和有效反馈。

（三）培育阶段

培育阶段是海事文化推进系统的中间环节，它决定着海事文化能否推进、推进到何种程度等问题。因此，要把握好这个关键环节，需要从制度建设、领导风格和全员培训三方面来推进。

制度建设之所以在海事文化推进过程中具有重要意义，就在于它是海事文化能否落地的前奏。一方面海事文化要充分体现在海事的制度安排和规划选择上，使海事职工的价值理念充分体现在海事工作的实际过程中；另一方面，海事文化必须通过制度的方式统率职工的思想，任何职工都必须在思想上接受海事文化，海事文化要作为职工在思想上的制度而存在。组织的制度化运作，能够使组织成员对于恰当的、基本的、有意义的行为有共同的理解，确保海事文化的认可与贯彻。因此，海事的制度建设要以海事文化宣扬的价值观为核心，要以使命、愿景为导向，并在此基础上不断完善各种管理制度和行为规范。

领导风格也是海事文化推进阶段需要培育的部分。领导风格的作用源于领导本身，领导是组织文化或企业文化的原创者、推动者，也是这一文化建设和变革的先行者，因此他的领导风格对于文化建设落地过程的速度快慢、质量高低有着重要的影响和作用。领导风格可以分为授权式、参与式、指挥式、教导式四种，不同的领导风格，会造成不同的组织氛围和工作效率。尽管领导风格不是一成不变的，它会随着组织内外部环境的影响而改变，然而对于文化建设而言，更为重要的是视文化建设的程度以及实际反馈出来的问题，及时调整领导风格以期满足文化建设的要求。

开展全员培训，是海事文化宣贯、促使海事文化被职工认同和接受的重要手段。树立全员人才观，需分层次、多渠道开展职工培养教育。根据海事系统监督管理工作点多、面广、量大、人员分散、不易集中的特点，要着力倡导职工开展广泛的自学活动，引导职工学知识、学技术，不断加大教育、培训力度，这种举措在改善队伍结构的同时，也使得海事文化理论在职工内部得到推进。

（四）行为转换阶段

完整的海事文化理念、规范的制度文化和形象识别系统只是海事文化建设的第一步，归根结底这些还需要被海事职工共同认可，并在他们日常的工作行为中完全体现，只有这样，海事文化的核心理念才能发挥其对海事工作强大的推动作用。

行为转换阶段是一个漫长的阶段，其中必然会遇到坎坷或者阻碍，但是只有当职工的价值观与海事文化所倡导的价值观相一致后，原来依靠制度强行约束的行为才会变成职工自觉的行为，行为的转换才会自觉发生。因此，这一阶段还需要宣传、沟通反馈和培训等阶段的辅助逐步来实现。

（五）长期建设阶段

海事文化要想真正在海事管理机构中扎下根，必须将其融入海事发展的一切行动——规划、机构、责权体系、流程、领导风格等，融入与职工有关的每一个程序——招录方法、绩效考评系统、晋升和奖励标准中。

招聘方法是在职工迈入海事系统之前，给其灌输海事文化的第一步，这一步可以找到与海事有共同价值观和理想追求的人们共同为海事目标而奋斗。为了得到海事文化推进过程中的相关信息，可以考虑将海事文化纳入绩效考评系统中，考评职工对海事文化学习、理解的程度以及其他信息的反馈。在推进海事文化阶段，将海事文化核心理念和倡导的价值观变成职工自觉行为，有效的物质激励、工作激励和精神激励机制不可少。这种激励机制可以对职工的工作予以肯定、表扬和奖励，通过让职工实现自豪感和满足感来实现价值观及海事文化的落地。

二、文化建设的推进实施

海事文化建设要能保证文化建设在实施过程中的有效性，既要避免眉毛胡子一把抓，又要做到恰到好处。在这一要求下，海事文化建设可以采取以下4个步骤：

（一）在决策层思想重视的基础上，进行机构设置

在决策层对文化建设重视的基础上，需要设立一个组织领导机构，然后在此机构下，建立一个高效精干的工作机构。这将便于对海事文化建设的所有指令上传下达，对关于海事文化的所有事项做到最直接的反应和处理，防止在高层无暇顾及文化建设时，出现文化“流产”或“落空”。

（二）决策层要根据文化体系，制定体系文件

该体系文件可分为三部分：

第一部分为文化体系总纲。阐明海事文化建设的指导方针与战略目标，海事文化建设与海事发展的紧密关系，海事文化建设必须遵循的思想原则，海事文化的实质、特征、宗旨。文化体系总纲文件的目的在于让职工对海事文化建设的大方向以及主要理念有所认知。只有这些大方向和主要理念为职工认可，其他的具体理念和实施办法才可能得到推进。

第二部分为文化体系的执行和控制文件。这是体系文件的实体部分，它对海事文化中的各种具体理念进行传达，对海事文化建设究竟如何执行，如何对过程进行控制等方面进行明确。

第三部分为文化体系的评估性文件。这是体系文件的反馈部分，通过这一文件的评估和反馈，可以看到文化建设实施的进程，并对建设过程中出现的问题进行及时调整，这是保障文化建设始终与实际状况相符合的过程。

（三）执行层根据下发的各种体系文件和部局要求，身体力行地参与到海事文化建设

在这一过程中应该注重对文化成果加以整理、对经验加以总结、对特色进行宣传，这些都是海事文化建设过程中的成果，也是对海事文化的进一步丰富。

（四）将执行层对文化建设活动的实践及成果反馈给海事文化的倡导者

正像文化体系的评估性文件起到的作用一样，及时反馈便于及时发现问

题，也便于更好的发展。同时这一行为的实施也使得海事文化推进步骤形成了一个完整循环，并为海事文化的提升和再循环打下了基础。海事文化是海事人的灵魂，文化的力量深深熔铸在海事管理的生命力、创造力和凝聚力之中。海事文化是海事事业的铺路石和催化剂，成为发展海事事业综合竞争力的重要组成部分。海事文化的建设也没有成熟的道路可以参考，只有依靠全体海事人不断探索，共同努力，在海事文化实践中坚持解放思想、事实求是、与时俱进、开拓创新，从民族文化和优秀传统中汲取营养，海事文化建设必将充满生机和活力，海事文化这朵百花中的一支奇葩将会更加鲜艳夺目！

后记：这十年

10年，对于一个人来说，可以脱胎换骨，成家立业，亦可以蹉跎岁月，碌碌无为。10年，对于组织来说，可以发展壮大，亦可能销声匿迹。成就着前者，意味着业绩突出，梦想实现；堕落为后者，意味着景况窘迫，今不如昔。成为前者，远离后者，是每个人和每个组织的追求，但是，结果却往往不遂人愿，只有少数的“幸运”分子，它们似乎找到了独门秘笈，能够超越于普遍的潮流之外，找寻到自己独特的步伐，演绎出一条不断向上不断前进的突破轨迹。

那么，经历1998年改制，海事的10年是什么呢？

当我们深入海事，揭开笼罩在海事身上的神秘面纱，烛照海事系统的发展脉络，追踪海事人的思想行为，和他们一起经历，一起感受，我们眼前掠过的，是一个个普通的海事人，在自己平凡的岗位上，做出了不平凡的业绩，成就了海事的长足发展，也成就了自己不普通、不遗憾的人生。

海事的10年，是技术不断发展进步的10年。飞机、巡逻艇、海巡21、海巡31、VTS系统、AIS系统等逐步实现，使得监控更加有力，服务更加到位。

海事的10年，是国际影响持续扩大的10年，上海、深圳的两个国际论坛已经成为惯例，国际交流不断增加，提前淘汰单壳油轮展示了负责任的形象，承担全球压载水管理项目表明我们得到了世界的认可，“数字海事”概念被接纳意味着我们领先一步。

海事的10年，是牢记使命维护主权的10年。据理力争国家利益，奋不顾身水上搜救，全力以赴清理油污，舍生忘死拯救人员，等等，可以说，哪里水域出了问题，哪里就有海事人忙碌的脚步，哪里船只面临困境，哪里就有海事人坚强的身躯。在水上，海事人是人们和船只的强大后盾。

海事的10年，是海事人精神风貌奋发向上的10年。年轻的海事和年轻的海事人，用自己的青春，撑起了一片绚烂的天空。一个不起眼的海事人，可能转身就会孤身参加国际会议，用流利的英语为祖国呐喊，一个人们眼中的“小年轻”，可能就是誉满一方的行家里手。

海事的10年，是为人民服务的10年！是与时俱进的10年！是发展壮大的10年！是硕果累累的10年！

那么，海事依靠的是什么呢？

当面对汶川5•12这样的大灾难，是冲锋在前还是畏葸不前，这是杨小宁们要做出的选择；当人的体能达到极限，生命面临危险的时候，是坚守还是放弃，这是叶中央、陈义们经常面临的选择；是躺在原来的知识和成绩上吃老本，还是跟随时代的脚步不断地磨炼以及提升自己，这是陈维们要做出的选择；当人情与制度发生冲突，当理想与现实发生碰撞，当国家与个人出现矛盾，这是每一个海事人经常要回答的课题；当排放超标的船舶接受处置的时候，法律没有规定你是就下限还是上限，这是海事人要做出的判断；当危险品查验出现疏漏，当个人掌握知识出现局限……

是什么在支撑海事人付出不懈的努力？又是什么成为海事人行为的准则？还有什么使得海事人总是能够做出正确的选择，在天平要倾斜的刹那，总是倾斜在祖国和人们最重要最需要的一边？

答案只能是价值观，是文化，海事文化。

你可以规定必须准时上下班，但你无法要求全身心投入工作；你可以规定接电话必须热情，但你无法要求热情持续充盈；你可以规定见行政相对人必须微笑，但你无法要求微笑发自内心；你可以规定必须按时完成工作，但你无法要求尽善尽美……

只有人们自己愿意，他们才会不计报酬地投入自己的额外精力，追求卓越，追求更好。在海事文化的写作过程中，我们感受到了海事人的这种意愿，感受到了海事人的这种追求，毫无疑问这是海事文化的力量。

在写作本书的过程中，我们深深感受到了海事文化的力量，为这种力量所吸引和震撼。希望能够追寻它，捕捉它，展示它，以为总结和借鉴，并给有心的人以启迪。如果能这样，那也证明着我们工作的价值。

是为后记。

参 考 文 献

1.中华人民共和国海事局. 海事基础[M]. 北京：人民交通出版社，2006.6

2.中华人民共和国长江海事局. 长江海事职工知识读本（上中下）[M]. 武汉：华中科技大学出版社，2006.4

3.孙光圻. 中国古代航海史[M]. 北京：海洋出版社，2005.11

4.彭德清. 中国航海史（古代航海史）[M]. 北京：人民交通出版社，1988

5.彭德清. 中国航海史（近代航海史）[M]. 北京：人民交通出版社，1988

6.郝勇. 海事管理学[M]. 武汉：武汉理工大学出版社，2007

7.李培志（编译）. 美国海岸警卫队[M]. 北京：社会科学文献出版社，2005

8.海事研究专刊. 2005. 6

9.李耀臻，徐祥民. 海洋世纪与中国海洋发展战略研究[M]. 北京：中国海洋出版社，2006.1

10.中华人民共和国海事局. 海事信息专刊. 北京：人民交通出版社，2007

11.王吉鹏. 企业文化建设[M]. 北京：中国发展出版社，2005

12.杨光. 中国海运业进入繁荣期[M]. 中国交通报，2007.7.4

13.王吉鹏. 企业文化理念体系构建实务[M]. 北京：中央编译出版社，2005

14.乔安妮·马丁. 组织文化[M]. 上海：上海财经大学出版社，2005

15.中华人民共和国海事局. 通航管理[M]. 北京：人民交通出版社，2006

16.中华人民共和国海事局. 船舶管理[M]. 北京：人民交通出版社，2006

17.中华人民共和国海事局. 船员管理[M]. 北京：人民交通出版社，2006

18.中华人民共和国海事局. 事故与应急[M]. 北京：人民交通出版社. 2006

19.中华人民共和国海事局年报（2004～2006）

20.张仁德，霍洪喜. 企业文化概论[M]. 天津：南开大学出版社. 2001

21.中国交通报.《中国海事之歌》创作回顾. 2006

22.王海潮.《中国海事》

23.孙海涛.《天津港与灾难擦肩而过》

24.汪卫兴. 使命与大海同辉[M]. 北京：作家出版社，2006

25.中国海事局,中国水运报，中国海事行. 2003.4

26.叶引等. 海测故事 . 2005.4

27.《2007海事处处长论坛论文集》[C]
28.《长江航政史》编委会. 长江航政史[M]. 北京：人民交通出版社，2000.8
29.交通部海事局. 全国海事工作会议资料汇编[C]. 2005.10
30.天津海事局航标文化课题组. 航标文化. 2007.10
31.杨新宅、谢辉. 港口国监督[M]. 大连：大连海事大学出版社，2000.6
32.何忠龙等. 中国海岸警卫队组建研究[M]. 北京：中国海洋出版社，2007.1
33.《中国海事》编辑部. 中国海事.（2007全年）
34.中国交通职工思想政治工作研究会海事分会. 海事研究.（2007全年）